A SOCIEDADE DOS TEXTOS

A SOCIEDADE DOS TEXTOS

André Botelho, Maurício Hoelz e Andre Bittencourt

© Relicário Edições
© Autores

DADOS INTERNACIONAIS DE CATALOGAÇÃO NA PUBLICAÇÃO (CIP) DE ACORDO COM ISBD

B748s Botelho, André

A sociedade dos textos / André Botelho, Maurício Hoelz, Andre Bittencourt. - Belo Horizonte : Relicário, 2022.

260 p. ; 15,5cm x 22,5cm.

Inclui bibliografia e índice.
ISBN: 978-65-89889-53-3

1. Literatura brasileira. 2. Sociologia da literatura. 3. Modernismo. 4. Brasil. I. Hoelz, Maurício. II. Bittencourt, Andre. III. Título.

2022-3075   CDD 808.07
                                                       CDU 821:801.6

Elaborado por Odilio Hilario Moreira Junior – CRB-8/9949

CONSELHO EDITORIAL
Eduardo Horta Nassif Veras (UFTM), Ernani Chaves (UFPA), Guilherme Paoliello (UFOP), Gustavo Silveira Ribeiro (UFMG), Luiz Rohden (UNISINOS), Marco Aurélio Werle (USP), Markus Schäffauer (UNIVERSITÄT HAMBURG), Patrícia Lavelle (PUC-RIO), Pedro Süssekind (UFF), Ricardo Barbosa (UERJ), Romero Freitas (UFOP), Virginia Figueiredo (UFMG)

COORDENAÇÃO EDITORIAL Maíra Nassif Passos
EDITOR-ASSISTENTE Thiago Landi
PROJETO GRÁFICO Ana C. Bahia
CAPA Tamires Mazzo
DIAGRAMAÇÃO Cumbuca Studio
REVISÃO Lucas Morais

RELICÁRIO EDIÇÕES
Rua Machado, 155, casa 1, Colégio Batista | Belo Horizonte, MG, 31110-080
contato@relicarioedicoes.com | www.relicarioedicoes.com
@relicarioedicoes relicario.edicoes

A Ricardo Benzaquen de Araújo, *in memoriam*

Agradecimentos 9

Os textos dos textos: apresentação 11
André Botelho, Maurício Hoelz e Andre Bittencourt

ATRAVÉS DO ESPELHO

**Sociologias da literatura:
do reflexo à reflexividade** 23
André Botelho
Maurício Hoelz

**MinasMundo: hermenêutica
de uma subjetividade individual** 49
André Botelho

**Personalidade e destino:
Pedro Nava, Mário de Andrade
e a socialização do modernismo** 67
Andre Bittencourt

**A viagem de Mário de Andrade à Amazônia:
entre raízes e rotas** 87
André Botelho

**Poesia e perigo: o 'Poema sujo'
como interpretação do Brasil** 117
Lucas van Hombeeck

BILDUNG E DEPOIS

'Pequena história da literatura brasileira' como provocação ao modernismo *135*
André Botelho

A Paixão segundo Pedro Nava *161*
André Botelho

Entre bruxos e doutores: medicina, modernismo e vocação em Pedro Nava *177*
André Botelho
Andre Bittencourt

Dois estudos para retrato inacabado de Silviano Santiago *201*
André Botelho

Cosmopolítica do entre-lugar *217*
Maurício Hoelz

Referências *239*

Sobre os autores *257*

Agradecimentos

Alice Ewbank, Antonio Brasil Jr., Antonio Herculano Lopes, Arcadio Díaz-Quiñones, Augusto Sérgio Bastos, Bernardo Ricupero, Carmen Felgueiras, Cristiana Bastos, Cristiana Reis, Eduardo Coelho, Elide Rugai Bastos, Eneida Maria de Souza (*in memoriam*), Isabel Amaral, Joana Lavôr, José Reginaldo Gonçalves, José Ricardo Ramalho, Helena Bomeny, Helga Gahyva, Heloisa Buarque de Hollanda, Lilia Moritz Schwarcz, Lucas Carvalho, Maíra Nassif, Natalia Velloso, Nísia Trindade Lima, Pedro Meira Monteiro, Rafael Zacca, Rennan Pimentel, Silviano Santiago, Wander Melo Miranda. CNPq, PPGSA/IFCS/UFRJ, PPGCS/UFRRJ, à FAPERJ pelo apoio à publicação.

Os textos dos textos: apresentação

André Botelho, Maurício Hoelz e Andre Bittencourt

> *Confio a reconstrução deste livro ao leitor. É ele quem deve recompor os fragmentos de uma obra dispersa e incompleta. É ele quem deve reunir as passagens distantes que, porém, se integram. É ele quem deve organizar os momentos contraditórios, buscando neles seu caráter unitário. É ele quem deve eliminar as eventuais incoerências (ou seja, pesquisas e hipóteses abandonadas). É ele quem deve substituir as repetições pelas eventuais variantes (ou, em outro sentido, acolher as repetições como anáforas apaixonadas).*
> Pier Paolo Pasolini, *Escritos corsários*, 2020

Embora pouco frequentes atualmente, gostamos muito de coletâneas. Não apenas porque elas, em geral, cristalizam os rastros históricos, empíricos e teóricos de uma ou mais trajetórias. Ou porque o fazem, às vezes, com um pensamento coletivo em movimento que nem sempre sabemos muito bem aonde vai nos levar, dado que, mesmo como ponto de chegada, a coletânea é sempre inacabada, transitória. Mas, sobretudo, porque a coletânea é uma forma de dispositivo textual que exige uma ação comunicativa com leitoras e leitores, como tão bem expressa a advertência de Pier Paolo Pasolini aos seus *Escritos corsários* que utilizamos como epígrafe da nossa própria apresentação. Foi, portanto, um grande prazer intelectual e também político pensar e compor o presente livro, ainda mais em parcerias. Respeitamos e confiamos nas leitoras e nos leitores.

Nossa coletânea reúne 10 artigos escritos e publicados em diferentes momentos pelos autores, em composições diversas, em duas duplas ou individualmente. Todos eles tratam de textos como um campo empírico, histórico e teórico para a pesquisa sociológica. Mas pensamos nos leitores não apenas das ciências sociais, como da literatura e outros. Recentemente, nos demos conta do quanto já havíamos escrito sobre textos diversos – ensaios, relatos de viagens, memórias, documentos oficiais de Estado, correspondência, crítica musical, crítica literária, entre outros. Mais ainda, de como esses textos sobre textos são constitutivos das nossas trajetórias acadêmicas, embora tenham ficado dispersos pelos veículos em que foram originalmente publicados. Sobretudo, nos demos conta de como eles compõem um núcleo de interesse e paixão intelectuais resistentes e recorrentes no grupo que formamos – e que, naturalmente, inclui ainda outros e outras colegas. Basta observar que os artigos aqui reunidos cobrem mais de 20 anos de pesquisas, remontando ao doutorado de André Botelho (realizado entre 1998-2002), às relações de orientação entre ele e Maurício Hoelz e Andre Bittencourt iniciadas na graduação em Ciências Sociais do IFCS/UFRJ em 2004 e à parceria entre estes dois últimos.

Uma espécie de "sociedade" de sociólogos interessados em textos e nas suas implicações, possibilidades e limites cognitivos para o incremento de uma sociologia da literatura – embora nos identifiquemos originalmente, e a estes textos que ora recolhemos, a partir da área de pensamento social brasileiro. Nunca nos sentimos marginais por esse interesse, apesar dos muitos e necessários confrontos teóricos e metodológicos. Assim é feita a vida acadêmica. E esses embates se deram não apenas "fora": por um lado, no campo das ciências sociais como um todo, posto que é bastante rarefeito, mas não incomum, o interesse da sociologia brasileira pela literatura, de ficção ou não; e, por outro, da teoria literária, uma vez que, a alguns de seus especialistas mais pragmáticos, o interesse da sociologia sobre seu domínio próprio de atuação pode parecer algo imperialista. Deram-se também "dentro" da nossa área de pesquisa. Não o pior, mas, talvez, o mais difícil dos mundos, como se vê, com conflitos por todos os lados. Certamente, nossa trajetória é parte de uma história mais ampla que tem no Grupo de Trabalho de Pensamento Social da ANPOCS um de seus vezos contemporâneos e que já está inclusive, em grande parte, documentada e discutida (Botelho, 2005).

Então, quando falamos em "sociedade dos textos" no título da coletânea, não temos em mente apenas o gosto e o interesse comuns e particulares que nos reúnem em torno das práticas culturais letradas como fenômenos sociais – como um clube de leitores. Mas também leitores sociologicamente preocupados especificamente com a pesquisa das figurações de sociedade compostas nos, a partir dos e com os textos. Que a literatura seja um fenômeno social não parece haver muita controvérsia no momento. Mas as perguntas sobre se e como ela poderia, ou mesmo se teria o que, nos dizer sobre a vida social e a sociedade de um ponto de vista distintivamente sociológico e, mais ainda, por que deveríamos recorrer a ela para isso, já configuram problemas mais resistentes. Na verdade, formam um campo aberto de conflito interpretativo e, de certa forma, reposto a cada geração intelectual na sociologia, cuja defesa da literatura como tema sociológico parece recomeçar sempre do zero.

Sem dúvida, esse conflito tem a ver, em grande medida, com histórias disciplinares distintas: de um lado, uma área cuja especialização se deu em torno da eleição de objetos de estudo, os textos e todos os fenômenos estéticos e também sociais neles implicados, da forma à recepção, genericamente chamada de "literatura". De outro, uma disciplina que se define mais pela perspectiva ou olhar, ou ainda pelos métodos, se preferirem, do que propriamente por objetos específicos claramente delimitados – afinal, se a sociologia é o estudo do social, o que não é social na sociedade? Todavia, essa construção social institucional e cognitiva da disciplina não foi suficiente para domesticar inteiramente as abordagens e deixá-las sem comunicação entre si, cada uma em seu quadrado, como se diz por aí. Prova disso é que abordagens sociológicas estão constitutivamente – grife-se constitutivamente – presentes na modelagem e nas práticas de pesquisa também da literatura como área disciplinar; assim como, por sua vez, foi renitente, até poucos anos atrás, o debate sobre o lugar da hermenêutica, do textualismo e do contextualismo nas ciências sociais e também, de modo especial, na área do pensamento social brasileiro.

Os textos aqui reunidos são, então, simultaneamente, expressões e peças de um conflito cognitivo e acadêmico, em geral, travado em pelo menos duas décadas no âmbito da sociologia em torno da própria identidade da nossa disciplina. Não consideramos a sociologia sinônimo de contextualismo, ou seja, uma mera abordagem entre outras. Ainda mais quando o "contexto" parece existir apenas fora dos textos, condicionando-os de antemão. Sequer nos deixamos prender, ao longo dos anos, ao dilema texto ou contexto – que reputamos equivocado pelas razões já enfrentadas detidamente (Botelho, 2019a). O mesmo valendo para a oposição ou a dualidade também frequente entre autor e obra, ou pior, a assimilação desta por aquele, como se textos fossem reflexos diretos da biografia do autor. Na verdade, o que, de fato, nos fascina e intriga é, antes, o jogo – em geral dialético, mas nem sempre sintético e nunca de soma zero – entre texto, contexto e autoria. Melhor dizendo: entre textos e contextos no plural. São muitos os textos e muitos os contextos. Como recusamos a ideia de contexto como uma espécie de terraplanagem cognitiva que tende a homogeneizar experiências e práticas literárias muito distintas ainda que contemporâneas, também não partimos da ideia pré-definida de "gênero literário", pois nos interessa igualmente apreender os problemas relativos ao gênero a partir de relações de significado tecidas empiricamente, caso a caso, nos próprios textos.

Textos não são meros pretextos para a análise sociológica. Também não são simplesmente documentos que informam sobre a vida da sociedade ou dos autores ou das personagens neles retratadas. Textos são eles mesmos campos de forças que também são sociais, mesmo quando ficcionais. Acima de tudo, textos são forças sociais reflexivas em relação à sociedade que os forja, eles participam de sua construção, ajudam a conferir sentido às ações, relações e processos coletivos e individuais. Eles tecem a trama do social, codificam e formalizam repertórios de significados e ações a respeito de circunstâncias de caráter social significativas como modos de existência. Esse entendimento comum entre nós autores, porém, não exclui diversidade e especialização numa ou noutra direção nas nossas abordagens e nos trabalhos aqui reunidos, que, nesse sentido, também comportam diferenciações e diferenças internas que nós também valorizamos.

O título deste livro contém, assim, também uma evocação da sociologia de Niklas Luhmann, de acordo com a qual uma teoria da sociedade faz parte do tecido da sociedade que ela descreve, ou, o que dá no mesmo, uma teoria da comunicação é ela própria comunicação. Desse modo, o sujeito do conhecimento ou da observação (a teoria da sociedade) e o objeto conhecido ou observado (a sociedade) constituem "momentos" de uma espiral contingente de retroalimentação paradoxal (Moeller, 2015) ou, como diria Anthony Giddens, de dupla hermenêutica. Luhmann assim esclarece a deliberada tautologia do título de seu livro: "Quando a comunicação de uma teoria da sociedade é bem-sucedida como comunicação, ela muda a descrição de seu objeto e, portanto, do objeto que incorpora essa descrição. Para que isso fique claro desde o início, o título deste livro é *A sociedade da sociedade*".

Essa ambiguidade gramatical estabelecida no título pelo genitivo, que torna sujeito e objeto intercambiáveis, é central também nos outros livros do autor sobre subsistemas sociais específicos, como, por exemplo, *O direito da sociedade* e *A arte da sociedade*. O que ele pretende argumentar é que *O direito da sociedade*, para ficarmos com o primeiro exemplo, indica não só uma explicação "objetiva" do direito como um sistema social específico dentro da sociedade, mas também que essa própria explicação do direito é igualmente uma operação interna da sociedade ou da comunicação. Por essa perspectiva analítica e para nossos propósitos, *a sociedade dos textos* são também *os textos da sociedade*, que "sismografam" o processo histórico-social e traduzem formalmente em matéria "textual", entendida em sentido amplo, as autocompreensões sociais que circulam sobre a sociedade e orientam as forças sociais e políticas em disputa. Não apenas porque são parte do que descrevem e, assim, mudam seu objeto enquanto o fazem, mas também porque configuram uma operação social ou comunicativa fundada sobre modos paradoxais de observação, para recorrer ainda à teoria de Luhmann, para a qual, paradoxalmente, a sociedade só pode compreender-se por meio de uma construção interpretativa de si mesma e, assim, nunca "objetivamente", mas como a sua própria contribuição contingente para si mesma... Os textos dos textos.

A abertura que propomos a partir da nossa prática da sociologia da literatura, reconhecendo não apenas a pluralidade de textos e contextos, mas das noções de sociedade forjadas reflexivamente em interação com eles, assim, visa a contribuir tanto para o debate da sociologia quanto para o da literatura, como especialidades acadêmicas distintas.[1] Nosso trabalho, todavia, além de representar uma posição no debate especificamente sociológico, pretende ser multidisciplinar. Não imperialista, como, admitimos, parte da tradição sociológica do estudo literário tem sido – em especial, mas não exclusivamente, no Brasil.

Entre nós, é verdade, grandes nomes da sociologia se dedicaram profissionalmente à literatura, como é o caso notável de Antonio Candido, tendo ainda alguns outros críticos literários de gerações posteriores sido fortemente influenciados pelo treinamento sociológico original que receberam, como Roberto Schwarz. O mais interessante, contudo, é que mesmo a crítica literária que se define ou é definida por terceiros como "estética" (em oposição a "sociológica") está frequentemente mirando também a sociedade e o diferencialmente social que pulsam por meio dos arranjos entre as palavras, como no caso de Silviano Santiago, autor abordado em mais de um ensaio desta coletânea.

As múltiplas relações possíveis entre literatura e sociedade são complexas demais para se deixarem domesticar por um polo da relação,

....
1. Contribuições nacionais recentes ao debate sociológico foram dadas por Alves, Leão e Teixeira (2018), Leão (2012, 2020), Tavares dos Santos (2020) e pelo dossiê organizado por Teixeira (2018).

por uma disciplina, paradigma ou teoria somente. Enfim, para adiantar um argumento central que enfeixa os artigos escolhidos para esta coletânea, e que apresentamos diretamente no balanço sobre a prática da sociologia da literatura desenvolvido no primeiro ensaio dela: está certo que não se pode dizer tudo sobre a literatura de uma perspectiva sociológica, mas se podem dizer muitas coisas, e não apenas para cientistas sociais. Seja como for, o mais importante do nosso ponto de vista é que é preciso falar em sociologias no plural, de modo a acentuar sua inescapável condição controversa interna. Não existe uma só sociologia da literatura, assim como não existe uma só literatura ou mesmo uma só sociologia. Fazer "sociologia da literatura" pode significar coisas muito diferentes dependendo de como se concebe não apenas "literatura", mas também "sociedade", "social" e "sociologia".

Todos os artigos recolhidos na coletânea, do ponto de vista temático, giram em torno direta e indiretamente de problemas, significados e legados diversos de um dos movimentos culturais brasileiros mais importantes do século passado, o modernismo. O recorte incide em três de seus personagens e um de seus principais intérpretes – Pedro Nava, Mário de Andrade e Ronald de Carvalho e Silviano Santiago, respectivamente –, tomando dispositivos textuais que passam cada vez mais a ser frequentados pelos especialistas, ainda que não cheguem a constituir o cânone da análise sociológica ou literária. Histórias da literatura, relatos de viagem, correspondências, memórias e críticas literárias são tomadas para, ao mesmo tempo, alargar o escopo empírico e problematizar teoricamente as análises do modernismo. E, sobretudo, as análises dos seus significados tanto históricos quanto mais perenes na cultura, na política e na sociedade brasileira. Lucas van Hombeeck, nosso convidado nesse livro, se soma a essa tarefa com um estudo de caso sobre a poesia como forma de interpretação do Brasil. Temos, assim, três gerações diferentes de sociólogos dedicados ao trabalho de pesquisa com e sobre textos.

Dispomos os ensaios em dois blocos, não por gênero literário, que, como já indicamos, será uma das linhas de problematização do conjunto que eles formam na coletânea, mas justamente por determinadas relações de significado cristalizadas nos textos e que são chaves de interpretação das sociedades que se figuram não simplesmente *neles* ou *a partir deles*, mas também *com* eles, com os textos e contextos. Como argumentaremos de modo particular em cada um dos artigos, dado que cada um deles envolve problemas empíricos de ordens estética, social e histórica específicos, é a relação qualitativa reflexiva que nos interessa apreender no jogo que pensamos inevitável entre textos e contextos.

Assim, a primeira parte da coletânea reúne ensaios que se poderiam designar sem muito receio como teórico-metodológicos, desde que isso não signifique abrir mão do trabalho empírico, de corpo a corpo com os textos, em favor de qualquer modelo teórico ou paradigma apriorístico. São posicionamentos nos debates mais amplos que travamos na nossa trajetória, constituem momentos especiais e peças importantes de meta-reflexão sobre a prática da análise sociológica que tivemos a oportunidade de empreender dos textos e da literatura, com especial atenção ao problema da reflexividade social que, como veremos, nos orienta firmemente.

No primeiro capítulo, "Sociologias da literatura: do reflexo à reflexividade", a questão sociológica da reflexividade social mencionada nesta apresentação é abordada de forma mais aprofundada. A partir da análise de balanços bibliográficos publicados nas últimas décadas em periódicos de língua inglesa e do diálogo com os trabalhos de Anthony Giddens e Niklas Luhmann, argumenta-se por uma agenda renovada da sociologia da literatura. Em seguida, "MinasMundo: hermenêutica de uma subjetividade individual" toma a obra memorialística de Pedro Nava como ponto de partida para uma discussão sociológica mais ampla sobre a subjetividade individual e o cosmopolitismo na cultura brasileira. O título do capítulo faz referência ao Projeto MinasMundo, uma grande rede de pesquisa e cooperação interdisciplinar, nacional e internacional, que tem procurado perseguir justamente as diferentes formas de cosmopolitismo em e a partir de Minas Gerais. Pedro Nava é também um dos personagens trabalhados no capítulo seguinte, "Personalidade e destino: Pedro Nava, Mário de Andrade e a socialização do modernismo", que desenvolve a hipótese de que o modernismo pode ser pensado como um tipo de específico de socialização. A partir da correspondência entre Nava e Mário de Andrade, procura-se mostrar como essas peças narrativas implicaram simultaneamente a conscientização de um projeto coletivo e uma determinada modelagem de personalidade individual capaz de enfrentar as exigências de renovação que o movimento propunha.

No quarto capítulo, o relato da viagem de Mário de Andrade para a Amazônia é analisado "entre raízes e rotas", valorizando contingências e ambiguidades na modelagem da narrativa e do narrador-viajante. Uma rápida comparação com os escritos de Euclides da Cunha permite ainda discutir intertextualidade, tradução cultural e ressignificação dos tropos dos relatos de viagem à Amazônia, e nos aproximarmos um pouco mais do sentido das ideias de Mário de Andrade, nunca livres de ambiguidades. Finalmente, essa primeira parte é encerrada com o texto "Poesia e perigo: o *Poema sujo* como interpretação do Brasil", no qual nosso convidado Lucas van Hombeeck lê o poema de Ferreira Gullar a partir do conceito weberiano de desencantamento, procurando entender como a dissolução do herói figurada na forma do texto tensiona os limites dos gêneros épico e lírico e quais suas consequências para a ideia de "povo".

A segunda parte da coletânea é dedicada à análise de um problema substantivo que, de certa forma, perpassa o conjunto, ainda que diga respeito mais diretamente aos ensaios nela destacados. Refere-se ao movimento de ápice e também de queda de um dos valores mais potentes da modernidade na organização da cultura, das práticas letradas e da literatura, também no Brasil: o da formação de subjetividades como autoaperfeiçoamento individual e social. Ele deu vida à ideia de vocação que se desenvolve no âmbito do modernismo como movimento cultural ao longo do século XX, bem como forjou o memorialismo brasileiro e outras formas de narrativa que vão, progressivamente, tanto testando e ampliando quanto questionando e recusando a herança modernista na literatura e na cultura brasileira.

No capítulo de abertura, "Pequena história da literatura brasileira como provocação ao modernismo", o contexto intelectual de Ronald de Carvalho é explicitado para discutir como, a partir da defesa da "simplicidade" da linguagem literária, seu livro contribuiu para a rotinização de uma agenda de renovação estética e cultural. Em "A paixão segundo Pedro Nava" são reconstituídas as "cenas de escrita" dos últimos livros das memórias de Nava, especialmente os autorretratos que marcam a "busca do tempo perdido" do escritor, com suas reflexões sobre a passagem do tempo, a decadência do corpo e o envelhecimento. No oitavo capítulo são analisadas algumas conexões entre medicina e modernismo em Pedro Nava. Em vez de duas experiências distintas na trajetória do autor, procura-se indicar, através dos livros de história da medicina escritos por Nava, como essas inserções se entrecruzam, numa série de encontros significativos tanto para o médico quanto para o escritor.

Os dois últimos capítulos do livro são dedicados à obra de Silviano Santiago. Em "Dois estudos para retrato inacabado de Silviano Santiago" são reunidos dois ensaios originalmente publicados separadamente. No primeiro estudo é destacada a contribuição crítica de Silviano Santiago, com especial atenção para o conceito de entre-lugar, além de seus diálogos com Mário de Andrade e o modernismo. No segundo, o recente livro de memórias *Menino sem passado* é lido a partir da metáfora do "penetrável", um "espaço-instalação" que exige do leitor disposições intelectuais e sensoriais em um labirinto de lembranças, estranhamentos e esquecimentos. Finalmente, o último capítulo investiga o programa seminal de crítica ao eurocentrismo formulado por Silviano por meio de uma cosmopolítica das diferenças, apontando seu alinhamento às teorias pós-coloniais.

Como dissemos, este é um livro que lida com a arte e sua crítica como um conjunto de textos. Nem melhores nem piores do que outros, nem capazes de salvar ou elevar e resolver as almas e as coisas, mas a partir dos quais (e com os quais) é possível pensar a própria vida. É também um inventário, uma coleção – talvez uma miniatura – das muitas abordagens que se demonstraram possíveis ao longo dos últimos anos no grupo de que fazemos parte. Como um brinquedo com as peças soltas, que podem ser destacadas para fazer outros jogos, oferecemos a quem lê estes momentos de um percurso compartilhado, num convite.

Na epígrafe que escolhemos, Pasolini, um homem contraditório, propõe um esquema para o tabuleiro de variantes e repetições de seu livro. Nele, reconstruir, recompor, reunir, organizar são operações simultâneas ao acolhimento das repetições como anáforas apaixonadas. Um esquema bonito, porque se dobra sobre a forma do próprio convite: a repetição da locução "é ele" no início de cada uma das frases da epígrafe é anafórica porque retoma insistentemente (e eroticamente) o leitor a que se dirige. Como quem busca o laço dando as chaves a quem, em parceria, entra e sai da literatura. É assim que gostaríamos de jogar.

Então entre, fique à vontade, perdoe as incoerências (como disse Pasolini) e lembre-se (como escreveu Orides Fontela): "Quebrar o brinquedo ainda/ é mais brincar".

ATRAVÉS DO ESPELHO

Sociologias da literatura: do reflexo à reflexividade[1]

André Botelho
Maurício Hoelz

Afirmar que as relações entre literatura e sociedade são o tema da sociologia da literatura, mais do que uma definição convencional, provavelmente dicionarizada, pode reiterar uma falsa aparência de estabilidade onde, antes, existe controvérsia, e, pelo que tudo indica, sem qualquer consenso significativo à vista. Sem falar no inconveniente de ambicionar formalizar numa única disciplina questões que há muito constituem objeto de filósofos, historiadores e críticos de arte em geral, além de simplificar categorias nada óbvias como "literatura" e "sociedade" em visões demasiado ordeiras. E, talvez, o mais grave, ao menos entre sociólogos, a imagem de uma "sociologia da literatura" acaba por sugerir certo sentido unívoco à própria sociologia, como se também ela significasse algo estável em termos de objetos, teorias e métodos. Por isso, se nos parece justo, como sugerem Carlos Altamirano e Beatriz Sarlo (2001, p. 8), que, "de uma perspectiva sociológica, se podem dizer muitas coisas sobre a literatura, mas não se pode dizer tudo", também nos parece necessário, desde já, falarmos em sociologias no plural, de modo a acentuar sua inescapável condição controversa interna. Assim, fazer "sociologia da literatura" pode significar coisas muito diferentes dependendo de como se concebe não apenas "literatura", mas também "sociedade" e "sociologia".

Curiosamente, este último aspecto não tem merecido tanto a atenção dos especialistas, sejam eles críticos ou sociólogos que praticam a sociologia da literatura. E isso a despeito da constatação praticamente generalizada na literatura especializada de que o desenvolvimento da área é acompanhado por uma maior pluralização de perspectivas e métodos que têm tornado a compreensão da literatura cada vez mais matizada e mesmo sofisticada.

....
1. Publicado originalmente em *Tempo Social*, São Paulo, v. 28, n. 3, p. 263-287, 2016.

Portanto, é pertinente perguntar por que essa maior pluralização não tem concorrido na mesma medida para nuançar as compreensões ou explicações da literatura, da sociedade e das relações que elas formam.

Não pretendemos oferecer uma resposta unívoca à pergunta, que, no entanto, não tem função puramente retórica neste texto. Colocá-la permite antes recuperar um movimento crucial da sociologia da literatura, bem como destacar alguns desafios, impasses e possibilidades que a caracterizam enquanto uma "tradição de pesquisa". Buscando uma aproximação ao universo cotidiano da sua prática, percorremos aqui os balanços e revisões bibliográficas publicados nas últimas três décadas em periódicos internacionais com o intuito de trazer à tona as questões e os debates mais recorrentes e significativos que encerram. Por razões operacionais, nos concentramos nos periódicos em língua inglesa, que, embora não esgotem todas as questões envolvidas na sociologia da literatura, expressam alguns de seus principais movimentos gerais, além de darem conta de boa parte do debate internacional a seu respeito,[2] fato este que se deve, em alguma medida, a certa geopolítica internacional do conhecimento. Pode-se lembrar, nesse sentido, do debate mais amplo sobre a dinâmica da circulação de ideias e redes intelectuais e a "hegemonia" nela assumida pela língua inglesa e pelas grandes universidades (sobretudo, norte-americanas). Tal dinâmica opera em circuitos restritivos, que se originam desses centros em direção a outras regiões, a partir da definição de "cânones", "histórias" e "correntes" disciplinares afirmadas como universais, a despeito de seu profundo enraizamento nas experiências históricas particulares de sociedades determinadas (Connell, 2007).

....

2. O material de pesquisa que tomamos para análise neste texto compreende três amplos balanços de área: o primeiro, um número temático de 1988 da revista *Critical Inquiry* sobre a sociologia da literatura, publicada pela University of Chicago Press e organizado por Priscilla Parkhurst Ferguson (então professora de francês na University of Illinois), Philippe Desan (professor do Departamento de Romance Languages and Literature na University of Chicago) e Wendy Griswold (professora de sociologia também em Chicago). O número traz um total de onze artigos, dos quais sete são de autores que atuam na área da literatura, dois na de sociologia e dois não têm inscrição departamental claramente definida. O segundo, um artigo de autoria da mesma Wendy Griswold intitulado "Recent moves in the sociology of literature", publicado na *Annual Review of Sociology* em 1993. E o terceiro e último, uma introdução escrita por James English (John Welsh Centennial Professor of English da University of Pennsylvania) para o número temático "New sociologies of literature" de 2010 da revista *New Literary History*, publicada pela Johns Hopkins University Press. Dos onze artigos apresentados nesse número, oito são de colaboradores afiliados a departamentos de literatura e três a departamentos de sociologia.

Assim, é certo, por outro lado, que também esse tipo de material apresenta limites. Por exemplo, tendem a operar com procedimentos estabilizadores, como a criação de "genealogias" e "cânones" muito parciais, que acarretam a exclusão de propostas marginais aos grupos que organizaram as revisões. Estamos conscientes desses e de outros limites dos balanços para mapear o "estado da arte" da discussão, mas são justamente eles que nos interessa explorar. Afinal, não se trata de apontar necessariamente a teoria mais sofisticada ou de ajuizar as diferentes posições em jogo, mas de captar tendências e, sobretudo, a formação de rotinas num campo de debates.

Duas tradições particularmente importantes no âmbito da pesquisa que informa nossa argumentação ficam de fora de seu escopo, merecendo análises futuras. Primeiro, a francófona, em especial a francesa, cuja sociologia da literatura contemporânea, após décadas presa a questões como "campo" e "habitus" literários – no que seguiu a força assumida pela sociologia de Pierre Bourdieu naquele contexto – anuncia, desde os anos 2000, uma volta à análise de romances. Paradigmático é o caso de *Le roman comme laboratoire* (2009), de Anne Barrère e Danilo Martuccelli, que não apenas revalorizam a análise de romances como parte da sociologia, mas a consideram uma possibilidade privilegiada de renovação para a imaginação sociológica como um todo. Para eles, os limites atuais da sociologia não resultariam de um déficit de cientificidade, e sim da incapacidade de renovar sua imaginação, presos, os sociólogos, a um *réalisme naïf* (Barrère & Martuccelli, 2009, p. 7). Segundo, a sociologia da literatura brasileira, que vem conhecendo desenvolvimentos notadamente sofisticados em termos teórico-metodológicos e impactantes do ponto de vista das interpretações substantivas da sociedade, especialmente a partir da obra de Antonio Candido e de alguns dos críticos por ele formados, como já se demonstrou com muita propriedade (Waizbort, 2007; 2009). Permanecem abertos alguns desafios comparativos mais sistemáticos sobre a sociologia da literatura brasileira e outros contextos "periféricos" ou "pós-coloniais", frente de pesquisa que parece cada vez mais promissora nos últimos anos (Monteiro, 2011).

É nosso objetivo recuperar, ao final da pesquisa, essas diferentes tradições em perspectiva comparada. Não restam dúvidas, porém, de que o debate anglo-saxão tem sido, desde as últimas décadas do século XX, não apenas rico, controverso e bastante matizado, como ainda mais recorrente, embora comporte também descontinuidades notáveis. Daí nos parecer estratégico iniciar a investigação sobre a sociologia da literatura pela sua apreensão anglo-saxã. Como nos interessam os desenvolvimentos mais recentes da sociologia da literatura – e as questões em aberto nas suas tradições de pesquisa –, deixaremos de lado neste momento o chamado marxismo ocidental. Suas contribuições, especialmente, por meio das obras de Georg Lukács, Theodor Adorno e Lucien Goldmann, por exemplo, são fundamentais. Ainda que muitos praticantes da sociologia da literatura hoje possam recusar qualquer filiação a eles, ou eventualmente até mesmo polemicamente desconhecê-los, seu papel na modelagem da área e sua influência nela são enormes. Deve-se a eles, em grande parte, a vitória da sociologia na batalha para demonstrar que a literatura, assim como outros produtos culturais, constitui uma construção social que, ao mesmo tempo, "reflete" a sociedade, o tempo e a circunstância de sua produção (Albrecht, 1954; Peterson, 1979; Griswold, 1981). O que não significa que muito empenho não tenha sido empregado para a consolidação dessa premissa ou que ela não tenha sido acompanhada por controvérsias – a começar pela própria ideia de "reflexo". E, em que pesem as diferenças entre essas abordagens, elas compartilham traços fundamentais em suas respectivas normativas da estética, como os de que a determinação social da obra literária é decisiva e o juízo estético não pode prescindir da relação com o mundo social e histórico que lhe proporciona uma matriz de significações (Altamirano & Sarlo, 2001, p. 8). Certamente, alguns desafios postos por elas persistem em aberto.

Desenvolvimentos de uma tradição marxista renovada serão aqui apreciados, sempre de acordo com os balanços bibliográficos que tomamos como material de pesquisa, especialmente a partir das contribuições de Raymond Williams. Contudo, estudos sociológicos da literatura compreendem, segundo indicam os balanços, não apenas a produção da literatura, mas também a sua recepção, como propugnado pela chamada estética da recepção, de Hans Robert Jauss, Wolfgang Iser ou Stanley Fish; passando, claro, por uma sociologia da literatura centrada nos estudos das instituições, grupos sociais e outros componentes da vida literária, como na teoria do campo de Pierre Bourdieu, ou na história das práticas letradas, do livro e da leitura, de Roger Chartier, Robert Darnton ou Don McKenzie, respectivamente. Isso para não falar de abordagens ainda mais recentes, com foco nas concepções de autoria, propriedade intelectual, modos da distribuição e consumo literário e da escrita como performance.

No entanto, essa ampliação do repertório cognitivo da sociologia da literatura parece ter provocado efeitos paradoxais: ao mesmo tempo que matizam e complexificam a compreensão da literatura como fenômeno social relativamente à antiga ideia de "reflexo", por exemplo, esses desenvolvimentos recentes da área tendem muitas vezes a reificar uma concepção de sociedade como externa à literatura. Apesar do perigo das generalizações nesse campo, talvez se possa dizer que essa maneira de tratar a sociedade na sociologia da literatura tenha sido reforçada como consequência não intencional do notável incremento contemporâneo dos chamados "estudos culturais" (Hall, 1992a; Turner, 2012), que questionaram a centralidade da literatura e do cânone literário, privilegiando, antes, as manifestações da cultura popular e de massa. O questionamento da distinção hierárquica entre materiais da cultura popular e da alta cultura atingiu em cheio a sociologia da literatura, de modo que, hoje, o "literário" aparece democratizado, incluindo não apenas romances, mas textos escolares, histórias em quadrinhos, jornais, revistas, enfim, textos populares e massivos. Para tanto, certamente contribuíram também a história do livro, os estudos da cultura impressa e a sociologia da leitura. De outro lado, mesmo reconhecendo o sentido democratizante implicado nessa pretensão de igualar materiais culturais diversos, os estudos culturais acabaram, em muitos casos, simplificando excessivamente a relação entre práticas estéticas e realidades sociais, e, assim, fortalecendo ainda mais uma visão reificada e dicotômica de sociedade e literatura.

Literatura e sociedade seguem, então, sendo frequentemente vistas como termos externos um ao outro, e não mutuamente implicados na relação que formam, esta sim a unidade de análise mais significativa da sociologia da literatura, a nosso ver. Pensamos que nessa reiteração perde-se, entre outras coisas, a possibilidade de se perceber o caráter propriamente reflexivo da relação literatura e sociedade, este o campo problemático mais amplo que gostaríamos de discutir. Uma investigação dessa relação requer uma abordagem não disjuntiva das práticas de produção e recepção textual e de suas posições diferentes nas hierarquias de valores simbólicos no interior da vida social. Procuraremos qualificar reflexividade ao final do texto a partir de debates recentes na própria teoria sociológica contemporânea, destacando contribuições de Anthony Giddens e Niklas Luhmann. Nossa aposta é que a reflexividade possa vir a se constituir numa perspectiva de renovação também da sociologia da literatura – como, aliás, alguns debates nos balanços bibliográficos examinados permitem já apontar – não apenas ao problematizar o termo "literatura", mas também "sociedade", bem como a própria "relação" significativa entre eles. A seguir, apresentaremos, em

linhas muito gerais, o movimento de pluralização das abordagens teórico-
-metodológicas, tal como proposto nos balanços bibliográficos que tomamos
como material de pesquisa; depois, buscaremos sistematizar as principais
questões que os perpassam e que nos deixam como desafios para repen-
sarmos a sociologia da literatura.

Pluralização da sociologia da literatura

Comecemos pela assim chamada estética da recepção, da qual figura, como
texto inaugural, *A história da literatura como provocação à teoria literária*, de
Hans Robert Jauss (1994). Nele, o autor defende a incorporação metodológica da história na análise do texto literário, contrariando as teorias então
em voga que postulavam o primado absoluto do texto e ignoravam o papel
do leitor na experiência literária. Jauss contrapõe-se especificamente a
duas modalidades de historiografia literária: uma que, numa tentativa de
evitar uma enumeração puramente cronológica, organizava-se com base
em conceitos gerais como gêneros, estilos de época, entre outros, apresentando, a partir deles, obras e autores, estes sim em ordem cronológica; e
outra que, declaradamente cronológica, organizava-se segundo o esquema
"vida e obra", padrão adotado pelos historiadores desde a Antiguidade clássica (English, 2010; Griswold, 1993).

Criticando principalmente a teoria literária marxista e a escola forma-
lista, Jauss (1994, p. 20) propõe uma investigação da literatura "no horizonte
histórico de seu nascimento, função social e efeito histórico". O leitor recebe
destaque; passa a ser entendido não como uma folha em branco sobre a qual
o texto vai imprimir seu sentido, mas como leitor socializado que, inserido
em contextos históricos concretos, carrega consigo o repertório das obras
já lidas, bem como dos valores e ideias regentes do sistema literário, que
formam suas molduras interpretativas. Postula-se que um livro não pode ser
lido da mesma maneira, sobretudo em momentos históricos diversos. Assim,
entendendo o fenômeno literário como um processo dialógico e valorizando
a recepção da obra e seu efeito (estético) sobre o leitor como chave para sua
inteligibilidade, Jauss propõe uma história das interpretações da literatura
que resgata o papel do leitor empírico como destinatário dela e mediador
entre os aspectos estético e sócio-histórico da obra. Importa, para a estética da recepção, o leitor concreto da obra que, historicamente situado no

tempo e no espaço – isto é, na comunidade de leitores com que compartilha o mesmo horizonte de expectativas –, realiza a atualização da obra a partir das suas molduras.

Desdobramento crítico da estética da recepção, a teoria do efeito de Wolfgang Iser, desenvolvida em *O ato da leitura* (1996), sustenta que o efeito estético deve ser analisado na interação entre texto e leitor. Embora suscitado pelo texto – considerado uma reformulação de uma realidade já formalizada, e não um documento sobre algo que existe –, o efeito estético demanda do leitor atividades imaginativas e perceptivas que tornam possível um conhecimento que é próprio da operação de leitura. Para Iser (1996, p. 51), a obra literária se realiza na convergência do texto com o leitor, irredutível a um ou outro: ela "é o ser constituído do texto na consciência do leitor". É fundamental, nessa teoria, a noção de leitor implícito, entendido como aquele que materializa o conjunto das pré-orientações que um texto ficcional oferece, como condições de recepção, a seus leitores possíveis. O leitor implícito não se fundamenta em um substrato empírico, mas sim na estrutura dos textos, os quais, portanto, só ganham vida e causam efeito ao serem lidos. "Isso significa que as condições de atualização do texto se inscrevem na própria construção do texto, que permitem constituir o sentido do texto na consciência receptiva do leitor" (Iser, 1996, p. 73).

Outros desenvolvimentos recentes da sociologia da literatura assinalados nos balanços bibliográficos implicam aproximações à sociologia da cultura e compreendem estudos das instituições, dos grupos sociais, das identidades e de outros componentes da vida literária ou das práticas literárias. A esse respeito, vale notar de passagem que boa parte da sociologia da literatura no universo acadêmico anglófono hoje está institucionalmente subsumida à sociologia da cultura.

Nesse sentido, James English destaca a importância da nova história do livro e da chamada sociologia dos textos, desenvolvidas nos trabalhos de Roger Chartier (1994), Robert Darnton (1982) e Donald F. McKenzie (1986). Como este último reivindicava em suas *Panizzi lectures* proferidas na British Library em 1985, recolhidas em *Bibliography and the sociology of texts* (1986), os historiadores do livro deveriam reconhecer que a verdadeira "substância" de suas pesquisas não são os textos, mas a sociologia dos textos, uma vez que o livro, em todas as suas formas, entra na história apenas como uma evidência do comportamento humano em sociedade. A sociologia dos textos de McKenzie consiste na exploração da rede de relações descortinada pela bibliografia analítica e conduz à história do livro como forma de entendimento dos materiais socioeconômicos e das indústrias indiciadas [*indexed*] por livros ou manuscritos individuais. Os significados dos elementos bibliográficos de um documento são históricos e sinalizam redes que podem auxiliar a compreensão de como os textos foram criados, disseminados e entendidos no passado. Nessa perspectiva, qualquer reimpressão consistiria num novo ato social enredado numa nova rede sociológica produzindo novas formas (bibliográficas) materiais com novas associações e significados próprios também. A agenda de pesquisa lançada pelo professor de Cambridge implicava o reconhecimento de que cada texto material indiciava uma rede de forças, indústrias e propósitos sociais, econômicos e políticos. Mais do que isso, reivindicava que a análise dessa rede invisível de interação social evidenciaria como o significado de um documento é afetado tanto pelas palavras de uma página quanto pela própria forma material dessa página, a qual era produzida não somente pelo autor, mas também por aqueles trabalhando nas indústrias de produção dos livros. Dito de outra maneira, McKenzie afirmava que o sentido de qualquer texto está diretamente ligado às formas em que ele se apresenta à leitura, aos dispositivos próprios da materialidade do escrito, tais como, no caso de objetos impressos, o formato do livro, a construção da página, a diagramação do texto, a presença ou ausência e a distribuição das imagens, as convenções tipográficas, a pontuação, entre outros. Essa agenda aguçou a percepção do caráter elitista e exclusivista de que a editoração se revestia até então, para o que contou também com o avanço simultâneo da história do livro como investigação cultural das interações e influências das indústrias e práticas que afetaram a produção de livros.

Segundo English, a abertura e a ampliação do próprio conceito de cultura literária ao incorporar quem a produz (materialmente) contribuiu para a realização de um dos principais objetivos da sociologia da literatura. Esse passo democratizou a ênfase analítica, de modo a incluir – para além do clube exclusivo de autor, texto e leitor – os produtores, esquecidos ou escondidos nos bastidores da cultura, o que Howard Becker (1974) chamava de "*support personnel*" – editor, editora (*publisher*), livreiro, distribuidor e assim por diante. Também a sociologia do leitor que, auxiliada por estudos sobre a formação do cânone e dos valores literários, emergiu a partir dos anos 1980, tendo como trabalho mais influente nos Estados Unidos *Reading the romance*, de Janice Radway. Ele propõe uma compreensão da leitura como prática social e cultural, colocando questões a respeito de quem lê o quê, de que maneira o faz e como a leitura se relaciona às outras atividades do leitor. A nova história do livro e essa sociologia renovada do leitor e da leitura problematizam e mesmo deslocam a concepção crítico-literária do leitor como um "processador de textos generalizado" (English, 2010, p. X) – concepção, segundo o autor, antes reforçada que desafiada pela teoria do efeito de Iser e da Escola de Constança. Nessa perspectiva, a recepção da prática literária passa a ser vista como uma dimensão social complexa e cambiante na qual importa também o tipo de leitura que é feita (silenciosa, secular, acadêmica, não compartilhada etc.).

Beneficiando-se criticamente do adensamento teórico produzido tanto pela chamada estética da recepção quanto pela sociologia dos textos de McKenzie, Roger Chartier, em livros como *História da leitura no mundo ocidental* (organizado com Guglielmo Cavallo, 1998) e *Leituras e leitores na França do Antigo Regime* (2003), elabora uma história da leitura baseada na noção de "práticas de leitura". Esse conceito permitiria enfatizar, por um lado, a historicidade da leitura (suas variantes históricas de forma, técnica, suporte e sentido) e, por outro, seus mecanismos de apropriação e circulação que resultariam numa multiplicidade de usos dos textos. Nesse sentido, "a leitura não é apenas uma operação intelectual abstrata" (Chartier & Cavallo, 1998, p. 8), e o texto não existe em si mesmo, independente do suporte material que possibilita sua leitura e da circunstância na qual é lido (ou ouvido). O autor contrapõe-se, nesse particular, à abordagem estatística que via como dominante na história cultural francesa, a qual supunha "correspondências demasiado simples entre níveis sociais e horizontes culturais, apreendendo os pensamentos e as condutas em suas expressões mais repetitivas e mais redutoras", mas perdendo de vista "a maneira contrastada como os grupos e os indivíduos fazem uso dos motivos ou das formas que compartilham com outros" (Chartier, 2003, p. 13). Para o historiador francês, as práticas de leitura se realizariam por meio de uma complexa "dialética da coerção e da invenção" que implicaria "o cruzamento entre uma história das convenções que normatizam a hierarquia dos gêneros, que definem as modalidades e os registros do discurso, e uma outra história, a dos esquemas de percepção e de julgamento próprios a cada comunidade de leitores" (ibid., p. 38). Portanto, a análise buscaria identificar "as coerções que limitam a frequência aos livros e a produção do sentido" (Chartier & Cavallo, 1998, p. 37) – entre as quais, compreendem-se as estratégias editoriais, as censuras do Estado ou institucionais, as leis de direitos autorais, o suporte material do texto, sua época (entendida, em termos abrangentes, como a data em que é publicado, lido e/ou editado) e a expectativa da comunidade de leitores em que o mesmo circula. No entanto, seria fundamental também levar em conta sempre os "recursos mobilizáveis pela liberdade do leitor – uma liberdade sempre inscrita no interior de dependências múltiplas, mas que está em condições de ignorar, deslocar ou subverter os dispositivos destinados a reduzi-la" (ibid, p. 37).

Junto com Chartier, o norte-americano Robert Darnton foi outra figura central da chamada nova história cultural, que contribuiu sobremaneira para a configuração da história do livro como campo disciplinar. Em seu artigo clássico, "O que é a história dos livros?", argumenta que o livro deve ser entendido como uma força histórica, e os então novos estudos sobre o livro como uma "história social e cultural da comunicação impressa", cujo objetivo mais geral seria compreender como "as ideias eram transmitidas por vias impressas e como o contato com a palavra impressa afetou o pensamento e o comportamento da humanidade" (Darnton, 1982, p. 65). Lançando mão de uma perspectiva de longa duração e global do circuito de criação/produção/difusão/consumo do livro, este tomado como meio de comunicação, seu interesse concentra-se não nos livros raros e edições de luxo, mas no tipo mais comum, capaz de mostrar a experiência literária dos leitores comuns.

Outra perspectiva cuja influência é vista como decisiva na formatação da agenda de pesquisas recentes da sociologia da literatura é a de Pierre Bourdieu (1996), que enfatizou a construção sociológica do valor literário por meio da investigação da gênese e da estrutura interna do campo literário em relação (subordinada) com o campo do poder e dos processos de legitimação e canonização de autores e obras. Nesse sentido, são considerados aportes fundamentais da abordagem de Bourdieu: a teoria geral dos campos – em particular do literário, definido pela concorrência em torno da legitimidade dos produtos literários –, dotados de lógicas autônomas e estruturados a partir da distribuição desigual de um *quantum* social que determina a posição que um agente específico ocupa em seu meio; o foco nos mecanismos de distinção social e nas disputas simbólicas implicadas na representação e na classificação do mundo social; e o papel do sistema educacional na manutenção das estruturas de dominação e na reprodução das desigualdades sociais (English, 2010, p. X; Griswold, 1993, p. 456). Griswold, além disso, salienta a importância do *insight* de Bourdieu de que "guerras de status social" são travadas em campos culturais e com armas culturais. Por sua vez, Eastwood (2007) aponta aspectos na perspectiva de Bourdieu que oferecem amplas possibilidades de desenvolvimento; entre eles, o foco no autor como agente criativo (ou ao menos como nexo de um processo sociocriativo) cuja posição social (leia-se *habitus*, estoque de várias formas de capital, e posição no campo literário) é condição da criação literária mais do que das obras literárias. Considera essa abordagem, que vai além da dicotomia internalista/reflexivista, uma das mais produtivas justamente por tomar como objeto de análise a própria literatura, e não as margens e os negócios da atividade literária ou da leitura.

Por fim, resta mencionar o desenvolvimento dos chamados estudos culturais, que, elaborando as tradições do marxismo ocidental e da teoria crítica, forjaram um caminho interdisciplinar – uma "sociologia da literatura" no interior da corrente dos "estudos culturais britânicos" por meio de núcleos inovadores como o Birmingham Centre for Contemporary Cultural Studies e o Essex Sociology of Literature Project. Entre os avanços mais substantivos nessa vertente, Griswold (1993) ressalta a abertura da teoria marxista para um novo entendimento da relação entre base e superestrutura, uma nova formulação do conceito da cultura popular que confere primazia à agência dos usuários e à manipulação de símbolos em detrimento do modelo da cultura de massa, e uma noção mais sofisticada dos usos do capital cultural na criação ou fortalecimento do capital econômico, entre outros. O leitor passa a ser visto sob o ângulo de consumidor de produtos culturais, permitindo assim conjugar as teorias do capital cultural com a crítica da recepção do leitor, deslocamento que envolve uma reconceituação dos leitores como agentes criativos em vez de recipientes passivos daquilo que os autores escrevem.

O principal expoente dessa vertente é Raymond Williams, responsável por reelaborar a teoria marxista da cultura: de sinônimo de alta cultura, ela é agora considerada os modos de vida, significados e valores que constituem a vida comum; uma atividade material da sociedade, capaz de organizá-la e modificá-la. Em *Marxismo e literatura* (1979), por exemplo, o próprio nexo cultura/vida social é reformulado e adquire complexidade: a cultura não é uma esfera de valores autônoma, separada da vida concreta, como queria a tradição idealista, tampouco uma superestrutura que apenas refletiria sua base material, ao gosto das correntes materialistas mais ortodoxas. Na perspectiva do materialismo cultural de Williams, a literatura e as artes são entendidas como constitutivas do processo social; por isso o autor ressalta, por exemplo, o papel da literatura na história, da escrita na sociedade, recusando uma relação disjuntiva entre cultura e sociedade. Nesse sentido, Williams procurava aperfeiçoar o legado de Marx, propondo que, para além do fato de que a cultura na sociedade sofre (reflete) determinações econômicas e sociais, ela atua como força produtiva que, não obstante opere segundo as pressões e limites impostos pelo modo de produção dominante, engendra significados e valores que conferem sentido e configuram ativamente a vida social, moldando seus rumos. Opondo-se à crítica literária convencional, o autor concebe as obras literárias como produtos e produtoras de processos históricos conflituosos nos quais as próprias formas literárias são fabricadas por relações sociais. Assim, a dualidade usual entre literatura e realidade, cultura e sociedade, eclipsaria sua intrínseca conexão: a literatura é inconcebível sem a realidade que ela produz e reproduz, assim como a sociedade sem a cultura que define seu modo de vida e formaliza seu complexo de relações.

Campo interdisciplinar, visões disciplinares?

Esses desenvolvimentos recentes da sociologia da literatura têm levado a um movimento contraditório: de um lado, os esforços mobilizados em ir além do texto acabam redundando na reiteração de uma visão dicotômica sobre literatura e sociedade; de outro, abrem possibilidades de novas compreensões de que a própria formulação comumente empregada de modo dicotômico – literatura e sociedade – alimenta uma oposição entre textos e instituições, entre estudos literários e práticas sociológicas cujos limites cabe à sociologia da literatura superar. Como ponderam Ferguson *et al.* (1988), ao operar com essa divisão entre literatura e sociedade, o que é chamado de modelo do reflexo justifica as fronteiras disciplinares que cindem o conhecimento sobre o mundo; por sua vez, as fronteiras entre os estudos literários e as ciências sociais dão suporte à teoria do reflexo e ao seu pressuposto de uma absoluta divisão entre a realidade material e a atividade intelectual. O modelo teórico e a configuração institucional fortalecem-se reciprocamente. Embora a percepção algo ingênua da literatura implicada no modelo do reflexo seja rejeitada por alguns, a poderosa metáfora do espelho perdura na prática mesmo quando é negada na teoria, de modo que "se o modelo do reflexo foi desacreditado, não foi substituído" (Ferguson et al., 1988, p. 428).

Como nos lembram os autores, boa parte da herança marxista da sociologia da literatura, presa à metáfora do espelho, condicionou seu desenvolvimento e definiu a agenda até mesmo para aqueles que a rejeitavam, pautando suas principais ideias: Bakhtin ("adequação"), Lukács ("totalidade"), Goldmann ("homologia" e "visão de mundo"), Terry Eagleton ("modo literário de produção"), Bourdieu ("campo"), para citar alguns exemplos.

O estudo das relações entre literatura e sociedade não constitui prerrogativa de nenhuma disciplina acadêmica em particular. Está presente tanto na sociologia quanto na literatura. E, mesmo considerando a pluralização de perspectivas facultada por desenvolvimentos recentes, como acabamos de apresentar, isso não significa, necessariamente, que as velhas fronteiras disciplinares estejam desaparecendo. Ainda que muitas vezes relativizadas criativamente, as identidades disciplinares são também reiteradas de modo bastante convencional, como se à literatura sempre coubesse o estudo dos textos e à sociologia o dos seus condicionantes sociais. Na verdade, essa dualidade é parte do problema mais amplo da relação entre arte e sociedade e da natureza social da arte, sobre o qual há uma longa tradição de estudos e um conjunto de controvérsias. E está replicada em campos congêneres, como na sociologia do conhecimento, da ciência e da cultura em geral e, no Brasil, nos estudos do seu pensamento social (Arruda, 2004; Botelho, 2010).

No que diz respeito especificamente à sociologia da literatura, ou à relação literatura e sociedade, pode-se dizer que os críticos literários têm se mostrado mais atentos às dinâmicas sociológicas da atividade criativa do que os próprios sociólogos profissionais. Uma hipótese para ajudar a entender essa situação é que, embora recorrente e cada vez mais plural, ou talvez por isso mesmo, a orientação sociológica constitui um problema perene para um recorte disciplinar cuja institucionalização tem buscado justamente afirmar a especificidade do literário e sua relativa irredutibilidade ao social ou a qualquer outro fator considerado pelos especialistas "externo" à fatura dos textos literários. A despeito disso, porém, nem o tema literatura e sociedade e tampouco as orientações sociológicas arrefeceram no estudo literário da literatura. Ao contrário, a sociologia da literatura tem sido reafirmada como um dos eixos principais de sua tradição de pesquisa, mesmo quando a "orientação sociológica" passa a ser disciplinada a partir de e para os fins próprios da crítica literária. E isso mesmo considerando o desenvolvimento de diferentes orientações formalistas que, aparentemente, tenderiam apenas a enfatizar a autonomia do literário, do "*new criticism*" ao "desconstrucionismo" passando inclusive pelo "formalismo russo" e sua abordagem da linguagem por meio da linguística funcional (Greenfeld, 1987).

A sociologia, por sua vez, parece não ter estado sempre constrangida ou desafiada do mesmo modo a questionar, refutar e a buscar alternativas àquele que, em verdade, é seu princípio explicativo básico, o qual, aplicado ao caso, poderia ser sintetizado na afirmação de que a literatura é um fenômeno social. Como observado, há muito foi vencida a batalha da sociologia em demonstrar que a literatura, assim como outros produtos culturais, é uma construção social que, ao mesmo tempo, "reflete" a sociedade, o tempo e a circunstância de sua produção (Albrecht, 1954; Peterson, 1979, Griswold, 1981). E mesmo que a sociologia da literatura não seja considerada exatamente um campo estabelecido ou mesmo uma subárea de pesquisa independente (por exemplo, da sociologia da cultura), há muito sociólogos profissionais se utilizam da literatura para revelar, exemplificar ou interpretar processos sociais. Não se pode esquecer, por outro lado, que, em seu surgimento como forma particular de conhecimento em diferentes contextos nacionais, também a sociologia esteve mobilizada a se distinguir e se afastar da literatura (Lepenies, 1996), e que esse desafio, sob certos aspectos, pode ser perene em suas histórias.

Em todo caso, o estudo das relações entre literatura e sociedade parece ter se desenvolvido mais no sentido de um aprofundamento da perspectiva sociológica na sociologia e na literatura enquanto disciplinas diferentes do que no sentido de uma difusão da agenda própria da literatura para a sociologia, embora, evidentemente, essa relação nunca seja exatamente de mão única. Mesmo quando observamos a maior pluralização das perspectivas de estudo e, eventual e correlatamente, uma compreensão mais matizada da literatura como fenômeno social, pluralidade e matiz aqui dizem mais respeito ao incremento de uma agenda sociológica de pesquisa das relações entre literatura e sociedade do que de uma agenda crítico-literária e sua incorporação à sociologia como disciplina. Isso é perceptível, inclusive, pela posição ambígua, quando não relativamente marginal, que a sociologia da literatura ocupa em certas tradições e contextos institucionais e nacionais da própria literatura como disciplina. Em suma, parece que por onde quer que a tomemos, a sociologia da literatura se mostra sempre uma área *in between*, seja entre críticos literários profissionais, seja entre sociólogos – ainda que essa situação possa ter implicações diferentes em cada caso.

A recorrência do problema da indefinição da sociologia da literatura desde a primeira metade do século XX evidencia a relevância do tema. Balanços bibliográficos apontam a relativa dispersão da sua produção e, muitas vezes, a ausência de comunicação entre os seus resultados, o que levou a que, mesmo entre adeptos e especialistas, se concluísse que, a despeito de um notável desenvolvimento teórico, metodológico e empírico, seria indissociável da sociologia da literatura certa "vagueza analítica" (Forster & Kenneford, 1973).

Griswold (1993), por exemplo, afirma que a sociologia da literatura não é absolutamente um campo, mas um "não campo"; chega a compará-la a uma ameba, que não possui estrutura firme, mas move-se em determinadas direções e instala-se em outros campos. A autora indica que não obstante a pluralidade de orientações sociológicas no estudo da literatura e sua interdisciplinaridade, a oposição entre os estudos literários e as ciências sociais acaba sendo determinante na análise: "onde os cientistas sociais usam a literatura para revelar, exemplificar ou interpretar processos sociais, a crítica literária toma a obra literária como um fim em si mesmo". Assim, esquematicamente, Griswold diz que os estudos literários se ocupariam de objetos como obras, textos, escritores e leitores, interessando-se pela criação, recepção e interpretação da literatura; ao passo que as ciências sociais tratariam de livros e instituições literárias, debruçando-se sobre a produção, distribuição e consumo de produtos culturais.

English (2010) afirma, por sua vez, que a sociologia da literatura sempre consistiu num conjunto poliglota e bastante incoerente de empreendimentos. Estaria espalhada por tantos domínios e subdomínios separados da pesquisa acadêmica, cada um com suas agendas próprias e distintas de teorias e metodologias, que raramente poderia receber a designação de "campo". O autor sugere que a legitimidade institucional crescente, desse que poderia ser considerado um modo dissidente anterior de estudo literário, pode oferecer ele mesmo explicação para seu eclipse terminológico e rápido declínio – da terminologia, mas não da área – após a década de 1980. Se a sociologia da literatura funcionou durante a voga da ortodoxia da Nova Crítica como um eufemismo para a abordagem marxista, então possivelmente foi o triunfo desta, da teoria crítica e do paradigma da crítica, que permitiu que o termo sociologia da literatura saísse de cena. Não havia então mais necessidade de se especificar uma escola ou perspectiva distinta chamada "sociologia da literatura" porque muitos estudiosos da literatura haviam se tornado, nesse sentido básico do termo, sociólogos da literatura. Onde quer que eles se localizassem na cartografia dos subcampos reconhecidos – estudos pós-coloniais, teoria *queer*, nova história –, partilhavam do esforço de articular o literário e o social: oferecer explicações sobre textos e práticas literárias remetendo às forças sociais de sua produção, sobre o significado social das suas particularidades formais e sobre os efeitos sociais da sua circulação e recepção.

O ponto enfatizado, portanto, é o de que, qualquer que seja o destino conhecido pela nomenclatura desde os anos 1980, a sociologia da literatura não recuou. Tornou-se, ao contrário, uma "parceira silenciosa" em diferentes projetos significativos e inovadores que não são menos sociológicos apenas por não carregarem consigo o rótulo "sociologia da literatura". Na mesma direção vai o argumento de McHoul (1988) de que parece ter havido uma guinada para os estudos culturais, subsumindo a literatura a outros campos. Defende um novo modo de articular sociologia e literatura, capaz de corrigir o desequilíbrio epistêmico implicado na ideia de sociologia *da* literatura (na qual a literatura figura apenas como material sociológico inerte, repondo a divisão positivista entre fato e ficção), concedendo igualmente à literatura estatuto de modo de conhecimento, inclusive do social.

Assim, mesmo que, muitas vezes, a tendência mais imediata seja a de associar as dificuldades de definição clara de uma área de pesquisa à sua suposta fragilidade, na verdade, nada garante de antemão que as coisas se passem assim. Frequentemente, o oposto também se verifica. Isto é, a aparente indefinição de fronteiras de um subcampo de pesquisas pode indicar antes o seu êxito em generalizar ou fazer compartilhar alguns dos seus pressupostos e problemas próprios num campo mais vasto, de modo que o que parece ser fragilidade, visto de outras perspectivas torna-se força. O que é particularmente instigante no caso da sociologia da literatura é que aquelas limitações não parecem comprometer a vitalidade e o rigor dos empreendimentos intelectuais que vem consolidando e renovando a sua tradição de pesquisa. Contudo, os desenvolvimentos recentes da sociologia da literatura não nos levam a crer que exista consenso, entre sociólogos e críticos que possam ser reunidos sob essa designação guarda-chuva, sobre o que eles fazem e sobre o que seja a sociologia da literatura, alguns deles, inclusive, sequer aceitariam a sociologia da literatura como um rótulo adequado para o seu próprio trabalho (Ferguson *et al.*, 1988; English, 2010).

Central nesse debate que percorre as tradições de pesquisa da sociologia da literatura é a tensão entre empiria e teoria. Ferguson *et al.* (1988), por exemplo, indicam a preponderância da orientação empiricista da sociologia da literatura nas universidades norte-americanas, caracterizadas pelas rígidas fronteiras disciplinares demarcadas pela predominância institucional dos departamentos e por uma prática sociológica em geral bastante afeita a metodologias quantitativas e obcecada por critérios de verificabilidade, em contraposição à orientação mais teórica e interdisciplinar prevalecente nas universidades europeias.

Tendo em vista essa mesma questão, English alerta para o perigo de disseminação da lógica quantitativista ensejado pela crescente interdisciplinaridade da área de estudos literários. Afirma que os estudos literários se deixaram guiar por uma visão da sociologia, e das ciências sociais em geral, pautada na hegemonia dos números. Exemplo desse alinhamento seriam, segundo o autor, os trabalhos de Franco Moretti que, ao acusarem o *close reading* e a "devoção" a um pequeno cânone de textos de serem práticas teológicas, reivindicam uma abordagem pretensamente mais "científica" da história literária baseada num projeto denominado "*distant reading*", que combina banco de dados de grande escala, modelos abstratos emprestados da matemática e da biologia e apresentação visual de informações quantitativas. Essa tendência acabou por reforçar a percepção – falsa, mas difundida – de uma grande divisão entre a literatura e a sociologia, associando a primeira à devoção irracional e ao refinamento interpretativo, e a segunda ao rigor científico e à verificabilidade dos "resultados". É nesse sentido também que Jon Frow (2010), tratando dos problemas e das potencialidades da parceria interdisciplinar da sociologia com a literatura, identifica um erro teórico crasso da sociologia da literatura no pressuposto de uma via analítica de mão única, na qual a sociologia forneceria o método e as categorias – em suma, a teoria – a serem aplicadas à matéria literária, reduzindo esta a objeto daquela.

Verdaasdonk (1985), por sua vez, argumenta em favor de uma sociologia empírica da literatura baseada numa orientação não textual de pesquisa. Pondera que a maioria das assertivas de críticos e estudiosos sobre a literatura envolve a atribuição de significado a um texto ou a parte dele, atribuição que carreia um amplo conjunto de pressupostos, não nomeados, acerca do que é entendido como "significado", "literatura", "conhecimento" etc. Para a maioria dos sociólogos da literatura, advoga, tal atribuição induz à reconstrução da visão sobre a sociedade que se acredita que certo texto transmita, conforme e determinado pela forma específica que também se supõe que a literatura tenha assumido no período histórico em questão. Ademais, supõe-se igualmente que essa visão pode ser corretamente interpretada como uma forma de conhecimento. Conforme defende, essas análises textualmente orientadas da literatura operam com o pressuposto, visto como autoevidente, de que a atribuição de quaisquer traços a um texto, dentro de um quadro de referência de concepções de literatura, pode ser corroborada pela adução de propriedades linguísticas que seriam constitutivas do seu significado, ainda que as mesmas não possam ser identificadas de modo inequívoco. Uma concepção da literatura, nesse sentido, é um conjunto de definições polissêmicas – normativas e aprioristicas – de propriedades que um texto deve ter de modo a ser considerado uma forma de literatura. Os adeptos dessa vertente reivindicam que as definições da natureza de um texto literário necessariamente concernem a propriedades textuais intrínsecas. Verdaasdonk procura empregar essa abordagem não textualmente orientada em sua própria pesquisa mostrando o funcionamento de um circuito institucional de classificação e hierarquização qualitativa de obras literárias composto pela crítica jornalística, pelos livros escolares e pela crítica acadêmica, no qual as distinções não se dão entre autores de alta reputação, mas entre estes e os de baixa reputação; e assim as instituições literárias legitimam a si mesmas como aquelas capazes de fazer essa distinção.

Não pretendemos desempatar essa disputa entre empiria e teoria. Mas um passo importante para tratar o tema seria reconhecer a diversidade de posições que convivem mais tensa do que harmonicamente no interior tanto da sociologia quanto da crítica literária como disciplinas, disputando a definição, a agenda de pesquisa e os sentidos de uma sociologia da literatura. E na sociologia, como se sabe, toda pesquisa sobre qualquer fenômeno social – como a literatura – sempre implica alguma imagem geral da sociedade, e seus resultados sempre acrescentam ou subtraem plausibilidade a essa imagem.

Por certo que as fronteiras disciplinares e as relações interdisciplinares não são fixas, afinal, como qualquer identidade, também elas são relacionais e dinâmicas. Mas a permanência da sociologia como uma orientação teórico-metodológica (entre outras) na tradição de pesquisa da crítica literária especializada parece acirrar persistentes controvérsias e combates com algumas de suas vertentes incomodadas com os usos sociológicos da literatura, e, mais ainda, com a diversificação e a multiplicação de seu repertório cognitivo que estariam concorrendo para o risco de um futuro cada vez mais sociológico na sociologia da literatura (English, 2010). Ainda que não se trate de repor velhos debates sobre o caráter imperialista da sociologia, aquele receio ou ameaça acaba por reafirmar o fato básico de que a sociologia não se define exatamente por um objeto específico, como acontece em outras disciplinas, mas antes pelo método. Isso ajuda a entender também por que a relação literatura e sociedade extrapola a própria dualidade disciplinar mais corriqueira, entre sociologia e literatura, e vem fomentando tantos interesses, inovações e irritações em outros âmbitos, como, por exemplo, nos chamados estudos pós-coloniais, subalternos ou na teoria *queer*.

Reflexos, refrações, reflexividade

Embora, sociologicamente consideradas, não existam identidades estáveis, mesmo as cognitivas, é difícil fugir da metáfora do "reflexo" na sociologia da literatura. Talvez esta seja sua marca constitutiva, porque reiterada, direta ou indiretamente, em seus desenvolvimentos. Porém, como indicam os balanços bibliográficos que sistematizamos e interpretamos, na mesma medida em que se introduzem nuances na compreensão da literatura, literatura e sociedade continuam, em geral, presas a uma visão dicotômica que pouca atenção confere à sua relação recíproca. Mas, como assinalamos, é verdade que alguns passos importantes foram dados nessa direção.

Ferguson *et al.* (1988), em balanço organizado para a revista *Critical Inquiry*, buscam tirar consequências da inevitável metáfora do reflexo, recorrendo para tanto a um conto de Hans Christian Andersen, *A rainha da neve*. Nesse conto, Andersen inventa um espelho fantástico que não reflete, mas distorce sistematicamente, diminuindo cada coisa boa e bela e ampliando as más e feias.

> Todos os alunos na escola do demônio – pois ele mantinha uma escola – relataram que um milagre ocorrera: agora pela primeira vez, disseram, era possível ver como o mundo e a humanidade realmente eram. Corriam por quase todo o mundo com o espelho, até que, enfim, não havia um país ou uma pessoa que nele não visse sua imagem distorcida. (Andersen, 1845, p. s.p., tradução livre)

No fim, o espelho se parte e os estilhaços se espalham por todo o mundo, alojando-se nos corações e nos olhos das pessoas, retendo, entretanto, propriedades do espelho, de modo que todos passam a ver o mundo por meio de imagens distorcidas. Como o espelho de Andersen, argumentam os autores, a literatura apresentaria distorções estruturadas, que aumentam ou diminuem certos aspectos da realidade, bem como retorcem alguns e deixam outros de fora. A sociologia da literatura deveria, então, desafiar esses espelhos e seus inventores examinando suas distorções, mostrando como e por que um texto particular, um gênero, um período ou um autor reflete de uma maneira e não de outra, especificando as propriedades do espelho que determina suas (re)flexões e distorções. No conto, o espelho da Rainha da Neve ostenta ainda uma moldura adornada, e três demônios o carregam mundo afora. Segundo os autores, os críticos literários que enfocam o reflexo e as distorções da literatura geralmente negligenciam a moldura, isto é, o contexto institucional e intelectual da reflexão, tampouco parecem propensos a considerar os demônios, quais sejam, os agentes de difusão e de canonização. A sociologia da literatura deveria enfatizar, nesse caso, justamente aquilo de que se descura – aqueles que carregam o espelho – e exigir a integração de texto, de instituições e de indivíduos – espelho, moldura e demônios.

Igualmente relevante, como destacam os autores, é o fato de que nenhuma investigação ocorre independentemente do investigador. Ao contemplar o indivíduo que olha para o espelho, a ideia presente nos estilhaços do conto de Andersen sugere que o espelho pressupõe um observador, que, por sua vez, aprecia a imagem, avalia o reflexo e coloca ambos em perspectiva. E, como reivindicam os autores, a sociologia da literatura deve levar em conta esse ato primordial de interpretação. O treinamento disciplinar, os círculos intelectuais frequentados, as tradições artísticas assimiladas, os horizontes sociais e, de maneira mais simples, as intuições, vieses e idiossincrasias – "esses são os estilhaços que limitam a percepção" (Ferguson *et al.*, 1988, p. 430). Assim como todo espelho distorce, também, por causa desses estilhaços, todo observador em alguma medida percebe equivocadamente. Se a literatura se baseia em distorções estruturadas, a interpretação se faz a partir de percepções equivocadas estruturadas. Deve-se, portanto, incorporar o observador na observação e confrontar o crítico com o espelho literário, sua moldura e seus demônios. Literatura e sociedade estão, pois, mutuamente referidas numa relação significativa.

Considerar literatura e sociedade como mutuamente referidas, ao mesmo tempo, exige e permite passar do paradigma do "reflexo" ao da "reflexividade". Implica a discussão não somente de novas formas de compreensão sociológica do literário (i. e. do artístico), como vem sendo feito, mas também da própria vida social como formada tanto de estruturas e recursos materiais quanto imateriais. E de como estes últimos, em interação contingente com os primeiros, podem ou não influenciar a ordem social da qual fazem parte e também se constituir em elementos relevantes para as possibilidades de ação coletiva e mudança social. No centro dessa problemática, coloca-se a necessidade de se completar o movimento analítico característico da sociologia da literatura enquanto devedora das premissas fundamentais da sociologia do conhecimento, de acordo com as quais a literatura é socialmente construída, para buscar modos consistentes de demonstração de que ela também participa da construção da sociedade. A questão da "reflexividade social" pode ser entendida, nesse sentido, como o reconhecimento de que diferentes formas de conhecimento sobre o social têm consequências práticas para a sociedade, ou ainda, que as práticas sociais são afetadas pelo constante reexame a que são submetidas a partir das informações produzidas sobre elas, como a interpreta Anthony Giddens (2003) – inclusive na literatura, gostaríamos de acrescentar.

Interpretando as relações entre ação, identidade e o caráter recursivo da vida social na modernidade, Giddens chama a atenção para a importância da dimensão semântica nessas relações reflexivas. São, principalmente, três as frentes em que vem trabalhando a reflexividade entre conhecimento e vida social. Primeiro, em *A constituição da sociedade* (2003), as próprias ciências sociais, enfatizando que as suas teorias e descobertas "não podem ser mantidas totalmente separadas do universo de significação e ação de que elas tratam". A questão pertinente torna-se saber como "a reflexão sobre os processos sociais (teorias e observações sobre eles) continuamente penetra, solta-se e torna a penetrar o universo de acontecimentos que eles descrevem" (Giddens, 2003, p. XXXVII). Segundo, em *O Estado-nação e a violência* (2001), a construção discursiva do Estado-nação como eixo institucional da modernidade, especialmente na filosofia política. Construção discursiva que, como argumenta, acabou por se tornar, em grande medida, parte integrante da própria realidade social que ajudou a estabelecer, pois "o desenvolvimento de Estados necessariamente coincide com a formação de modos de discursos que moldam, de forma constitutiva, o que o poder de Estado é" (Giddens, 2001, p. 227).

Aqui, vale a pena apontar a afinidade dessas formulações com as mais recentes de Franco Moretti, um dos mais proeminentes autores da sociologia da literatura contemporânea, que, em seu *Atlas do romance europeu: 1800-1900* (2003), reivindica um tipo especial de relação – que poderíamos qualificar de reflexiva – entre o Estado-nação e o romance: o Estado-nação seria uma realidade moderna "curiosamente esquiva", pois, se homens e mulheres podem compreender diretamente a maior parte dos seus habitats, "podem abarcar seu vilarejo, ou vale, com um único olhar; o mesmo ocorre com a corte, ou a cidade (especialmente no início, quando as cidades são pequenas e têm muros)", e, se até mesmo o universo pode encontrar num céu estrelado uma boa imagem para si, o que dizer do Estado-nação? "'Onde' fica? Com o que se parece? Como se pode vê-lo?" O Estado-nação, argumenta Moretti (2003, p. 27), "encontrou o romance. E vice-versa: o romance encontrou o Estado-nação". Essa proposição teórico-metodológica foi por ele ampliada e testada em diferentes contextos históricos e empíricos na discussão sobre a reflexividade entre romance e a própria "modernidade", no projeto, talvez mais ambicioso da sociologia da literatura em curso nas últimas décadas, *A cultura do romance* (2009).

Voltando aos trabalhos mais recentes de Anthony Giddens, constata-se uma terceira frente em que vem aperfeiçoando sua perspectiva ontológica da reflexividade social (porque centrada na cognoscitividade dos atores sociais em relação à sociedade), na investigação da dimensão semântica de constituição de "identidades" na modernidade. Assim, em *Modernidade e identidade* (2002), por exemplo, percorre uma agenda de pesquisa para identificar, de uma perspectiva sociológica, a constituição da identidade individual, o "eu", por meio do surgimento de novos mecanismos de autoidentificação na modernidade. A ênfase analítica derivada da sua teoria da estruturação formulada anos antes em *A constituição da sociedade* (Giddens, 2003) incide mais uma vez na condição ativa e reflexiva da conduta humana: "O eu não é uma entidade passiva, determinada por influências externas; ao forjar suas autoidentidades, independente de quão locais sejam os contextos específicos da ação, os indivíduos contribuem para (e promovem diretamente) as influências sociais que são globais em suas consequências e implicações" (Giddens, 2003, p. 9). Para tanto o autor destaca não apenas trabalhos acadêmicos como toda sorte de manuais, de guias, de obras terapêuticas e de autoajuda como elementos inerentes à reflexividade institucional da modernidade; instâncias semânticas a que recorre não para "documentar um tema definido, mas como sintomáticos de fenômenos sociais ou tendências de desenvolvimento que procuro identificar". Não se trata somente de textos "sobre" processos sociais, mas, argumenta, "materiais que de certa maneira os constituem" (ibid., p. 10). Ou seja, textos não apenas "representam" os processos sociais e identitários como os constituem orientando de modo reflexivo a conduta dos atores sociais.

Outra proposta bastante heurística também provinda da teoria sociológica contemporânea que poderá ajudar a sociologia da literatura a enfrentar o desafio de qualificar as relações reflexivas entre literatura e sociedade é a análise de Niklas Luhmann sobre o processo de diferenciação de um sistema autorreferente específico para as relações íntimas na modernidade. Em *O amor como paixão* (1991), Luhmann ressalta o papel da literatura de ficção na codificação de uma semântica própria a esse subsistema, em que o "amor" constitui um código simbólico que possibilitou a comunicação amorosa nas relações íntimas. Isso porque, para o autor, sendo a modernidade policêntrica e multicontextual, ela não se caracterizaria, ao modo de Max Weber, pelo predomínio progressivo de relações impessoais (válidas apenas para a economia), mas também pela possibilidade de intensificação das relações pessoais (Luhmann, 1991, p. 11-17).

Luhmann não estabelece nenhuma relação de precedência entre semântica e sociedade, ou seja, os sistemas sociais não devem ser vistos, sequer analiticamente, como produtos de artefatos semânticos anteriores a eles, mas antes as autodescrições realizadas pelos sistemas são operações concomitantes e internas a sua formação e diferenciação em relação aos demais sistemas e suas correspondentes semânticas. Nessa perspectiva, como são as comunicações entre os sistemas que constituem a sociedade, não são os indivíduos, mas os próprios "sistemas sociais" os portadores de uma reflexividade social, no sentido de que observam suas operações e descrevem seus limites em relação ao ambiente que os circunda e estabelecem comunicações com os demais sistemas, como fica claro em seu livro mais abrangente *Social systems* (1995).

Sustentar que o amor constitui um meio de comunicação simbólico generalizado significa, fundamentalmente, que ele aumenta a disposição para receber comunicações e assegura a interação entre o "alter" e o "ego", dois atores que de outro modo não poderiam jogar um determinado jogo amoroso. Quer dizer, o "amor", do mesmo modo que o "poder" e a "confiança", como Luhmann mostrou em outras investigações, constituem "meios de comunicação" a partir dos quais se elaboram códigos simbólicos e processos de decisão reguladores da ação social a tal ponto que algo até então considerado uma anomalia pode tornar-se um fato normal na sociedade.

Produto, antes de tudo, de uma elite, a nova ética amorosa encontra na comunicação de salão e na difusão dos textos impressos um dos seus principais registros. O surgimento desse código simbólico, o *amour passion*, argumenta Luhmann, está associado à própria liberdade de escolha, em especial por parte das mulheres, uma vez que os constrangimentos ligados à estrutura da estratificação social operante nas relações entre os amantes dão lugar, na modernidade, a um sistema diferenciado para as relações íntimas, no qual somente o "amor" justifica as escolhas. Por isso, para Luhmann (1991, p. 35), as "qualidades necessárias para amar e ser amado podem então, com base numa reciprocidade mais segura, ser trivializadas e tornadas dependentes de acasos histórico-biográficos".

E porque as relações entre semântica e formação sistêmica são fundamentais, no caso da autodescrição do sistema de intimidade é central o papel desempenhado pela literatura de ficção, em especial a "literatura de segunda e terceira ordem" (Luhmann, 1991, p. 10). Isso porque, para Luhmann, os romances dos séculos XVII e XVIII lograram fixar e codificar comportamentos cruciais em ação na sociedade que concorreram para tornar bem-sucedidas as comunicações amorosas travadas no âmbito do sistema de intimidades em processo de diferenciação e autonomização. Em suma, o código "encoraja a formação de sentimentos correspondentes. Sem ele, a maioria, segundo La Rochefoucauld, jamais poderia ter acesso a tais sentimentos. E as inglesas, que procuram orientar-se por romances pré-vitorianos, têm até de esperar por sinais visíveis de amor disposto para o matrimônio, antes de poderem descobrir conscientemente o que é o amor" (Luhmann, 1991, p. 7). Os sistemas sociais, como sustenta Luhmann, só se tornam mesmo realidade por meio dos processos de comunicação, e foi o romance que proporcionou o sucesso às comunicações improváveis, ao fixar e codificar comportamentos amorosos já em curso na sociedade.

Apesar da apresentação muito resumida, esperamos ter sugerido como as perspectivas de Anthony Giddens e Niklas Luhmann, embora não estejam voltadas necessariamente para uma sociologia da literatura, permitem desenvolvimentos inovadores também nessa área de pesquisa. Cada uma a seu modo, elas destacam o papel da semântica na estruturação contingente da vida social vista como um processo intersubjetivo de constituição de sentido e de construção do mundo: Luhmann propondo a reflexividade que os sistemas sociais fazem de si mesmos como condição mesma de sua autodescrição sistêmica; Giddens numa versão altamente ontológica de teoria social, por sua vez, propondo que os atores sociais é que são reflexivos, e o são de modo a responderem criativamente ao contexto de estruturas em que se inserem.

Em ambos os casos, abrem-se novas perspectivas para repensar criativamente a relação literatura e sociedade, como termos mutuamente implicados na relação reflexiva que formam, e não mais como externos ou precedentes um em relação ao outro. Não se trata, como procuramos mostrar, de substituir (ou inverter) uma concepção forte de primazia causal exclusivamente sociológica – que reduziria a literatura a "reflexo", mais ou menos distorcido, da sociedade – por outra "culturalista" – que conceberia a cultura, à qual a literatura estaria subsumida, seja como uma variável independente na conformação das relações sociais, seja como variável dependente branda, cujo poder explicativo consistiria, no melhor dos casos, em participar na reprodução dessas relações –, mantendo intacto, contudo, o verdadeiro problema em jogo, que é o princípio de monocausalidade. Este é justamente o problema que, a nosso ver, a ideia de reflexividade permite enfrentar. Nesse sentido, as perspectivas de Giddens e Luhmann podem constituir pontos de partida consistentes para uma agenda renovada da sociologia da literatura, em que, fundamentalmente, a literatura seja vista mais como parte constitutiva e constituinte da estrutura de valores e das relações de poder implicadas nos processos ideológicos de construção do social do que como meros repertórios – seja como "reflexo" ou "fonte" de conhecimento desses processos. Quem sabe se, nesse passo, a própria "sociedade" possa perder a sua talvez confortável, mas certamente enganosa, aparência de estabilidade e volte, enfim, a constituir um problema propriamente sociológico também na sociologia da literatura e a partir dela. Essa é a nossa aposta.

MinasMundo: hermenêutica de uma subjetividade individual[1]

André Botelho

Para Silviano

Minima moralia
A análise da sociedade pode valer-se muito mais da experiência do indivíduo do que Hegel faz crer. De maneira inversa, há margem para desconfiar que as grandes categorias da história podem enganar-nos, depois de tudo o que, neste meio tempo, foi feito em seu nome. Ao longo desses cento e cinquenta anos que passaram desde o aparecimento do pensamento hegeliano, é ao indivíduo que coube uma boa parte do potencial de protesto
Theodor W. Adorno *(1945).*
Silviano Santiago, *Em liberdade*, 1981

Hoje em dia, seria difícil encontrar algum memorialista respeitável pronto a admitir um uso meramente instrumental do texto com vistas a consagrar a sua trajetória vivida fora do texto. Esse foi, entretanto, o sentido dominante na maior parte da precária história desse gênero literário no Brasil nos séculos XIX e XX, com raras e notáveis exceções. A prática autobiográfica parecia talhada para a consagração dos feitos dos seus autores que ou bem se consideravam proeminentes, ou bem sentiam necessidade de persuadir disso seus leitores (e si próprios, claro). Por certo, poder cultivar e, acima de tudo, transmitir suas lembranças e esquecimentos por meio da escrita é quase sempre recurso de distinção social e poder simbólico, sobretudo numa sociedade em que as práticas letradas costumam ser privilégio de classe.

....
1. Publicado originalmente em *Sociologia & Antropologia*, Rio de Janeiro, v. 10, n. 2, p. 707-727, 2020.

Pedro Nava (1903-1984) talvez tenha se tornado o maior memorialista brasileiro, lugar ainda hoje incontrastável, mesmo tendo passado quase meio século da publicação do primeiro volume de suas memórias, a começar por ter inovado tanto nesse aspecto. Isto é, por ter investido tanto na composição da subjetividade individual dos seus narradores (embora uma narrativa em primeira pessoa, as *Memórias* têm dois narradores diferentes) e dos retratos que, experimentador das artes plásticas na juventude, Pedro Nava deixou de seus familiares, amigos, companheiros de geração. Nava parece ter preferido consagrar as *Memórias* como seu principal feito antes que a si próprio, por exemplo, como médico – embora também as tenha usado para criticar e se vingar de seus desafetos, sem esquecer o autoapreço pela linhagem familiar, que parece endêmico à prática memorialística entre nós.

As *Memórias* de Pedro Nava são compostas por *Baú de ossos* (1972), *Balão cativo* (1973), *Chão de ferro* (1976), *Beira-mar* (1978), *Galo-das-trevas* (1981) e *O círio perfeito* (1983), além das 36 páginas de *Cera das almas*, o livro que daria continuidade à série interrompida pelo suicídio do autor, ocorrido em 13 de maio de 1984. Numa narrativa épica e passional marcada pelo excesso, já identificada ao barroco, que privilegia a percepção sensorial e em que o tratamento do detalhe busca capturar a atenção do leitor, as *Memórias* de Nava recriaram a sempre instável combinação de ficção e história, texto e contexto, em que o gênero se assenta. Além disso, mais do que nos temas exteriores, digamos, a contribuição de Pedro Nava ao gênero estará propriamente na figuração narrativa do complexo processo de interiorização do que lhe é exterior, a que podemos também chamar de socialização ou, ainda, de automodelagem da subjetividade individual a partir de uma escrita de si – uma prática reflexiva ao mesmo tempo de introspecção e de abertura para o outro, o leitor, mediante a qual o *self* se vai modelando.

Discrepando da prática histórica do memorialismo entre nós, Nava criou uma série de problemas formais duradouros para os especialistas, que têm frequentado suas memórias com assiduidade (Botelho, 2012a). E também problemas sociológicos. Afinal, sua narrativa, simultaneamente, reforça e contraria o horizonte de expectativas particular forjado entre autores e leitores, indicando processos sociais de longa duração no âmbito dos quais a individualização e as práticas de si que a acompanham parecem reiteradamente problemáticas. Entre nós, ainda hoje, a categoria indivíduo não perdeu de todo o sentido pejorativo dado a ela historicamente no cotidiano, e a representação da família como unidade moral da sociedade vem se intensificando nos últimos anos com força impressionante, como se pode constatar em discursos religiosos, políticos e mesmo governamentais presentes na esfera pública.

Meu contato acadêmico com a obra memorialística de Pedro Nava levou-me a uma série de perguntas que não têm recebido muita atenção na área do pensamento social brasileiro, minha área de pesquisa, e que apontam para as questões da subjetividade individual como relação social e do cosmopolitismo da/na cultura brasileira. Comento a seguir essa experiência particular como registro de pesquisas e experiências intelectuais em curso, um dos pontos de partida, aliás, para o projeto coletivo "Minas mundo: o cosmopolitismo na cultura brasileira".[2] Para a narrativa, tomei como eixo questões trazidas à tona, principalmente, em dois cursos ministrados na última década no Departamento de Sociologia da UFRJ relacionados à pesquisa em curso.

Para essa reflexão sobre a figuração do indivíduo e de processos de subjetivação individual no memorialismo de Pedro Nava, lembro as sugestões de Silviano Santiago (1989, p. 31), para quem "a narrativa autobiográfica é o elemento que catalisa uma série de questões teóricas gerais que só podem ser colocadas corretamente por intermédio dela". Como, aliás, ele mesmo vem explorando tanto na crítica quanto na ficção, como em seu romance *Em liberdade*, de 1981, de onde tomamos, como *repetição*, a epígrafe. Lembro ainda um ensaio crucial de Ricardo Benzaquen de Araújo (2004), "Através do espelho: subjetividade em *Minha formação*, de Joaquim Nabuco", a cuja apresentação oral, no Grupo de Pensamento Social no Brasil da Anpocs, eu tive o privilégio de assistir pessoalmente.

A relação entre indivíduo e sociedade é fundante da sociologia, como tão bem expressam os trabalhos de seus autores clássicos; afinal, o indivíduo e a sociologia são criações históricas contemporâneas da modernidade. Deles, Georg Simmel (2011) foi um dos mais interessados numa perspectiva relacional (e não causal) do social que buscasse superar a dicotomia entre indivíduo e sociedade. A individualidade foi pensada, nesse sentido, como um fenômeno ligado às mudanças no padrão de relações sociais característico da modernidade. Atualmente, vemos emergir todo um campo identificado como sociologias do indivíduo por Danilo Martuccelli e François Singly (2012), *Las sociologías del individuo*, ou Bernard Lahire (2002, 2004, *O homem plural* e *Retratos sociológicos: disposições e variações individuais*, por exemplo).

....
2. Ver: https://projetominasmundo.com.br/

O interesse pelo indivíduo na disciplina tem-se mostrado potente o suficiente para atingir a própria teorização sociológica como um todo. Quando a individualização e a organização do *eu* como projeto reflexivo se impõem de maneira sem precedentes, torna-se necessário rediscutir a própria modernidade. Foi o que fizeram, entre outros, Ulrich Beck (2011) em *Sociedade de risco*, Ulrich Beck e Elisabeth Beck-Gernsheim (2002) em *Individualization: institutionalized individualism and its social and political consequences* (2002) e Anthony Giddens (2002) em *Modernidade e identidade*, para citar apenas alguns de seus livros. O processo de individualização característico do que esses autores consideram a segunda modernidade ou modernidade reflexiva (historicamente, a partir do pós-Segunda Guerra Mundial) diz respeito, fundamentalmente, ao aumento das condições de possibilidade de uma espécie de imperativo moral a favor da autodeterminação pela escolha, segundo o qual o indivíduo deve sempre pesar suas opções e fazer uma escolha, arcando com seus riscos.

Aqui, o paradoxo social da individualização se recoloca: ao mesmo tempo que o indivíduo é impulsionado a determinar e a desenhar sua própria vida, encontra-se à mercê de uma série de constrangimentos novos para o desenvolvimento de sua individualidade, a começar pelo próprio princípio de incerteza que a todos atinge. É para esse novo tipo de sociedade submetida a fortes e novos riscos ligados aos processos de individualização em curso que essa sociologia se volta: mudanças organizacionais do trabalho, dos estilos e dos modos de vida, das estruturas de poder e das formas de dominação política e de participação, da concepção de tempo, particularmente a compreensão sobre o futuro, alteram os laços sociais e parecem decretar o fim das biografias estáveis.

Cultura subjetiva x Cultura objetiva

Se não me falha a memória... foi assim que começou. Há muito leitor dos romances e do memorialismo mineiros, em 2008 dei meu primeiro curso sobre Pedro Nava, uma disciplina optativa na graduação do IFCS/UFRJ. Na ocasião, me reuni a José Reginaldo Santos Gonçalves, referência incontornável nos temas da memória e patrimônio cultural, para juntos planejarmos e ministrarmos o curso. Chamamos a disciplina de "Memória, narrativa e subjetividade". Na verdade, desde então não me desembaracei dessas questões.

Interessava-nos discutir o crescente interesse público pela memória e por diversas modalidades de representação do passado. Na forma de depoimentos testemunhais e autobiografias, de coleções, patrimônios, museus e comemorações ou ainda de documentários e filmes ficcionais, a memória se tornara presença constante nos meios de comunicação e uma espécie de obsessão coletiva.

Organizamos o curso para discutir comparativamente a categoria memória, focalizando os processos sociais e culturais de sua construção, detendo-nos em algumas formas específicas que ela pode assumir no contexto da modernidade. Um dos nossos propósitos era desnaturalizar as representações correntes de memória, que tendem a entendê-la como um dado psicológico, propriedade de um sujeito fixo e de um espírito humano permanente, infenso à história; ou, ainda, como uma invenção coletiva arbitrária, produzida de forma programática com o propósito de justificar ideologicamente as condições sociais e políticas. Reconhecemos assim não apenas a dimensão social e culturalmente construída da memória, mas também a natureza problemática, parcial e indeterminada das representações individuais e coletivas sobre o passado, simultaneamente fundadas nas experiências do presente e projetadas no futuro.

Dividimos o curso em três módulos. No primeiro, exploramos diferentes dimensões da categoria memória que permitiram, a partir daí, um tratamento socioantropológico consistente de uma de suas formas específicas: a escrita das memórias, gênero que faculta problematizar justamente as relações entre memória individual e coletiva, entre ficção e realidade, entre imaginação e documento. O gênero memórias foi o tema do segundo módulo, que combinou a leitura de textos teóricos gerais com interpretações circunstanciadas das *Memórias* de Pedro Nava para, em especial, especificar a formalização narrativa de circunstâncias de caráter social significativas como modos de existência. *Baú de ossos* (1972), primeiro volume das *Memórias*, foi, enfim, o objeto do terceiro módulo do curso.

As leituras teóricas envolveram autores como Jean-Pierre Vernant (*Mito e pensamento entre os gregos*), Frances Yates (*A arte da memória*), Maurice Halbwachs (*A memória coletiva*), Paul Ricoeur ("A inquietante estranheza da história"), Georg Simmel ("As grandes cidades e a vida do espírito"), Walter Benjamin ("Sobre alguns temas em Baudelaire" e "O narrador: considerações sobre a obra de Nicolai Leskov"), entre outros.

Sem dúvida, foi nesse momento inicial que se definiu meu interesse pela questão do conflito entre indivíduo e sociedade no memorialismo de Pedro

Nava, mais especificamente, para colocar em termos simmelianos, tão caros a José Reginaldo, que desde então me orientam teoricamente: sujeitos que estamos no fluxo da vida social ao jogo de forças contrapostas, o conflito entre indivíduo e sociedade é parte da cisão entre cultura objetiva e cultura subjetiva que dá forma à tragédia da cultura na modernidade – o grande tema da sociologia de Simmel. Na modernidade, o descompasso entre tudo aquilo que os indivíduos produzem fora de sua subjetividade, a cultura objetiva, e o cultivo pessoal, interior, da individualidade alcança um nível extremamente assimétrico, gerando uma separação radical entre o indivíduo e seu potencial criativo, por conta da própria intensificação da divisão social do trabalho. E essa cisão adquire sentido trágico justamente porque, em Simmel (2011), a ação humana está sempre relacionada à ideia de criatividade originada da subjetividade.

Genealogia de uma subjetividade individual

No segundo semestre de 2019, voltei a ministrar disciplina sobre Pedro Nava. Dessa feita, diretamente para discutir construção da subjetividade e da individualização na sociedade brasileira. Mais especificamente, possibilidades, limites e sentidos da construção do *self* em contexto histórico patriarcal a partir das relações entre indivíduo, família e sociedade na formação sentimental, moral e intelectual de dois narradores brasileiros: em *Dom Casmurro* (1900), de Machado de Assis, e em *Baú de ossos* (1972). Discursos e atos dos discursos foram as categorias heurísticas exploradas, a partir das quais problematizei concepções mais tradicionais sobre gêneros literários, das quais, de certa maneira, eu mesmo partira anos atrás, uma vez que, desse ponto de vista, a disciplina envolveria um romance, de um lado, e um livro de memórias, de outro. Em ambos os casos, porém, memória, ficção e autobiografia se entrelaçam em atos discursivos literária e esteticamente meditados e intencionados, que exigem, portanto, uma agenda renovada de pesquisa sobre questões de narratividade e verossimilhança, centrais também para uma nova sociologia da literatura (Botelho & Hoelz, 2016a). Em outras palavras, quis discutir esse movimento de ressemantização do sujeito pelo próprio sujeito, ou seja, processos de subjetivação na cultura brasileira.

Do ponto de vista sociológico, a disciplina explorou as possibilidades de desnaturalização do indivíduo, isto é, de problematização da relação entre indivíduo e sociedade em debates recentes, como os já apontados. As leituras feitas na disciplina (e as preparatórias para ela) no campo da sociologia, da crítica literária e da história das ideias foram igualmente decisivas para recolocar o memorialismo de Pedro Nava como parte de uma hermenêutica do sujeito. Isto é, para a investigação de uma genealogia do indivíduo e da moral burguesa, que, ademais, dá forma ao romance, em geral, e ao memorialismo, em particular, ao mesmo tempo que é por eles alimentada extensa e intensivamente.

Importante, de modo especial, foi a leitura da transcrição das aulas do Curso no Collège de France de Michel Foucault (2016, 2006) reunidas sob os títulos *Subjetividade e verdade*, as de 1980-1981, e *A hermenêutica do sujeito*, as de 1981-1982, respectivamente. Essas aulas marcam um importante deslocamento nas preocupações básicas de Foucault. Suas pesquisas anteriores, praticamente restritas ao binômio saber e poder, são reorientadas para uma terceira dimensão, ou seja, pelo que ficou sendo conhecido como modos de subjetivação, colocando de maneira explícita a seguinte questão: de que maneira o sujeito foi estabelecido como objeto do conhecimento possível, desejável ou até mesmo indispensável, em diferentes momentos históricos e contextos institucionais. As técnicas de si são justamente os procedimentos pressupostos ou prescritos aos indivíduos para fixar sua identidade, mantê-la ou transformá-la, graças a relações de domínio de si sobre si ou de conhecimento de si por si.

Nessa direção, "Cadê Zazá? Ou a vida como obra de arte", de Silviano Santiago (2004), ensaio recolhido no livro *O cosmopolitismo do pobre*, foi crucial para a discussão da hermenêutica do sujeito e das relações do governo de si por si com o outro e com a comunidade, bem como para a discussão de como a arte de si mesmo se alicerça em fundamentos éticos. O texto de Silviano compreende, além disso, um verdadeiro roteiro para o enfrentamento dessas questões, com indicações bibliográficas extremamente generosas. Também os ensaios de Philippe Lejeune (2000), reunidos em *O pacto autobiográfico*, e o livro de Wander Melo Miranda (2009), *Corpos escritos: memória e autobiografia*, foram fundamentais – especialmente a ideia de indivíduo pressuposta pelo texto como critério de diferenciação das escritas de si. Ainda outra leitura marcante foi a do texto de Nancy Armstrong (2009), recolhido em *A cultura do romance*, organizado por Franco Moretti.

O argumento de Armstrong mostrou-se extremamente produtivo para a reflexão sobre um caso, talvez, fora da curva na história do individualismo ocidental e, portanto, do romance, como o Brasil. Afirma a autora que a moral burguesa é "a nossa forma específica de pensamento mágico, e o romance seu modo de difusão mais eficaz" (Armstrong, 2009, p. 336) – pois, como não negligencia, a moral burguesa atribui a esse indivíduo algo que não é individual: a possibilidade de conquistar uma posição social gratificante. Afinal, se no caso do romance europeu, o modelo em que um protagonista se opõe à ordem social estabelecida chega a um equilíbrio quando esse protagonista conquista uma posição compatível com seu valor, no caso brasileiro o campo inteiro das possíveis identidades não se modifica substantivamente para lhe garantir essa posição.

Sem me deter no problema, assinalo sua relação com a estrutura social brasileira e suas formas típicas de mobilidade individual, especialmente dos grupos intermediários ou das classes médias, posto que são fundamentais para pensar uma cultura do romance (Watt, 2010) e também do memorialismo brasileiro. Antonio Brasil Jr. e eu estudamos o problema na obra de Florestan Fernandes e constatamos a atualidade de seu diagnóstico em pesquisas recente (Brasil Jr. & Botelho, 2017). Florestan se mostrou sempre atento às camadas intermediárias no Brasil, sobretudo no que se refere aos limites estreitos de seu radicalismo político e a sua lealdade histórica aos interesses das camadas sociais dominantes e sua ordem de privilégios em vez de sua associação com demandas democráticas mais gerais ou universalistas. Como argumentamos, Florestan mostra o quanto o processo de mobilidade social ascendente e de permanente circulação de indivíduos de origem plebeia – ainda que só em escala individualizada, e não coletiva – nos espaços das camadas dirigentes está longe de ser um fenômeno apenas democratizante, pois a porosidade das hierarquias sociais revela-se compatível tanto com níveis extremos de desigualdades quanto com a reiteração de formas de socialização autocráticas avessas a uma filosofia democrática de vida, à legitimidade do conflito e à abertura universal do princípio da competição.

O cosmopolitismo mineiro

Justamente por isso, no meu último texto escrito sobre Pedro Nava, argumentei que, tal como recriado em *Beira-mar*, o quarto volume das *Memórias*, dedicado ao período da juventude do narrador em Belo Horizonte, o modernismo mineiro parece constituir fundamentalmente um ímpeto contestador, tanto na estética quanto no comportamento da juventude, seus portadores sociais por excelência (Botelho, 2019b). Ímpeto contestador voltado especialmente contra a sociabilidade local da tradicional família mineira, tomada como fundamento moral e social, senão estético, do *status quo*. Atualizando em *Beira-mar* processos mais amplos de contraposição que estruturam a narrativa das *Memórias* em geral, como a oposição nos primeiros volumes entre a família paterna e a materna (polos positivo e negativo, respectivamente), a oposição entre juventude/modernismo *versus* tradição/tradicional família mineira merece ser radicalizada para que se possa chegar o mais próximo possível da posição sempre parcial do narrador e do sentido sociológico próprio que encerra. Desse modo, *Beira-mar* parece contar, em grande medida, a história de moços bem-nascidos, mesmo que empobrecidos, que chocam a tradicional família mineira em Belo Horizonte, de que são membros legítimos e a partir de cujo horizonte, belo, com perdão do trocadilho, eles se colocam no mundo social que se desenha à sua frente. Aos menos favorecidos do mesmo estamento, era possível recorrer ao emprego público, de modo transitório ou não – como, em verdade, parece ser o caso de quase todos os rapazes do círculo do narrador, ainda que em diferentes patamares, como sugere o caso dos abastados irmãos Mello Franco. Uma nota sobre a Belo Horizonte do livro: a cidade planejada é moderna, mas parece se negar à impessoalidade da metrópole, posto que não apenas o espaço social é recriado a partir das famílias residentes vindas do interior (mesmo as de primeira geração), como também as experiências transgressoras que compreende (como "descer a Rua da Bahia") parecem constituir contraponto necessário à própria reprodução de uma lógica familiar dominante.

O paradoxo do individualismo (Armstrong) que se expressa e alimenta o romance europeu e outras narrativas do eu explicita-se, assim, quase didaticamente. Para serem membros respeitáveis da sociedade, os indivíduos (protagonistas de romances europeus) devem se adaptar e observar as regras respeitadas pelos concidadãos; para concretizar algumas aspirações individuais, porém, precisam encontrar o modo de se expressar, o que só é possível forçando as regras que lhes definem a posição dentro da sociedade. O romance assume o dever de resolver essa contradição, criando situações imaginárias em que o protagonista pode se tornar um bom membro da sociedade, justamente ao se arriscar à exclusão.

Como no caso brasileiro, o círculo social raramente se amplia, de modo a tornar-se mais flexível e heterogêneo, para acolher os excluídos. A sociedade pouco se diversifica, pois não incorpora e atenua os excessos dos individualismos. Isso, porém, quase nunca é um problema no romance brasileiro. Nele, há pouco espaço para as subjetividades individuais. Em contraste possível, no caso mineiro a saída para o protagonista tende a ser sua adaptação às normas culturais sufocando seus impulsos antissociais, pois a subjetividade individual existe. Daí que se possa tornar, ao mesmo tempo, mais profundo e complexo, frequentemente e cada vez mais atormentado por conflitos internos, como em alguns momentos (quase ritualmente) os narradores de Pedro Nava e, em casos-limite, até enlouqueça, como em *Crônica da casa assassinada* (1959), de Lúcio Cardoso.

Volto ao meu relato. Entre uma disciplina e outra na graduação do IFCS, na verdade, pude desenvolver e testar essa tópica em relação a Pedro Nava em experiências variadas: nas discussões com o grupo Memorialismo na América Latina, coordenado por Sergio Miceli e Carlos Altamirano (posteriormente, por Jorge Meyers pelo lado argentino), em reuniões no Brasil e na Argentina – o livro com o resultado dessa pesquisa, *Retratos latino-americanos*, foi publicado em 2019. Com a oportunidade que tive, graças aos editores e amigos Lili e Luiz Schwarcz, de coordenar e organizar, para a Companhia das Letras, a reedição das memórias de Pedro Nava (e prefaciar cada volume) iniciada em 2012. Por fim, Andre Bittencourt, que trabalhou comigo na pesquisa para a reedição das *Memórias* na Casa de Rui Barbosa, onde se encontra o acervo do autor mineiro, posteriormente acabou escrevendo sua tese de doutorado, sob minha orientação, a respeito das ideias modernistas de chamado e de vocação em Pedro Nava e suas convergências e seus conflitos com a medicina praticada profissionalmente pelo memorialista mineiro (Bittencourt, 2017). Sobre a edição das *Memórias*, trabalhamos, primeiro, no estabelecimento de texto – ideia posteriormente abandonada –; depois, na seleção e composição dos cadernos de imagens dos volumes a partir do abundante material datiloscrito e iconográfico correspondente a cada um dos livros acondicionados pelo próprio Nava em pastas de cartolina coloridas em tons pastéis, típicas dos anos 1980, que, aliás, inspiraram as capas soltas da edição.

Essas experiências, além das publicações propriamente acadêmicas que ensejaram, me colocaram diante de um problema delicado – em vários sentidos – sobre o conflito tênue, mas decisivo (os laços mais finos são os mais firmes, para evocar novamente Simmel) entre indivíduo e sociedade: uma subjetividade em busca dramática, não raro trágica, de individualização em meio à cultura objetiva representada pela família (a chamada tradicional família mineira) e pela sociedade e o Estado, inclementes estruturas de poder. Percepção despertada inicialmente por Pedro Nava e logo acentuada não apenas pelo memorialismo, mas também pelos romances e poemas de outros escritores mineiros, como Carlos Drummond, Cyro dos Anjos, Afonso Arinos, Lúcio Cardoso, Murilo Mendes, Otto Lara Resende etc.

Uma experiência estranha que me parece ainda hoje contrastar com a tendência mais característica na cultura brasileira, como, por exemplo, o chamado romance social nordestino dos anos 1930, em que se encena talvez não propriamente o conflito, mas a própria derrota ou mesmo supressão de uma subjetividade individual (das personagens de ficção, no caso. Lembremos a observação de Antonio Candido [2006a] sobre a força e a fraqueza dessa literatura, na qual o problema prepondera sobre a personagem). No caso mineiro, os indivíduos podem até ser derrotados pela família, pela sociedade ou pelo Estado, e frequentemente o são mesmo. Mas o conflito parece ser nele mais do que um tema; é o motivo principal da narrativa, o que o põe em movimento. Daí o cuidado com a caracterização tanto dos diferentes lados da contenda: o indivíduo, de um lado, a sociedade, de outro; quanto das próprias interações entre eles. Cultura subjetiva e cultura objetiva, distintas e em certo sentido irredutíveis uma à outra, mas em cuja interação cotidiana a vida social ganha forma, para lembrar Simmel novamente.

Resta uma questão importante (entre talvez muitas outras). Por que seria possível destacar e distinguir um caso mineiro de um brasileiro? Devo argumentar que a questão é parte dos problemas que, mais uma vez, apenas a pesquisa coletiva em curso poderá chegar a responder, se for esse o caso. Há, contudo, algumas pistas que eu mesmo encontrei pelo meu caminho. Compartilho-as a seguir. Não sem antes, porém, retomar minha advertência de que, ao destacar um caso mineiro, não tenho em vista buscar essencializar uma experiência histórica e social, mas antes questionar a ideia de homogeneidade da formação da sociedade brasileira. O que quer que seja mineiro é igualmente parte do problema a ser investigado e eventualmente explicado. Desenvolvimentos e problematizações da chamada mineiridade foram realizados, no âmbito da sociologia, por Maria Arminda do Nascimento Arruda (1989) e Helena Bomeny (1994), cujos livros são marcos importantes no debate.

E por que Minas?

A figuração do indivíduo e de processos de subjetivação no memorialismo de Pedro Nava, e que nos parece presente também no memorialismo e nos romances mineiros em geral, conjunto ainda por ser investigado empiricamente, apontam, contudo, para um traço cosmopolita marcante na formação social de Minas Gerais. Lembremos com Antonio Candido (2006b) que a urbanização precoce de Minas Gerais, comparativamente ao restante do Brasil e mesmo do continente, está na raiz do surgimento, no século XVIII, de uma literatura, em primeiro lugar, com um acentuado cunho de universalidade, como discutiu em "Poesia e ficção na autobiografia", famosa palestra de 1976, posteriormente publicada em *A educação pela noite*. E, o que nos toca ainda mais diretamente, em segundo lugar, um gosto próprio dos mineiros por literatura em primeira pessoa, em particular a autobiografia, assunto de seu texto que estamos evocando. No argumento de Candido, esses dois elementos se juntam, ademais, no tipo de tratamento característico dado pelos autores mineiros (ele está discutindo, sobretudo, Carlos Drummond de Andrade, Pedro Nava e Murilo Mendes) à própria autobiografia, isto é, na tendência que apresentam em extrair universalidade da matéria particular narrada, "a partir de algo tão contingente e particular como é em princípio a vida de cada um" (Candido, 2006b, p. 61).

Como lembra Candido, as manifestações literárias do arcadismo constituíram um ponto de partida decisivo para *toda* a cultura de *todo* o Brasil, posto que as características tanto do barroco quanto do neoclassicismo estabeleceram uma "opção universalizante" traduzindo a "linguagem civilizada" do Ocidente em "terra semibárbara", como seria quase todo o Brasil daquela época (ibid., p. 62). Em que pesem os termos enfáticos e o sentido eurocêntrico das afirmações, do ângulo que nos interessa, no momento, vale destacar antes dois pontos nessa argumentação sobre um perfil universalista da literatura produzida em Minas. Primeiro, o quanto deveríamos justamente a ela o polo universal da dialética entre particular/universal (local/cosmopolita) que organiza o pensamento de Candido, a oscilação entre os polos configurando uma espécie de dinâmica própria da cultura brasileira como cultura dependente (ver não apenas *Formação da literatura brasileira*, mas ainda "Cultura e subdesenvolvimento", entre outros de seus textos). Dialética que vigeria até os nossos dias e que se formara a partir do romantismo, a quem coube o papel de uma reação particularista e particularizante identificada ao nacionalismo, com seu "mergulho profundo nas particularidades do pitoresco e da cor local" (ibid., p. 62).

Se, como observa Candido, do romantismo aos nossos dias, aquele impulso inicial estaria fadado a ser encarado como um desvio do espírito nacional, como atraso no processo de autoidentificação da sociedade e da cultura nos termos de uma identidade brasileira, cabe-nos perguntar o quanto a formalização de um movimento de oscilação entre o particular e o universal em sua dialética não terá, talvez, domesticado demais a presença do cosmopolitismo na cultura brasileira. Afinal, o cosmopolitismo parece nela existir *apenas* para contrabalançar de modo funcional o impulso localista. Assinalada, deixo o desenvolvimento da questão para outra oportunidade. Seja como for, vamos reter nesse momento que é à civilização urbana de Minas que deveríamos aquele traço da nossa cultura e o eixo universalizante da dialética que, no século XIX, o século decisivo para a formação da literatura brasileira, assume a sua maturidade com Machado de Assis. Com Machado, afinal, observa Candido (2006b, p. 62), "foi possível ver que o local e o universal, o transitório e o permanente, o particular e o geral estavam devidamente tecidos na sua carne, como na de qualquer literatura que vale alguma coisa".

Recapitulando, o que nos interessa de mais perto por agora na discussão de Antonio Candido é, em primeiro lugar, sua hipótese de que a urbanização precoce de Minas Gerais não apenas teria dado lugar a uma opção universalizante em sua literatura desde o início e como isso ajuda a entender o porquê do florescimento da autobiografia em Minas e sua sofisticação a ponto de, na segunda metade do século XX, alguns de seus principais escritores problematizarem e mesmo redefinirem, entre nós, os princípios e as práticas tradicionais da autobiografia como gênero, confundindo memória, realidade e imaginação, amparados em recursos expressivos até então próprios da ficção. Em segundo lugar, o fato de esse gosto dos mineiros pela literatura em primeira pessoa ter-se traduzido de modo preponderante numa tendência de universalização do particular, a vida de cada um para uma vida de um "nós".

Anos depois, essa tendência apontada por Candido foi de certa forma retomada e expandida numa chave comparativa muito importante para o argumento que estou desenvolvendo aqui. Refiro-me à comparação feita por Davi Arrigucci Jr. (2001), em "Móbile da memória", entre Nava e Gilberto Freyre. Mostra o crítico como os sentidos do movimento de relacionar a memória pessoal e a sociedade são opostos nos dois autores: Freyre parte de vasta documentação que compõe o material da sua pesquisa sociológica para chegar a seu mundo de origem pessoal; Nava, ao contrário, parte da autobiografia para desenhar um retrato mais geral. Para Arrigucci Jr. (2001, p. 110), embora a narrativa das *Memórias*, como também *Casa-grande e senzala* (1933), costeie perigosamente o tempo todo o discurso ideológico, a reconstrução do passado de uma classe social, isso não impediu que cada um deles chegasse, e cada qual a seu modo, a um conhecimento "geral dos modos de vida e sensibilidade da sociedade brasileira no seu dia a dia do passado, através de formas particulares e concretas de seu cotidiano, de repente chamadas à vida pelo toque de arte que aí desencadeou a ressurreição da memória". Mas o ponto aqui, para nós, é o reforço do sentido de amplificação do individual – diríamos biografemas (com Roland Barthes) – na narrativa de Pedro Nava. Na narrativa *mineira* de Pedro Nava, poderíamos completar com Antonio Candido.

A comparação de Arrigucci Jr. fica por aqui. Nós é que, dando um passo atrás, na verdade, estamos nos perguntando sobre essa subjetividade individual tão contrastante entre os dois autores e, mais, entre as duas formações sociais a que estão ligados e que, de alguma forma, constroem em seus livros, a pernambucana, no caso de Freyre, e a mineira, no de Nava. Não parece significativo que a subjetividade individual trabalhe, em Freyre, justamente para recompor um perfil social do grupo, isto é, a família patriarcal? Afinal, o argumento decisivo de *Casa-grande* é justamente que a família patriarcal, e não o indivíduo, constitui a unidade da formação da sociedade brasileira. É ela a protagonista do ensaio de Freyre, na verdade, parte de uma reflexão mais ampla sobre o seu papel na construção da ordem numa sociedade tão violenta e polarizada (entre senhores e escravos) como a colonial (Bastos, 2006).

O contraste com a narrativa de Nava, a esse respeito, torna-se ainda mais forte se formos para o livro seguinte de Freyre, *Sobrados e mucambos* (1936), justamente dedicado à decadência da família patriarcal e à reorientação da vida social no sentido de sua urbanização/modernização/ocidentalização. Processo que também se fez acompanhar, no plano político, pelo progressivo declínio do poder privado, representado pelo patriarca, em face do também progressivo "aumento do poder político público, encarnado por órgãos judiciais, policiais, ou militares ou simplesmente burocráticos do governo monárquico" (Freyre, 1981, p. LXXI). Todavia, como a decadência do patriarcado rural não implicou totalmente o desaparecimento de seu poder, também a interpenetração entre público e privado não é rompida, ainda que as relações entre esses domínios se tenham alterado em decorrência do peso relativo que as instituições teriam passado a assumir – como expressa o fato de a ascensão social do bacharel e do mulato, bem como sua inserção no próprio domínio público, estar condicionada a suas relações tradicionais com a família patriarcal (ibid., p. 574-575).

A decadência da família patriarcal como princípio de organização da sociedade não dá lugar, assim, no Brasil pernambucano de Gilberto Freyre, à emergência do indivíduo como entidade, nem diríamos autônoma, mas diferenciada subjetivamente da família a ponto de, como estamos argumentando para o caso das *Memórias* de Pedro Nava, o conflito entre indivíduo e sociedade poder ganhar figuração como princípio formal narrativo e social. Indivíduo e subjetividade individual permanecem, na nova ordem social e narrativa de Freyre, como que domesticados pela família patriarcal decadente.

O que a comparação me sugere, portanto, é que, primeiro, o lugar do indivíduo constitui uma clivagem importante para pensar diferentes figurações brasileiras do memorialismo e das narrativas em primeira pessoa em geral. E que, talvez, uma genealogia da subjetividade individual, como a que estamos propondo, possa ajudar a, direta e indiretamente, desentranhar o conflito sobre diferentes interpretações do Brasil desses textos-práticas de si, porque aquela clivagem também diz respeito às alternativas de país e às visões de sociedade ideal em disputa não apenas econômica, mas cultural e politicamente.

Lembro, de passagem, do instigante ensaio de Roberto Schwarz sobre a mineira *Minha vida de menina*, de Helena Morley. Em "Outra Capitu", de 1997, o crítico se pergunta justamente como a decadência da mineração na região de Diamantina teria permitido uma prosa desataviada, irônica e crítica dos valores familiares, religiosos e sociais tradicionais assentados:

> Combinada à Abolição, sem a qual o resto não seria possível, a outra causa de progresso terá sido a decadência econômica da região. O paradoxo é interessante, pois ensina a ver a estreiteza dos progressismos correntes, desprovidos de antena para a melhora da sociedade. O avanço social eventualmente propiciado pelo declínio da economia é uma configuração que faz pensar. As

melhoras que brotam no espaço aberto pela desativação dos negócios dominantes – ligados à acumulação capitalista mundial – são a crítica viva destes e da ordem que consolidam. (Schwarz, 1991, p. 73-74)

A decadência econômica de Minas Gerais, devido ao esgotamento do ouro e dos diamantes, como bem observa Schwarz, é questão das mais controversas entre especialistas. Aparece ora como uma involução, ora como crescimento peculiar. Num caso, a perda da relação com o mercado mundial de metais e pedras preciosas é vista como isolamento da região que leva quase a uma regressão da sociedade; em outro, o foco recai sobre os rearranjos muito particulares dessa mesma sociedade, que passa a se voltar para dentro, para os mercados locais e regionais. De modo que, realmente, podemos fazer nossas as palavras do crítico sobre o assunto: "O que é retrocesso para uns é avanço e civilização para outros, sendo que a opinião a respeito não pode ser igual nos diferentes setores da sociedade" (ibid., p. 75).

3 x M: Memorialismo modernista mineiro

As figurações do conflito entre indivíduo e sociedade no memorialismo de Pedro Nava são indícios empírico-textuais de uma surpreendente construção social cosmopolita da diferença cultural brasileira de que estamos nos ocupando, um grupo grande interdisciplinar de pesquisadoras e pesquisadores no projeto coletivo sobre o cosmopolitismo nas, a partir das, com as e contra as Minas Gerais. Como não se trata de fazer um mapa sobre o regionalismo mineiro, nosso esforço está antes na abertura potencial de nossos temas e também nas possibilidades comparativas decorrentes. Assim, estamos entendendo o cosmopolitismo mineiro como o tipo de relação descentrada de convivência com o universal a partir da diferença local, que implica movimento e abertura em várias direções. Por isso, minha questão no projeto diz respeito justamente a como, nesse conflito entre indivíduo e sociedade, se reconhece a existência própria de uma subjetividade individual que, como nos ensina um último Michel Foucault, existe como práticas de cuidados de si. Cuidados de si precários, desafiantes e frágeis sempre e ainda mais numa família e numa sociedade de matrizes patriarcais. Assim, é também de políticas de reconhecimento de subjetividades individuais, de suas promessas nem sempre realizadas e de seus limites e paradoxos sociais num mundo cosmopolita brasileiro que se trata.

Adiante, quando os resultados da pesquisa comparada em curso sobre Pedro Nava e outros autores estiverem disponíveis, será possível voltar de outro modo às caracterizações da hermenêutica do sujeito no memorialismo mineiro, lidas a partir de sua codificação específica em cada texto e no uso que se faz dos dispositivos disponíveis para essas escritas de si. Escritas essas, não custa lembrar, que são o ato da própria elaboração da subjetividade a partir das construções de temas e formas como a infância, o espaço, o tempo, o corpo, o sonho etc., em seu papel complexo de expressão da demanda singular e relação com as sobredeterminações culturais e simbólicas a que estão submetidas as palavras.

Personalidade e destino: Pedro Nava, Mário de Andrade e a socialização do modernismo[1]

Andre Bittencourt

> *A correspondência é a forma utópica da conversa porque anula o presente e faz do futuro o único lugar possível do diálogo.*
> Ricardo Piglia, *Respiração artificial*

A relação de Mário de Andrade com os escritores mineiros se inicia em abril de 1924, na famosa Caravana Modernista, que levou Mário, Oswald de Andrade, Tarsila do Amaral, Blaise Cendrars, entre outros, às hoje chamadas cidades históricas. Retornando dessa imersão em igrejas, esculturas e casarios barrocos, o grupo fica alguns dias em Belo Horizonte, a nova capital do estado, fundada há menos de três décadas. Em uma noite agitada, a comitiva é visitada no hotel em que se hospedava por um grupo de jovens, muito jovens poetas e ensaístas locais, entre os quais Carlos Drummond de Andrade, Pedro Nava, Francisco Martins de Almeida e Emílio Moura.

Esse contato sem dúvida deixou grande impressão nos vanguardistas mineiros, mas a relação apenas se intensificaria alguns meses mais tarde, com o início de uma marcante troca epistolar que cada um deles travou com Mário de Andrade. O intuito deste texto não é refazer a radiografia do movimento, aliás já muito bem estabelecida,[2] mas trabalhar uma determinada hipótese: a de que o modernismo não se restringiu exclusivamente a um

---
1. Publicado originalmente em *Sociologia & Antropologia*, v. 9, n. 1, p. 235-256, 2019.
2. Talvez seja possível dizer, sem exagero, que o modernismo mineiro é, de todos os modernismos do início do século XX no Brasil, aquele com a fortuna crítica mais coerente em seus elementos principais. Para abordagens sistemáticas, remeto o leitor aos trabalhos fundamentais de Dias (1971); Bueno (1982); Werneck (1992); Bomeny (1994); Marques (2011).

campo profissional ou a um fazer artístico, mas tratou-se, antes, de um tipo específico de socialização, que implicou um movimento de formação intelectual e de formulação de uma visão de mundo. Desenvolvo essa hipótese em duas direções complementares, indicando como essa socialização procurava: 1) construir um movimento coletivo – e, portanto, o modernismo deve aqui ser entendido enquanto um movimento cultural; 2) modelar personalidades capazes de suportar os desafios impostos pelo tempo. Para isso, me detenho em uma peça narrativa central dessa inteligibilidade, ainda praticamente ignorada pela crítica especializada: a correspondência de Pedro Nava com Mário de Andrade na década de 1920, decisiva, como veremos, na modelagem do futuro autor das *Memórias*.[3] De modo a calibrar essa leitura, também farei uso do que provavelmente é o mais importante *corpus* epistolar do modernismo, a correspondência entre Mário e Carlos Drummond de Andrade.

Em trabalhos recentes, a epistolografia de Mário de Andrade vem sendo entendida sociologicamente como peça fundamental da modelagem da subjetividade (Araujo, 2014) e da sociabilidade (Botelho, 2015) de toda uma geração. A partir dessa chave de leitura, acredito ser possível perceber na troca de cartas – e também de versos, de críticas e de afetos – a conformação de uma espécie de teia coletiva que ia sendo tecida e que, no limite, implicava a abdicação da posse daquilo que era enviado, sedimentando, assim, um projeto modernista comum, coletivo, "nosso" – como se verá, por exemplo, na insistência de Mário de Andrade em utilizar a primeira pessoa do plural ao tratar das propostas de renovação do movimento. Como sugere André Botelho (2012b, p. 39-40), "o que não pode se perder de vista, fundamentalmente, é o reconhecimento (...) da parte de Mário de Andrade, de que a renovação cultural pela qual lutava envolvia o trabalho coletivo e a intensa interlocução inclusive entre gerações diferentes". As cartas seriam um meio privilegiado para essa interlocução.

Nesse sentido, cabe ressaltar ao menos duas dimensões implicadas na correspondência de Mário de Andrade, e que se configuram de maneiras específicas na relação com Pedro Nava. Primeiro, a personalidade e o método dialógico de Mário, como já estudado por Gilda de Mello e Souza (2009, p. 44) e que se configura enquanto um "discurso inacabado, na medida em

....
3. A partir de 1972, Pedro Nava inicia, com o livro *Baú de ossos*, a publicação de sua obra memorialística, muitas vezes considerada um "fruto tardio" do modernismo e que, aliás, teria impacto importante nas releituras do próprio movimento (cf. Arrigucci Júnior, 2001; Candido, 2006b; Cançado, 2003; Valle Neto, 2011; Botelho, 2013a).

que se abre continuamente para o interlocutor, exigindo a cada passo a sua participação efetiva no debate". Mário constituiria, assim, em sua "vocação para o diálogo", aquilo que a autora chama de um "temperamento socrático" (cf. Botelho & Hoelz, 2016b). Silviano Santiago, também aproximando Mário da "maiêutica socrática", ressalta como o diálogo carrega uma alta carga de comprometimento não apenas individual, mas principalmente em nível societário, no sentido de que por meio dele e do consequente aperfeiçoamento dos homens também seria possível construir uma sociedade melhor. Nessa direção, Santiago sugere a centralidade do diálogo enquanto um gesto – radical – de alteridade, em que "puxar conversa" (a expressão é de Mário) é "um modo de se aproximar agressiva e despudoradamente, sensual e fraternalmente, do outro, para que o outro, ao passar de objeto a sujeito, transforme o sujeito que puxa conversa em objeto" (Santiago, 2006, p. 102).

Se pudermos levar a comparação com a figura de Sócrates adiante, notemos que não menos importante na correspondência entre Mário e Nava (assim como na de Drummond), e aqui entramos na segunda dimensão acima referida, é a presença constante de outra característica do diálogo socrático, mais especificamente aquilo que Michael Foucault resgatou sob o nome de "cuidado de si", entendido enquanto uma atitude ou um comportamento específico para consigo mesmo, mas também para com o mundo e com os outros. Como apontou em seu curso sobre a hermenêutica do sujeito, na *Apologia de Sócrates*, este se apresenta como aquele que, fundamentalmente, "tem por função, ofício, encargo incitar os outros a se ocuparem consigo mesmos, a terem cuidados consigo e não descurarem de si" (Foucault, 2006, p. 7). O mestre, no caso, é aquele que "desperta", sendo o cuidado de si o momento do "primeiro despertar" do interlocutor, que passa primordialmente pelo exercício dialógico de uma nova forma de olhar.

É essencial, portanto, a qualidade do tipo de relação que se estabelece entre discípulos (sempre jovens) e mestre. Relação muitas vezes amorosa ou erótica, como fica claro em outro diálogo socrático, *Alcebíades*, e que normalmente implica o sacrifício do próprio mestre (Sócrates renuncia a sua fortuna, vantagens cívicas, à carreira política e, no limite, à própria vida). O cuidado de si, escreve Foucault (2006, p. 11), "é uma espécie de aguilhão que deve ser implantado na carne dos homens, cravado na sua existência, e constitui um princípio de agitação, um princípio de movimento, um princípio de permanente inquietude no curso da existência". Mário de Andrade, como veremos, será esse aguilhão. Por fim, é importante ressaltar que, consistente com a preocupação consigo mesmo, com uma dimensão pedagógica e com princípios de ação, o "cuidado de si", nota Foucault (1985, p. 59) em outra ocasião, longe de se situar na órbita do individualismo ou do egoísmo, implica antes a intensificação das relações sociais em um "jogo de trocas com o outro e de um sistema de obrigações recíprocas". Veremos, portanto, como Mário é importante na modelagem de uma geração, mas também na conformação de certos princípios de identidade e de personalidade.

"A aventura em que me meti"

Entre a primeira vez que Mário e Nava se encontraram, na viagem dos modernistas a Minas Gerais, em 1924, e a segunda, na capital paulista, em 1933, passam-se nove anos. A distância, contudo, não implicou afastamento, como sabemos por sua troca de cartas. Ainda que bem menos volumosas do que a correspondência entre Mário e Drummond, essas 25 cartas (12 publicadas em *Correspondente contumaz* e mais 13 inéditas em livro, pertencentes ao acervo Mário de Andrade do Instituto de Estudos Brasileiros da USP) são igualmente reveladoras dos princípios de socialização que então se estabelecia.

Quando envia a primeira carta a Mário de Andrade – quase um telegrama, na concisão e na linguagem –, em 17/2/1925, Nava muito provavelmente já havia lido as três que o escritor paulista remetera a Drummond; afinal, é notório que suas cartas circulavam pelos jovens rapazes modernistas de Belo Horizonte.[4] Nela, Nava acusa e agradece o recebimento de um livro,[5] mas diz que o comentário da leitura iria mais tarde, atolado que estava com os exames da Faculdade de Medicina, de que então cursava o quarto ano. A brevidade não impede que, a exemplo da prática de seu colega, envie dois poemas, "Aterrissage" e "Reflexos":

----

4. Em "Evocação da rua da Bahia", Pedro Nava (2012, p. 414-415) descreve dessa maneira os encontros dos jovens rapazes no Café Estrela de Belo Horizonte: "E conversávamos perdidamente... Sobre as cartas do Mário, sobre o manifesto do 'pau-brasil', sobre os rapazes de Cataguases, sobre o aparecimento da Estética, sobre o lançamento da Revista, sobre a recuperação das amadas e a poesia do mundo".

5. Pela resposta de Mário de Andrade sabemos tratar-se de *A escrava que não é Isaura*. Mário enviara alguns exemplares do livro a Carlos Drummond de Andrade quase um mês antes, solicitando que este divulgasse a obra em Belo Horizonte. Cf. a carta de Mário de Andrade a Carlos Drummond de Andrade de 21/1/1925.

Bello Horizonte, 17.2.1925
Meu caro Mário de Andrade.
Recebi seu livro.
Hoje quero só agradecer, deixando para conversar mais detalhadamente sobre elle, logo que houver tempo, isto é, depois dos meus exames na Faculdade de Medicina. Mando pra Vce. ver e dizer o que pensa a respeito 'Reflexos' e 'Aterrissage'.
Um abraço do

Não deixa de chamar a atenção o caráter quase protocolar e pouco polido (além de nada reverencial) da mensagem com a qual o jovem de 21 anos se aproximava de um dos líderes da Semana de Arte Moderna de São Paulo, para não falarmos do acento um pouco abusado, com o envio dos poemas sem nem antes um obrigado. Nada poderia ser, aliás, mais distante do que a primeira carta enviada por Drummond a Mário apenas alguns meses antes, em seu tom excessivamente formal e tímido, que se inicia da seguinte maneira:

Prezado Mário de Andrade,
Procure-me nas suas memórias de Belo Horizonte: um rapaz magro, que esteve consigo no Grande Hotel e que muito o estima. Ora, eu desejo prolongar aquela fugitiva hora de convívio com seu claro espírito. Para isso utilizo-me de um recurso indecente: mando-lhe um artigo meu que você lerá em dez minutos. (Andrade & Andrade, 2002, p. 40)

São, sem dúvida, duas maneiras absolutamente distintas para começar, *incipitis* que dizem muito não somente da personalidade de cada um, mas, principalmente, do tipo de relação que a partir dali iriam constituir com um interlocutor comum.

Mário de Andrade, respondendo a Nava em 9 de março, observa, como num puxão de orelhas, que, ao mandar uma primeira carta para alguém, o remetente deveria ao menos ter a gentileza de escrever o nome com mais clareza – algo que, afinal, não fazia tanta falta assim, uma vez que era ele o único que não havia confirmado o recebimento do livro. Sem saber, Nava dava em sua breve missiva o tom da correspondência com Mário de Andrade: a demora, o pedido de conselhos, a indicação de que os estudos de medicina estariam à frente da interlocução intelectual e mesmo a dificuldade em afirmar a própria identidade.

Logo na segunda carta, de 3/7/1925, Nava já parece realizar e ganhar consciência de seu autocentramento e de sua atitude pouco disciplinada para a escrita epistolar. Precisamente a "demora" será um dos grandes motes na correspondência, como se Nava preferisse resguardar certa distância de seu interlocutor, vendo-se constantemente tomado por afazeres que retardavam seguidamente as respostas.[6]

> Meu caro Mário.
> Já estou de orêlhas quentes. Decerto vcê. quando não tem nada que fazer e se põe de palestra com seus botões deve se regalar me tratando de canalha e outras suavidades no gênero. E tem razão. Carradas de razão. Sou. Vcê. me manda um livro seu e eu prá agradecer levo três mezes; como compensação martyriso vcê. com dois poemas tremendos – cynismo. Depois sua amabilidade me responde meia dúzia de linhas com meia dúzia de paginas; novamente eu espero outros três mezes e só então me decido a dar signal de que stou vivo – duplo cynismo. Só posso pedir é que vcê. me perdôe.

Parece ser precisamente a lógica do "pedido" – de conselhos, de análises, de livros ou mesmo de perdão – a que orienta a relação epistolar dos dois. Isso não impede, contudo, que, a exemplo do que ocorria com Drummond, Nava encare a correspondência com Mário enquanto um processo sobretudo educativo, de formação pessoal e intelectual. Na mesma carta, por exemplo, irá considerar os detalhados comentários de Mário como "bôas verdades e conselhos úteis, prá quem como eu stá se ensaiando", admitindo que, de fato, está tentando se corrigir. Remete, então, dois novos poemas, "Cantares da infância" e "Noite de São João", além de chamar atenção para uma resenha sobre o cubismo que escreveu no primeiro número de *A Revista*, que saía naqueles meses. Sobre *A escrava que não é Isaura*, notemos, nenhuma palavra novamente.

A correspondência parece ir se desenvolvendo sem rodeios. Nava não parecia buscar exatamente uma relação de intimidade, mas interessava-se, ao menos em um primeiro momento, naqueles "conselhos úteis" que lhe poderiam chegar pelo papel timbrado de um dos mais destacados críticos de sua geração. Mário, é claro, e com o perdão do duplo sentido, correspondia com sobras à expectativa. Suas duas primeiras cartas a Nava são, como já notaram alguns de seus intérpretes, primores da melhor crítica literária modernista (cf. Lafetá, 2004). Chama a atenção, por exemplo, para alguns vícios poéticos

----
6. Para uma análise das cartas como forma de manutenção da distância, cf. Kaufmann (1990).

(9/3/1925), como a ênfase em aspectos técnicos e formais, que tenderiam a abafar as "sensações" líricas e, dessa maneira, se transformariam em fins em si mesmos, e não em meios que possibilitassem uma melhor expressão da "comoção" do poeta, isto é: "em vez de você se deixar levar pelo estado lírico (...) você se preocupou mais com o processo com que ia realizar o *fato exterior* em vez de observar o seu *estado psicológico* e por ele descrever o fato exterior" (Andrade, 1982, p. 39; grifos nos original).

Na carta seguinte, de 21 de julho do mesmo ano, outra é a lição de Mário, uma verdadeira aula sobre seu programa de "abrasileiramento da linguagem" e todas as dificuldades metodológicas implicadas na criação de uma "língua brasileira" (Andrade, 1982, p. 53). De cara, elogia a "coragem de [Nava] entrar na luta", e tão cedo, lamentando que ele próprio só tenha feito isso muito tarde. Mas Mário insiste que as soluções para essa nova língua devem ser bem meditadas e, sobretudo, obedecer a princípios rígidos. Não se trata aqui de idiossincrasia nem propriamente de espontaneísmo, mas de uma "organização literária" (ibid, p. 54), que, por sua vez, não é somente popular ou regional, mas "geral que inclua todos os meios brasileiros burgueses e populares" (ibid., p. 54). Daí que Mário rejeitasse algumas das soluções encontradas por Nava em suas poesias, como a acentuação de todos os "pras" ("acentue só quando tiver contração com artigo") ou a grafia "star" em vez de "estar" ("star não é da índole tradicional da nossa língua doce e sensual um pouco lenta toda florida de vogais abundantíssimas").

A partir das cartas seguintes, começamos a perceber que a ênfase de Mário de Andrade tende a incidir na importância do trabalho sistemático e do domínio das técnicas e das regras do "abrasileiramento" da linguagem. É assim, por exemplo, que Mário saúda o poema "Ventania", em 19/3/1926: "das milhores coisas que você tem me mandado. Além da boniteza real da poesia acho que você está empregando com um talento firme o abrasileiramento de sua expressão" (Andrade, 1982, p. 65-66).[7] O elogio não vem sem aparos, mas sempre no mesmo sentido. No verso "O obelisco cortou ele pelo meio", o crítico sugere que Nava pense bem no uso do pronome pessoal, questionando se "esse processo é mesmo viável e organizável em norma, em generalização", afinal, "não há língua minha conhecida onde o pronome

....
7. Mário de Andrade indica que citou o poema quase por inteiro em um artigo sobre "Tendências da poesia brasileira contemporânea". Em nota, o organizador do livro *Correspondente contumaz*, Fernando da Rocha Peres, diz não haver encontrado esse artigo de Mário de Andrade, que teria sido preparado para a revista Mocidade, de São Paulo (cf. Andrade, 1982, p. 69, nota 42). Tampouco consegui localizar a publicação. O poema é dedicado ao próprio Mário.

sujeito sirva de complemento, sem estar flexionado" (ibid, p. 66). Como vemos, novamente fica claro que a experiência modernista, ao menos de corte marioandradiano, não implica incentivar uma escrita idiossincrática, mas sim capaz de obedecer a regras, a padrões e, no limite, de estabelecer um sistema coerente.

Podemos perceber nessas cartas um momento muito singular do próprio Mário de Andrade. Como anotou João Luiz Lafetá, entre *Pauliceia desvairada* (escrito em 1920 e publicado em 1922) e *Clã do jabuti* (1927) acentua-se a passagem da ênfase em um "fluxo do lirismo" e da obediência aos movimentos do subconsciente para um projeto de "socialização" do poema, como a "necessidade de pesquisar formas mais enraizadas na coletividade" que encarnariam o "ideal de uma língua literária brasileira" (Lafetá, 2004, p. 221-222). A aproximação programática da língua escrita com a falada no Brasil (Botelho, 2012b) é reincidente no diálogo com outros jovens correspondentes do mesmo período. Vejamos um longo fragmento de carta de 18/2/1925 a Carlos Drummond de Andrade em que Mário critica o uso excessivamente formal de determinadas preposições no poema "Nota social":

> Veja bem, Drummond, que eu não digo pra você que se meta na aventura que me meti de estilizar o brasileiro vulgar. Mas refugir de certas modalidades nossas e *perfeitamente humanas* como o *chegar na estação* (*aller en ville, arrivare in casa mia, andare in città*) é preconceito muito pouco viril. [...] E já que falei na minha *aventura* peço uma coisa e aviso outra. Não pensem vocês, aí de Minas, que sou um qualquer leviano e estou dando por paus e por pedras sem saber bem o que estou fazendo. A aventura em que me meti é uma coisa séria já muito pensada e repensada. Não estou cultivando exotismos e curiosidades de linguajar caipira. Não. É possível que por enquanto eu erre muito e perca em firmeza e clareza e rapidez de expressão. Tudo isso é natural. Estou num país novo e na escureza completa duma noite. Não estou fazendo regionalismo. Trata-se duma estilização *culta* da linguagem popular da roça como da cidade, do passado e do presente. É uma trabalheira danada que tenho diante de mim. É possível que me perca mas que o fim é justo ou ao menos justificável e que é sério, vocês podem estar certos disso. Não estou pitorescando o meu estilo nem muito menos colecionando exemplos de estupidez. O povo não é estúpido quando diz 'vou na escola', 'me deixe', 'carneirada', 'mapear', 'besta ruana', 'farra', 'vagão', 'futebol'. É antes inteligentíssimo nessa aparente ignorância porque sofrendo as influências da terra, do clima, das ligações e contatos com

outras raças, das necessidades do momento e de adaptação, e da pronúncia, do caráter, da psicologia racial, modifica aos poucos uma língua que já não lhe serve de expressão porque não expressa ou sofre essas influências e a transformará afinal numa outra língua que se adapta a essas influências. (Andrade & Andrade, 2002, p. 100; grifos no original)

O modernismo entendido enquanto uma aventura, feita de erros e acertos. Notemos que Mário não pede exatamente que seus colegas (ele fala com Drummond no plural: "vocês, aí de Minas") embarquem nela como ele embarcara, e teremos a oportunidade de discutir mais adiante uma pista dessas razões, mas que entendam suas motivações e o brio da empreitada – e talvez com isso se convençam de sua necessidade. Mas o trecho não trata somente de questões estilísticas. Pelo contrário, como assinala o próprio Mário, o que está em jogo é inverter alguns sinais dos preconceitos culturais brasileiros, sobretudo a subserviência às gramáticas alheias (de Portugal, principalmente) e o desprezo da "linguagem popular", e com isso conferindo dignidade e valor aos próprios portadores dessa linguagem. Como resumiu Botelho (2012b, p. 74), "essa conquista modernista [aqui ainda em sua fase aventureira] não é uma conquista apenas estética, mas é também social e política, já que o reconhecimento da língua cotidiana e popular sem erudições implicou não só a renovação radical do código literário, como uma aproximação ao povo que deu voz própria ao homem brasileiro".

Como teria Nava assimilado essa lição aos mineiros? Em 10/4/1927, Mário acusa o recebimento de dois poemas, "Educação sentimental" (publicado em 1927 na *Revista do Brasil*) e "Prelúdio número um" (publicado em 1929 na *Revista de Antropofagia*). O primeiro, assinala, é "uma gostosura", o segundo "está bonitíssimo", mas, lendo a carta, vamos tendo a impressão de que pouco ali se salva. Dos versos "tinidos de pios e chilros pipocando pingos dos papos estufados", diz não entender a tendência em repetir a letra "p", "brincadeiras sem valor lírico nenhum e cujo valor artístico como onomatopeia é mais que duvidoso em muito sabido e muito fácil" (Andrade, 1982, p. 87). Em "zumbaia de papagaios com as garras azedas de agarrarem uvaias ácidas", sugere a "retirada imediata do absolutamente inútil 'ácidas'", que, além do mais, "está positivamente prejudicando o ritmo do verso que sem esse apêndice fica muito mais ondulante" (Andrade, 1982, p. 88). Finalmente, em "pranto deságua", repara na grafia "bem acentuad[a]": "Ora é desagúa que se fala e não deságua. Não venha me dizer que você não escreve portuga porém brasileiro e que fala assim. Não basta. Entre caboclos já escutei desagôa uma feita porém isso também não me basta para recomendar a forma. Não sei si é comum nem si é geral" (ibid., p. 89). Temos aqui novamente um pujante exemplo de como o abrasileiramente deveria ser organizado, uma "estilização *culta* da linguagem popular", nos termos da carta a Drummond anteriormente citada. Mário tinha a impressão de que alguns abrasileiramentos praticados por Nava eram criações excessivamente pessoais.

Se até agora nada parece se salvar, Mário finalmente faz algumas ressalvas, e não pouco importantes. Sobre os abusos na pessoalização, escreve que "falam a mesmíssima coisa de mim e sei que essa crítica que não faço porém sou tentado a fazer não tem importância real". Mais interessante, Mário faz o mais longo comentário sobre a curta "obra poética" de Pedro Nava:

> E franqueza Nava: de todos os que se puseram a abrasileirar a própria fala palavra de honra que acho você o mais pessoal e interessante nesse ponto e o que se parece apenas consigo mesmo e não que esteja influenciado por alguém. E aliás a solução de você tem isso de valiosíssima que por mais que você empregue termos e modismos caboclos você conserva uma suntuosidade artística na dicção que é eminentemente literária e não oral. Ora, é justamente esse o que deve ser nosso propósito porque fala oral brasileira isso a gente já possui e não carece dela, a independência verdadeira está justamente em construir uma linguagem literária peculiarmente da gente, baseada na e distinta porém da fala oral. (Andrade, 1982, p. 89-90)

A empreitada modernista estava apenas começando, e ninguém falou que seria fácil. Pelo contrário, a "aventura" era especialmente exigente "na escureza completa duma noite".

"Você carece de continuar sempre"

O caráter algo professoral de Mário de Andrade, aquele "gesto pedagógico" epistolar tão peculiar de que fala Marco Antonio de Moraes (2007, p. 51), por uma vez pareceu querer sair das resmas de papel para ter lugar em um encontro de carne e osso. Talvez animado pelo entusiasmo com que os mineiros respondiam às suas cartas, Mário convida o grupo de Belo Horizonte para ir a São Paulo de férias. Essa espécie de "viagem de formação", que nunca ocorreu, atualizaria, ao revés, a "caravana" modernista. Enquanto esta foi descobrir o Brasil em Minas, Nava, Drummond e companhia eram instados a experimentar o mundo moderno em São Paulo.

O convite se intensifica quando Mário descobre quase por acaso o que parecia ser um outro interesse artístico de Nava: o desenho. Para ilustrar os artigos que Drummond escreveria por ocasião do Mês Modernista no jornal *A Noite*, Nava desenhou um retrato do poeta que imediatamente chamou a atenção de Mário, que insiste na viagem a São Paulo, agora para que Nava pudesse ter acesso aos originais de quadros e desenhos, e não apenas a fotografias. Em todo caso, envia espontaneamente algumas fotos de quadros de Tarsila do Amaral, bem como se coloca à disposição para enviar livros de pintura.

A carta de resposta de Nava vem rápido, datada de 15/1/1926 e, surpreendentemente, longa. Nela, escreve mais detidamente sobre sua relação com a pintura e o desenho, suas dificuldades e intenções, algo que jamais fizera antes sobre a poesia. Ficamos sabendo, por exemplo, de um projeto para pintar uma famosa fotografia das prisioneiras de Canudos, assim como de sua fracassada tentativa de desenhar os soldados da mesma batalha. Também tomamos conhecimento das dificuldades que Nava encarava em seus estudos de desenhista: o vício em copiar o decadentismo do ilustrador inglês Aubrey Berdsley, corrigido com a ênfase em figuras obesas, anasarcadas; o mau uso das cores, excessivamente roxas e azuis, "resto de romantismo", que ia aos poucos substituindo por "bôas côres saborosas, nacionais", "sem misturas nem meias tintas – rosa bem rosa, azul bem azul". Na mesma carta, Nava se alonga pela primeira vez na crítica ao comentar as fotografias dos quadros de Tarsila, que valem adjetivos como "comoventíssimos", "genial", "enternecedor", mas que também sofrem algumas reprimendas, como na representação de certas árvores tropicais: "Uma pena, as palmeiras de 'Minas II': ferem demais os olhos já repousados pelos primeiros planos do quadro, tão redondos tão confortáveis e tão macios. Acho que Tarsila não descobrio ainda o coqueiro mas precisa fazêlo urgentemente".

A partir desse momento, Nava passará a enviar a seu interlocutor tanto poemas quanto desenhos, que Mário seguirá comentando com empolgação. Já nos referimos à boa recepção do poema "Ventania". No entanto, seu grande entusiasmo parece ter se dado com o desenho *Claudionor*, que considerava, com outros enviados por Nava, "simplesmente delícias": "o mulato ['Claudionor']", diz Mário, "é simplesmente esplêndido. Milhor até que aquela poesia de você descrevendo aquela ventania em Belo Horizonte, coisa que você já sabe que acho estupenda. Continue a desenhar" (Andrade, 1982, p. 80).[8] A insistência tinha suas razões. Nava enviava seus trabalhos, mas o fazia em ritmo lento, pelo menos aquém das expectativas de Mário. As justificativas se seguiam e eram as mais variadas: "dor de corno" (22/3/1926), "obrigado a estudar muita medicina" (9/7/1926), "percauza dos ezames [da faculdade]", "meu mano (...) doente", "aborrecimento da gente aporrinhações dos sacanas que nos rodeiam a tristeza dos amigos que a gente sempre toma um pedaço" (as três últimas citações da carta de 7/4/1927, a mais longa da correspondência). No mesmo período ocorre ainda o fim de *A Revista*.

Mário parecia reconhecer um problema em potencial, ou melhor, um problema no potencial. Se as expectativas eram as mais altas com os dotes que Nava ia apresentando para a arte moderna, antes na poesia e agora no desenho, também havia o risco grande daquilo tudo ficar pelo caminho. Essa preocupação, que não era apenas com Nava, mas com os jovens modernistas mineiros em geral, aparecerá principalmente nas cartas de 24/4/1926 e 21/1/1927, e por isso mesmo valerá a pena nelas nos deter um pouco.

A carta de abril de 1926 reage ao fim anunciado de *A Revista*, fato que irritou profundamente Mário. Um mês antes, em 22 de março, Nava havia chamado o terceiro número de o "canto de cisne" da publicação, fruto de um desânimo geral entre os editores pelas críticas que receberam em Belo Horizonte. A razão do desânimo é repudiada por Mário, que a considera "covarde e profundamente besta" (Andrade, 1982, p. 74). Escrevendo em tom pouco comum na correspondência entre os dois (e repetido apenas na carta seguinte), e por isso mesmo bastante revelador das questões com que se defrontava o futuro autor de *Macunaíma*, pondera que esse desânimo seria resultado da percepção do esforço de renovação a ser feito, incansável e talvez mesmo impossível:

> A gente se mete num movimento de renovação como o nosso, imagina logo e infantilmente que é só escrever uns versinhos e umas critiquinhas, pronto, tá tudo renovado, em vez a realidade chega e a gente põe reparo que não se renova assim à-toa que a base ruim é de pedra dura porque é o costume dos

....

8. Segundo Fernando da Rocha Peres foram cinco os desenhos enviados por Nava a Mário de Andrade ao longo de toda a correspondência: "1) 'Claudionor' (único com nome); 2) figura sentada; 3) dois nus femininos; 4) a jogadora de tênis" (Andrade, 1982, p. 84, nota 59, grifo no original).

homens e sobretudo repara que tem um trabalho imenso em que terá de botar a vida inteira si quiser mesmo fazer alguminha coisa. E vai, se cansa de antemão e não tem coragem para começar de verdade o que terá de durar a vida toda. Essa é que é a causa verdadeira do desânimo de vocês. (Andrade, 1982, p. 74)

Mário já inclui Nava dentro do esforço coletivo – "nosso" –, esforço esse que tem de ser absoluto, quase ascético, se quiser dar o menor resultado. Renúncia, abdicação e, sobretudo, "sacrifício" são algumas das *necessidades* implicadas para a realização de um projeto, compreende-se melhor agora, comum.[9] Outros já pereceram pelo caminho, faz questão de lembrar: "Os daqui [de São Paulo] quase todos desanimaram. Rubens [Borba de Moraes], Carlos Alberto de Araújo, Luís Aranha largaram de escrever e parece que pra sempre. Não aguentaram o repuxo. Foram frouxos como sempre chamo eles pra eles mesmos. Isso acho horrível." (Andrade, 1982, p. 74-75). O julgamento grave sobre a fraqueza é sinal da insatisfação de Mário e, principalmente, da seriedade e da expectativa com a empreitada modernista, da qual exigia rigoroso comprometimento de todos os envolvidos.

Às declarações de desânimo e ao fim de *A Revista* talvez se somasse a impressão de que também Drummond parecia tomar um rumo pouco condizente com suas possibilidades criadoras. Cerca de um mês e meio antes da carta para Nava, em 10 de março, Mário escrevera outra em tom semelhante ao poeta, que acabara de mudar-se para Itabira. Nela, vemos a inquietação com o abandono do trabalho intelectual e com o amolecimento do esforço crítico que já observamos no trato com Nava:

> [...] não quero absolutamente que você se perca aí e abandone as coisas de pensamento pra que tem um jeito certo e que fazem parte do destino de você, tenho a certeza. No que já reparei de você, me parece que você tem uma propensão danada pro desânimo e pro abatimento. Isolado dessa maneira você é capaz de se entregar pra terra e isso eu não quero. (Andrade & Andrade, 2002, p. 202)

Uma questão de destino trata-se, afinal, o temor de Mário, um destino que poderia não se realizar. Carlos confirma os temores, se diz "emburrecido" ("estou ficando burro. Sua carta já me encontrou emburrecido. Neste mês de março

---

9. Convém ressaltar que falar em um "projeto modernista" ou de um "sistema" de organização da linguagem não implica necessariamente o reconhecimento de algo como uma "identidade nacional" estável, e muito menos de qualquer dimensão "ontológica". Sobre esse assunto, cf. Botelho (2012b); Hoelz (2015).

não li um só livro", p. 207), reclama da vida, se julga incapaz para a literatura e chega a ameaçar rasgar seu caderno de versos (lembremos que Drummond ainda não havia publicado um livro sequer nessa época). Não querendo correr o risco da ameaça, Mário solicita que Drummond envie para ele toda a sua produção poética. Ou melhor, exige, como se lê em carta de 8 de maio. É que os versos de Drummond deixavam de ser apenas dele: "Isso [rasgar o caderno] você não tem o direito de fazer e seria covardia. Você pode ficar pratiquísimo na vida se quiser porém não tem direito de rasgar o que não é mais só seu, que você mostrou pros amigos e eles gostaram" (Andrade & Andrade, 2002, p. 215). É como se Mário observasse que junto à troca de cartas se fosse tecendo uma teia coletiva que implicava a abdicação da posse daquilo que era enviado. E justamente por ser coletivo, "nosso", o empenho deveria ser redobrado.

Voltando à carta para Pedro Nava de 24/4/1926, notamos que o tema do destino reaparece. Dessa vez, no entanto, Mário fala sobre si mesmo e sobre como sua atitude frente às dificuldades que o presente impunha era distante daquela observada em seus colegas mineiros e paulistas:

> Não sei como é que isso pode se dar porque desânimo é sentimento que não sei como é. De repente sinto às vezes umas tinturinhas de cansaço no braço porém é coisa que passa logo, nem bem raia outro dia estou pensando em coisa nova. E note-se: si tem vida desanimadora é a minha porque meu ideal não é levar a vida que estou levando, meu ideal é uma vida especializada num ramo só de arte, digamos música como estudo e literatura como criação e só. Saber do resto só para enriquecimento lateral meu e não pra escrever sobre e no entanto escrevo sobre tudo, dou alarma de tudo porque si eu não der os outros não dão, faço crítica de tudo, faço versos faço jornalismo faço romance faço conto escrevo histórias musicais gramatiquinhas de língua, estéticas gerais, críticas literárias, tudo forçado pelas circunstâncias sem nada de profundo sem nada de bem pensado, pura vulgarização... É horrível Nava porque meu destino, destino não, meu ideal não era ser assim. E sou e não desanimo um momento. Alguma coisa há de ficar. (Andrade, 1982, p. 75)

Detenhamo-nos um pouco nessa longa passagem. Mário utiliza a si mesmo como exemplo de atitude capaz de enfrentar os desafios poderosos impostos pelas demandas e exigências do tempo, o oposto daquela que, linhas antes, na mesma carta, havia identificado em alguns de seus contemporâneos. O desânimo ou a frouxidão não teriam espaço no polígrafo incansável que mesmo nos momentos de dificuldade sabe que é necessário recomeçar a cada nascer do dia. Essa era, aliás, a única atitude adequada de modo a se preparar para levar a cabo um processo verdadeiro e profundo de renovação.

Por outro lado, o trecho também opera uma importante separação entre ideal e destino. Seu ideal, isto é, sua vontade, era a dedicação integral a uma especialidade artística, mas Mário parece se dar conta de que sua sina era outra, a de alguém que deveria jogar em todas as frentes. Estamos aqui diante da recursiva tópica do "sacrifício", central para a compreensão da obra e da trajetória de Mário de Andrade, como vem indicando a fortuna crítica do autor (cf. Fragelli, 2010; Botelho & Hoelz, 2016b). Mas vejamos a pista: a justificativa que Mário oferece para a necessidade de estabelecer essa distinção entre ideal e destino, para o fato de ele ter de fazer de tudo um pouco a despeito do que gostaria, essa única justificativa concerne ao fato de que "si eu não der [alarma de tudo] os outros não dão". Era *necessário* renunciar às próprias vontades, caso contrário ninguém faria aquilo que precisava ser feito. Mas se sacrificar pelo quê? O que haveria de ficar? Certamente não sua própria obra, que, afinal, ele mesmo tratava de "pura vulgarização", mas, diz na mesma carta, "alguma coisa mais importante que a minha possível importância futura tenho certeza que ficará e em que tive minha importância: a vida de todos pela qual não sei porque mistério imenso a gente se sacrifica amando sem querer" (Andrade, 1982, p. 75-76). O sentido do autossacrifício de Mário de Andrade passa, portanto, não apenas por uma modificação de si, mas também do outro.

Vejamos rapidamente outro *corpus* epistolar de um contemporâneo de Nava e Drummond que pode nos auxiliar. Cerca de seis meses antes da carta que estamos trabalhando, em 3/10/1925, Mário escreve a Prudente de Morais, neto (1985, p. 99), uma missiva de teor muito semelhante. Não poderemos nos deter nos vários assuntos tratados, mas, já no final, Mário comenta a respeito de um artigo que seu interlocutor havia publicado na revista *Estética* sobre *A escrava que não é Isaura*, considerando-o "o milhor que a *Escrava* despertou até agora". Dentre as discordâncias, porém, ressalta uma: a "necessidade de comunicação". Em sua longa resenha, Prudente reproduzira a fórmula de Mário sobre os elementos produtores das belas artes ("Necessidade de expressão + necessidade de comunicação + necessidade de ação + necessidade de prazer = Belas Artes"), concordando com sua conclusão mais geral sobre "mostrar que o montão de enfeites que Rimbaud chutou para longe da poesia só servia mesmo para atrapalhar" (Morais, neto,

1985, p. 131). O criador de *Estética*, no entanto, fazia a ressalva de que, aceitando a conclusão, modificaria os fatores da fórmula e "suprimia a necessidade de comunicação, que pra mim não é elemento indispensável" (Morais, neto, 1985, p. 131). Prudente de Morais, neto, desenvolve uma verdadeira teoria sobre o assunto, que não seria o caso de reproduzir aqui. Interessa-nos, contudo, a resposta, algo insegura, de Mário de Andrade. A passagem é novamente longa, mas vale a pena:

> Você é muito moço. Eu também na sua idade não vê que aceitava isso [a necessidade de comunicação]! E não estou convencido que estou com a razão. Acho que desta vez incorro numa observação finíssima e muito certa que o Drummond fez sobre mim quando eu falei na redescoberta da eloquência, na *Escrava*. Ele disse que eu meio que estava numa defesa *pro domo*. Minha vida de homem (incluo o artista desde *Pauliceia* neste homem) tem sido um constante sacrifício de mim mesmo pelos outros. Não falo isso pra que me admirem nem me agradeçam: questão de temperamento [...] Minha arte nem é bem arte porque vive arreada dum mundo de preocupações interessadas não pra mim o que seria justificável porém pros outros. Não faço arte, ensino. Pode ser que ensine mal porém a intenção é de ensinar bem. Só em *Pauliceia* fiz arte desarreada de intenções. Todo o resto até agora e creio que até o fim por mais aparência de arte que tenha tem pra mim destino diferente do de arte. Talvez por isso eu ache imprescindível a necessidade de comunicação. Acho. (Morais, neto, 1985, p. 122)

Mário de Andrade aproxima aqui duas categorias fundamentais: sacrifício e comunicação. Já vimos que são esses os elementos fundamentais de sua "postura socrática", e temo-los agora juntos, como se sacrifício e comunicação não se distinguissem. Ou melhor, o ato de sacrificar-se, ao ser pelos outros, é em si mesmo um efeito de comunicação: sacrificar-se é comunicar. A correspondência de Mário é como que encantada porque quem a recebe na verdade está recebendo algo desse espólio sacrificial, Mário está se sacrificando *por seus* interlocutores, não à toa seus discípulos. Há uma gota de sangue em cada carta.

Por aí vemos a gravidade implicada na comunicação epistolar de Mário de Andrade. Não se tratava de modo algum de partilhar "conselhos úteis", como solicitava um ainda ingênuo Pedro Nava, mas de estabelecer a possibilidade de um destino. Possibilidade porque Mário antevia que a única maneira daqueles jovens – Nava, Drummond, Martins de Almeida, Prudente de Morais, neto, Sérgio Buarque de Holanda e tantos outros – se realizarem seria na anulação de sua própria pretensão por uma "obra acabada". Cumprir o *seu* destino seria abrir as condições de possibilidade para *outros* destinos.

Dádivas, já ensinou Marcel Mauss (2003, p. 232), são simultaneamente interessadas e desinteressadas, e no seu cerne está a possibilidade de estabelecer comunhões e alianças. Mesmo que pressupondo sacrifícios, uma de suas lições, assim lemos na bela (e socrática) conclusão do famoso ensaio, fala de como o bem e a felicidade podem ser encontrados no "respeito mútuo e na generosidade recíproca" (Mauss, 2003, p. 314). Se Mário de Andrade se sacrifica, isso por si mesmo não basta. Ricardo Benzaquen de Araújo (2014, p. 184) já ressaltou, na chave maussiana que inspira essa leitura, como há algo de paradoxal na troca de cartas: ela é, ao mesmo tempo, um meio privilegiado para a ampliação dos vínculos de amizade e extremamente precária, porque sempre incerta, e nessa incerteza há constantemente a possibilidade da fissura e da "mais completa – e por vezes inesperada – dissidência". As cartas caminham a todo o tempo nessa tênue linha entre sacrifício, reciprocidade e dissidência.

Já vimos a preocupação de Mário com o esmorecimento de Drummond e Nava, quando, por um fio, esse trançado poderia ter sido desfeito. Ela novamente se repete em carta do dia 21/1/1927. Nela, Mário escreve duas vezes logo nas primeiras linhas, como numa espécie de *motto*, a frase "você carece de continuar sempre" (Andrade, 1982, p. 79). Logo sabemos, no entanto, que não se trata de uma indicação pontual, mas sim generalizada. Vejamos um trecho:

> O que falta para você e em geral para vocês (menos pelo que eu estou vendo no Diário de Minas, pro João Alphonsus, vida bonita) é entusiasmo permanente. [...] Falta para vocês organizarem a vida da sensibilidade criadora numa corrente contínua que pode e terá naturalmente seus momentos de excesso de força (os momentos grandes) porém não cessa nunca. Que nem eu, este diabo de bobão que está na frente de você. É uma pena que vocês não sejam assim [...]. Que você é poeta outras coisas provam também. Agora o que carece é alimentar a sacra chama, excusez! Porém por causa do muito que estamos matutando e este diabo de temperamento crítico, excessivamentissimamente crítico que a nossa época nos deu ponha reparo no poder de falhados que estão aparecendo no modernismo. De vez em quando uma mijadinha de arte e depois passamos anos e às vezes a vida inteira sem mijar mais. Uma porrada

de rimbaudzinhos infelizes e ridículos afinal, si não fosse tão doloroso. Eu não queria que você fosse desses... (Andrade, 1982, p. 79-80)

Mário de Andrade sabia muito bem que o sucesso de um projeto como o modernista, pelo qual ele se sacrificava, não podia se valer de espasmos geniais ou de poetas precoces, mas apenas de um esforço continuado, sistemático, permanente. Não necessitava de diletantes, mas de uma atitude que quase poderíamos chamar de profissional: a poesia, a pintura, a prosa, a crítica, cada uma dessas especialidades deveria ser praticada antes com o esmero de um funcionário do que com as idiossincrasias de um *enfant terrible*. Nesse sentido, critica a preguiça, o desleixo e a falta de cuidado para com as empreitadas artísticas:[10]

> Olhe Pedro Nava não tem nada como a gente se respeitar a si mesmo. Isso não é vaidade, é dever. Homem, já estou pensando agora que o carvão não se espalha [no papel] porque você colore em seguida com aquarela. Continue no seu processo e tendências, mas aperfeiçoando a técnica desses processos assim como estou falando e garanto que você fará coisas magistrais [...] Sucedeu que se fatigaram por demais e não aguentaram o tranco, estão bancando os rimbaudzinhos. Não faça assim, faz favor, trabalhe e trabalhe sempre. (Andrade, 1982, p. 81)

É interessante notar que Mário, em vários momentos da correspondência, mais claramente nos de desânimo do interlocutor, parece enfatizar a necessidade da modelagem de um tipo específico de "personalidade", entendida aqui heuristicamente com o auxílio do tipo ideal weberiano, isto é, enquanto uma relação constante com certos "valores últimos" convertidos em objetivos de vida (Weber, 2012, p. 85-92), ou ainda como a "entrega a uma causa" (Schluchter et al., 1990, p. 249). A personalidade vista nesses termos exige uma forte carga de disciplina, um tipo de "adestramento" que se "propõe a habilidade mecanizada por meio do 'treino' e, desde que apele a fortes motivos de caráter 'ético', a orientação no 'dever' e na 'consciência'" (Weber, 1999, p. 357). O que a disciplina procura conformar é uma personalidade intensa, rígida, que não conheça o esmorecimento, uma "vigilância

....
10. Lembremos que a dedicatória de *Macunaíma* que Mário escreve a Nava é: "A / Pedro Nava, / pouco trabalhador, / pouco trabalhador". Nava devolve o exemplar com oito guaches desenhados.

continuada", na justa expressão de Helena Bomeny (1994, p. 183).[11] Exatamente essa se torna a preocupação da correspondência de Mário com Nava, sobretudo nas últimas cartas trocadas nos anos 1920, antes de um longo hiato epistolar, só retomado em 1943. Como vimos, Mário opõe os "frouxos" e o "desânimo" a uma retórica extremamente forte e viril – "entusiasmo permanente", "corrente contínua", "sacra chama". A única maneira de garantir o cumprimento de seu destino sacrificial seria assegurando que seus jovens interlocutores mantivessem a orientação de suas condutas sempre alertas.

Se há algo que caracteriza a amizade entre Nava e Mário nos anos 1920 é, sem dúvida, a exigência, uma forte impressão de que por trás da troca de cartas há certos deveres, "deveres de virtude com os outros", para falar como Kant (2003), que conformam uma determinada ética não apenas epistolar, mas de conduta; não somente individual, mas coletiva. Não parece aleatório o fato de que, uma vez perceptível a ideia de que Pedro Nava não se dedicaria a "continuar sempre", as cartas sejam interrompidas e a amizade entre ambos continue, mas precise se reconfigurar em novos termos.[12] O mesmo não ocorre com seu colega de Café Estrela, Carlos Drummond de Andrade, cuja larga correspondência com Mário, apesar dos diferentes matizes observados ao longo do tempo (Andrade, 2015; Botelho, 2015; Santiago, 2002), se conservou razoavelmente constante, acompanhando tanto as modificações da vida e da literatura de cada um quanto as do contexto político e social brasileiro.

Aquelas cartas que começavam de modos tão diferentes em meados dos anos 1920 chegavam ao final da década demarcando três destinos cruzados, mas também distintos. As questões que atravessavam a divisa entre Minas Gerais e São Paulo eram muitas vezes as mesmas, mas foram elaboradas por nossos personagens à maneira de cada um; afinal, as relações que se estabeleciam entre eles eram necessariamente únicas, bem como as personalidades modeladas. É interessante como Mário de Andrade, ao mesmo

....
11. Em *A ética protestante e o espírito do capitalismo*, Weber (2004, p. 108-109) trata o protestantismo precisamente como uma das mais poderosas formas de personalidade desenvolvidas no Ocidente, sobretudo por meio da ascese intramundana. Foi essa personalidade metódica que, segundo ele, permitiu aos protestantes seu "enorme poder de triunfar do mundo" (ibid. 109). Para a discussão sobre o conceito de personalidade, cf. Brubaker (1984); Goldman (1988, 1992) e Schroeder (1991). Para uma crítica à abordagem "orientalista" de Weber em seus estudos sobre a personalidade, cf. Farris (2013).
12. Sobre a importância de Mário de Andrade para a compreensão de Pedro Nava sobre medicina, cf. Bittencourt & Botelho (2015); Bittencourt (2017, especialmente cap. 3).

tempo em que percebia o modernismo muito além de sua dimensão artística e enquanto um amplo movimento de renovação cultural capaz de "tornar o Brasil familiar aos brasileiros" (Botelho, 2012b, p. 77), estava forjando seus portadores e colegas de aventura dentro de rigores quase especialistas. Como se visse em Nava e Drummond a possibilidade de realização de uma obra que ele próprio teve de sacrificar para cumprir aquilo que considerava ser seu destino, conforme discutimos.

A viagem de Mário de Andrade à Amazônia: entre raízes e rotas[1]

André Botelho

Para Lili

> *Em geral, concebemos as viagens como um deslocamento no espaço.*
> *É pouco. Uma viagem inscreve-se simultaneamente no espaço,*
> *no tempo e na hierarquia social.*
> Claude Lévi-Strauss, *Tristes trópicos*, 1955

Poucas vezes uma carta terá comunicado tão bem a complexidade das experiências de uma viagem como a que Mário de Andrade enviou a Manuel Bandeira em junho de 1927 da Amazônia, "Por esse mundo de águas" como identifica vagamente. E isso mesmo se tratando de Mário de Andrade, notável missivista, mas viajante comedido, mais habituado a receber do que a enviar notícias de lugares distantes (Moraes, 1993, 2007). Mas como quantidade não é qualidade, apressemo-nos a ponderar que suas viagens guardam um sentido próximo ao da "aventura", tratado por Georg Simmel[2] (1998) como uma experiência de ruptura com o fluxo do cotidiano, e também com certa abertura empática em relação ao desconhecido – ainda que, como tudo

....
1. Publicado originalmente na *Revista do Instituto de Estudos Brasileiros*, São Paulo, n. 57, p. 15-50, 2013. Este ensaio foi escrito durante minha estadia na Princeton University como *visiting fellow* no primeiro semestre de 2013 com apoio da Capes. Beneficiei-me das excelentes condições de trabalho e ambiente intelectual do Department of Spanish and Portuguese Languages and Cultures e, especialmente, da interlocução com Pedro Meira Monteiro, Arcadio Díaz-Quiñones e Lilia Moritz Schwarcz, a quem agradeço.
2. Comparando os viajantes Mário de Andrade e Gilberto Freyre, José Lira (2005) percebe essa qualidade apontada por Simmel no primeiro em contraste com o segundo, cuja experiência de viagem seria marcada pela constatação e confirmação daquilo que já sabia e valorizava.

mais em Mário, isso não se realize sem tensões e ambiguidades. Na carta a Bandeira, Mário menciona um tipo de diário que estaria mantendo durante a viagem, ainda que se mostre – ou se dissimule – cético quanto ao destino dos apontamentos:

> Vou tomando umas notinhas porém estou imaginando que viagem não produzira nada não. A gente percebe quando sairá alguma coisa do que vai sentindo. Desta vez não percebo nada. O êxtase vai me abatendo cada vez mais. Me entreguei a uma volúpia que nunca possuí à contemplação destas coisas, e não tenho por isso o mínimo controle sobre mim mesmo. A inteligência não há meios de reagir nem aquele poucadinho necessário para realizar em dados ou em bases de consciência o que os sentidos vão recebendo. (Andrade, 2000, p. 346)

O trecho condensa, talvez, os problemas cruciais mais comuns de uma longa e, em verdade, muito diversificada e multifacetada "tradição" narrativa ocidental, genericamente identificada como "literatura de viagem". Em seu centro, a tensão entre a experiência contingente do indivíduo, e das escritas de si, no caso de Mário tão marcada pelos sentidos ("êxtase", "volúpia", "contemplação"), e a sua codificação histórico-cultural e narrativa, a partir da qual vai ganhando inteligibilidade para o próprio viajante ("controle sobre mim mesmo", "inteligência", "consciência"). E é o reconhecimento dessa tensão criativa que nos convida a abrir mão de qualquer classificação apriorística do gênero e a buscar qualificar a relação sempre mais contingente e complexa entre literatura "e" viagem. Relação que é vivida, lembrada, contada, reinventada, traduzida, negociada em cada relato no encontro do escritor com o "outro".[3]

A carta de Mário de Andrade a Manuel Bandeira serve-nos, neste ensaio, de guia para uma apreciação do relato maior que Mário deixou da sua viagem à Amazônia. Ao que tudo indica, Mário afinal manteve os apontamentos de que dava notícias incertas na carta, e ainda os reviu posteriormente com a intenção de publicá-los como livro, tendo escrito para ele um prefácio datado de 30 de dezembro de 1943. Mas o relato seria publicado somente em 1976, ao lado do relato de outra viagem, ao Nordeste em fins de 1928 e inícios do ano seguinte, no livro *O turista aprendiz*, organizado por Telê Porto Ancona Lopez (Andrade, 1976a). O relato da viagem à Amazônia,

....
3. Para uma visão geral sobre a literatura de viagem consultar: Süssekind (1990), Hanne (1993), Thompson (2007, 2011).

Mário chamou de "*O turista aprendiz*: viagens pelo Amazonas até o Peru pelo Madeira até a Bolívia e por Marajó até dizer chega!", numa paródia ao título do livro de viagem de seu avô materno Joaquim Leite Moraes, escrito quando deixou São Paulo para assumir a presidência da Província de Goiás (Moraes, 1999).

Venho me ocupando do tema da viagem na obra de Mário de Andrade em duas dimensões: como meio de descoberta sentimental e intelectual do Brasil, crucial para o projeto modernista que deu vida de tornar o país familiar aos brasileiros (Botelho, 2012b);[4] e como meio de reavaliação das categorias de "empatia" e "autenticidade", centrais na articulação da sua interpretação do Brasil como um todo e particularmente importantes na sua viagem à Amazônia (Botelho, 2011a, 2011b; Lima & Botelho, 2013). Esta é ainda peça fundamental daquilo que Telê Porto Ancona Lopez designou de modo muito feliz como a "utopia amazônica" de Mário de Andrade, sua meditação sobre uma civilização tropical (Lopez, 1976, 1999, 2005).[5]

O tema da viagem mostra-se, assim, estratégico para uma reavaliação dos seus escritos amazônicos, os quais, além do relato da viagem e algumas cartas da mesma época, envolvem ainda a narrativa *Balança, Trombeta e Battleship ou o descobrimento da alma*, que Mário começou a escrever durante a viagem e permaneceu inédita até 1994, crônicas e artigos de jornais, como os publicados no *Diário Nacional*, além da talvez mais importante narrativa ficcional em prosa do modernismo brasileiro, *Macunaíma*, publicada em 1928 (Andrade, 1976b, 1998, 1994). Minha aposta é que nesse material disperso se desenha uma reflexão original sobre tema central na formação da sociedade brasileira e no debate sociológico mais amplo que a acompanha: as relações entre diversidades culturais e desigualdades sociais.

Vejo, nos escritos amazônicos de Mário de Andrade, uma concepção plural de civilização em que há lugar para as diferenças e para uma convivência mais democrática entre diferenças sem ignorar, porém, a desigualdade social e os embates de poder aí envolvidos. Civilizações, e não apenas uma única civilização. A lição não é pequena se lembrarmos dos velhos e novos processos de homogeneização e padronização das condutas, sentimentos, imaginações e linguagens que, ainda que em novas configurações,

....
4. Sobre a viagem como meio de conhecer e sentir o Brasil, ver também Candido (2008).

5. Após os trabalhos pioneiros de Telê Porto Ancona Lopez, o tema da viagem em Mário de Andrade vem despertando progressivamente interesse, e contamos hoje com uma fortuna especialmente formada por teses acadêmicas, de que são exemplos: Santos (2002), Faria (2003), Lira (2005) e Rosenberg (2006).

nos perpassam contemporaneamente. Em suma, uma visão plural de civilização, mais sincrética que sintética.

Decisiva tem sido a investigação das operações de transfiguração positiva cheias de ironia, provocação e consequências dos estigmas que há muito marcavam negativamente a Amazônia, especialmente a malária, como aparece no relato da viagem e noutros textos associados a ele (Botelho, 2011a, 2011b). Na prostração posterior aos acessos da doença, Mário de Andrade imaginava poder entrever certos estados fisiológicos e psíquicos capazes de aplacar a "curiosidade", que associa ao "progresso" como princípio básico da civilização industrial, e produzir relativa indiferença, por ele valorizada como meio de crítica do sentido que o processo social estaria assumindo. A essa sua reflexão inusitada sobre a doença, ou melhor, sobre a relação cultural dos homens amazônicos com a doença, Mário chamou de "filosofia da maleita" (Andrade, 1976b).

A comparação com relatos de viagens à Amazônia de outros viajantes contemporâneos a Mário de Andrade, em especial em torno do tema da malária, tem permitido uma aproximação menos genérica ao sentido das ideias do autor. É o caso da comparação com os relatos de Carlos Chagas que, de outubro de 1912 a abril de 1913, liderou a missão do Instituto Oswaldo Cruz de avaliação das condições sanitárias da região (Lima & Botelho, 2013). O relatório dessa viagem forjou uma imagem da Amazônia a partir da categoria de "patologia tropical" que reforçava o papel da higiene na integração da região distante a um único projeto civilizatório para o Brasil. Em contraste, o relato de viagem de Mário de Andrade nos coloca diante de uma empatia transfiguradora dos signos do atraso tropical, cujo sentido último é restituir dignidade aos seus portadores sociais, como no caso dos acometidos pela malária. Trata-se, no limite, de um recurso de crítica ao sentido de homogeneização da experiência social acarretado pela adoção de um único modelo de civilização.

No presente estudo, embora tendo essas questões mais gerais em vista, me volto especificamente para o próprio relato da viagem de Mário de Andrade à Amazônia com objetivo de discutir alguns processos cognitivos próprios que lhe dão vida e particularidade. Procuro problematizar a visão cristalizada sobre o tema da viagem no autor, bem como a tendência uniformizadora na apreciação dos seus diferentes relatos. Para nos aproximarmos mais das particularidades do viajante e do relato Amazônico que forja, é preciso considerá-lo empírica e analiticamente como material de pesquisa, e não como mero meio para acessar outros níveis de significados da obra do autor; além disso, estar atento às contingências e às ambiguidades envolvidas nessas experiências – sempre significativas e, no caso de Mário de Andrade, decisivas na formação da sua sensibilidade e interpretação.

Não estou pensando, portanto, a viagem a partir da dicotomia transitório/permanente que tem orientado em grande medida a recuperação dos relatos de viagem, como se a viagem fosse apenas ou preferencialmente um meio para iluminar uma biografia ou uma obra. Antes, procuro tomar o potencial heurístico das formulações de James Clifford sobre os limites dessa naturalização da ideia de precedência de significados das "raízes" (*roots*) sobre as "rotas" (*routes*) (Clifford, 1997). Adaptando essa perspectiva aos meus objetivos, diria que o relato da viagem à Amazônia de Mário de Andrade não representa simplesmente um processo de comunicação e difusão de cultura, mas é ele mesmo constitutivo e constituinte de significados culturais, que importa esclarecer.

I

"Amanhã se chega em Manaus e não sei que mais coisas bonitas enxergarei por este mundo de águas. Porém, me conquistar mesmo a ponto de ficar doendo no desejo, só Belém me conquistou assim" (Andrade, 2000, p. 345). Cotejando a carta enviada a Manuel Bandeira ao diário da viagem, sabemos que Mário de Andrade então se aproximava de Manaus, vindo de Belém, o que terá ocorrido no dia 4 de junho. Ou seja, a carta terá sido escrita praticamente no meio da viagem à Amazônia, realizada entre 8 de maio e 15 de agosto de 1927. Naquele momento, o entusiasmo do viajante parece aplacado pelo ceticismo, como se o que estivesse por vir dificilmente pudesse superar ou ao menos se igualar ao já visto, vivido e sentido em Belém. Seu entusiasmo é tal, que confessa ao amigo seu ideal de "passar uns meses morando" no Grande Hotel de Belém, suspendendo, portanto, ao menos temporariamente, a condição de viajante: "O direito de sentar naquela *terrase* em frente das mangueiras tapando o Teatro da Paz, sentar sem mais nada, chupitando um sorvete de cupuaçu, de açaí, você que conhece mundo, conhece coisa melhor que isso Manu? Me parece impossível" (Andrade, 2000, p. 345).

O encanto com Belém, verdadeiro amor despertado, e a necessidade que já teria de revê-la, "absoluta fatalizada do meu organismo inteirinho", são expressas com contundência incomum, como um arrebatamento sensual e sexual, pelo que Mário chega a, polido, se desculpar com o correspondente: "Belém eu desejo com dor, desejo como se deseja sexualmente" (Andrade, 2000, p. 345-346). Ao leitor de hoje, talvez, o paralelo da confissão seja menos desconcertante do que a afirmação que o justifica: "Olha que tenho visto bem coisas estupendas. Vi o Rio em todas as horas e lugares, vi a Tijuca e a Sta. Teresa de você, vi a queda da Serra pra Santos, vi a tarde de sinos em Ouro Preto e vejo agorinha mesmo a manhã mais linda do Amazonas". Por certo que para os padrões atuais de mobilidade, deslocamentos espaciais e viagens, Mário de Andrade teria "visto" pouco, seria um viajante pouco experiente para um homem de 34 anos de idade, de classe média e altamente instruído e cultivado. Anacronismos de lado, mesmo para os padrões da época, os lugares arrolados como objeto de saudade são singelos, ainda mais quando comparados aos hábitos cosmopolitas de viagem mesmo entre a elite paulista de então. E depois da viagem à Amazônia, Mário de Andrade faria apenas mais uma viagem longa, ao nordeste do Brasil.

Para quem vivia do próprio trabalho, e ainda por cima financiava a publicação dos seus livros, limitações materiais existiam, naturalmente. Para a viagem à Amazônia, como nos deixa entrever no diário, Mário toma empréstimo com Paulo Prado, mecenas dos modernistas paulistas a quem dedica o seu *Macunaíma* (1928). Para a do Nordeste, encontra outros meios próprios: viaja como correspondente do *Diário Nacional*, enviando seus relatos como entradas de um diário – mesma estrutura narrativa do relato amazônico – para a coluna Turista Aprendiz. Mas as questões financeiras não determinam sozinhas o tipo de viajante em que se forja. Mesmo porque houve novas oportunidades e em melhores condições materiais para outras viagens, inclusive ao exterior, que conheceu apenas cruzando fronteiras amazônicas do Brasil com o Peru e com a Bolívia, ou mesmo voltar ao Nordeste e ao Norte. Por exemplo, quando dirigiu o Departamento de Cultura de São Paulo, entre 1935 e 1938. Por sua iniciativa e sob sua orientação intelectual, a Missão de Pesquisas Folclóricas, integrada por Luiz Saia, Martin Braunwieser, Benedicto Pacheco e Antônio Ladeira, refez, em 1938, em grande medida, o seu itinerário da década anterior, tendo visitado Ceará, Pernambuco, Paraíba, Piauí, Maranhão e Pará.[6] Apesar de tudo isso, Mário não reviu a "sua" Belém pessoalmente. Mas a cidade tampouco parece ter se esquecido dele (Bassalo & Coelho, 1973).[7]

....
6. Consultar Instituto Nacional do Folclore (1983), Travassos (1997), Vilhena (1997), Barbato Jr. (2004).

7. Em 2012, a Secretaria de Estado de Cultura do Pará (Secult) promoveu ampla programação comemorativa dos 85 anos da visita de Mário de Andrade a Belém. Não foi iniciativa isolada, uma vez que os relatos de viagem reunidos em *O turista aprendiz* estão certamente entre os

Conhecer o Brasil e dar a conhecer o Brasil em seus relatos de diferentes tipos era parte importante do projeto modernista que, afinal, pode mesmo ser resumido como o esforço de tornar o Brasil familiar aos brasileiros, o que implicava, obviamente, familiarizar-se com ele. E Mário de Andrade chegou ao Brasil por meio de formas variadas, sentimental e intelectualmente, de modo direto em viagens pelo país e também indiretamente em torno das estantes através de muitas leituras (Lopez, 1972, 1976, 2005). Isso não significa, porém, que se possa tomar as viagens de Mário de Andrade pelo Brasil simplesmente como parte de um plano mais ou menos articulado de expansão das áreas de influência do modernismo paulista. É certo que Mário foi mesmo o modernista paulista que mais se "nacionalizou", mas isso não significa apenas a expansão geopolítica de sua influência cultural e de política cultural sobre o diverso território nacional, mas também que ele se abriu às diferenças regionais e soube aprender com elas ampliando seu campo de visão e seu modo de ver.[8]

Macunaíma e os outros textos amazônicos de Mário de Andrade, como tão bem observaram Gilda de Mello e Souza (2003) e Telê Porto Ancona Lopez (1976), condensam o ideal utópico de desgeografizar o Brasil, aproximando regiões, culturas e diferenças, e não só dentro do Brasil. Como na entrada do dia 20 de maio, em que Mário afirma:

> Belém é a cidade principal da Polinésia. Mandaram vir uma imigração de malaios e no vão das mangueiras nasceu Belém do Pará. Engraçado é que a gente a todo momento imagina que vive no Brasil mas é fantástica a sensação de estar no Cairo que se tem. Não posso atinar porque... Mangueira, o Cairo não possui mangueiras evaporando-se das ruas... Não possui o sujeito passeando com um porco-do-mato na correntinha... (Andrade, 1976, p. 63)

....

textos de Mário de Andrade que vem conhecendo maior e mais ampla recepção, ainda que não exclusivamente acadêmica. São exemplos as coleções do estilista Ronaldo Fraga neles inspiradas: "Turista aprendiz na terra do Grão-Pará" (Verão 2012 – 2013) e "O turista aprendiz" (verão 2010 – 2011); a turnê, de dezembro de 2004 a fevereiro de 2005, do grupo A Barca por mais de nove estados e cerca de trinta cidades brasileiras, realizando o projeto Turista Aprendiz, reunindo um notável acervo sobre cultura popular e do qual resultaram CDs e DVD homônimo apresentando a experiência da viagem; a Sala Especial Turista Aprendiz na 18ª Bienal Internacional de São Paulo, em 1985, com ensaio fotográfico de Sheila Maureen Bisilliat inspirado no livro; e, entre outras apropriações, o relato do jornalista Miguel de Almeida (1982) que refez parte da viagem de Mário.

8. Consultar Sandroni (1988), Barriel (1990), Batista (1998, 2004), Jardim (2005) e Santiago (2005).

Entre os lugares visitados e utilizados como parâmetros, em 1927, para avaliar seu encantamento por Belém, ao lado de locais no Rio de Janeiro e em São Paulo ("vi a Tijuca e a Sta. Teresa de você, vi a queda da Serra pra Santos"), está Ouro Preto, que Mário conheceu numa viagem igualmente memorável em 1924. Embora não tenha deixado dela relatos do tipo com que estamos trabalhando,[9] por certo, a viagem a Minas Gerais teve consequências cruciais para os rumos do trabalho artístico e crítico de Mário de Andrade, bem como para os destinos do modernismo como um todo. Refiro-me à segunda viagem de Mário às atuais cidades históricas de Minas Gerais, e que passou para a história do modernismo brasileiro como a viagem de "descoberta do Brasil" (Amaral, 1970; Eulálio, 2001; Cortez, 2010). Não a primeira, de 1919, quando vai a Mariana para uma conferência na Congregação da Imaculada Conceição da Igreja de Santa Efigênia e acaba por descobrir o barroco e a obra de Aleijadinho. Temas a que se dedicaria ao longo da vida e que reúnem alguns dos elementos mais importantes da sua personalidade: fé, sensibilidade estética e curiosidade histórica (Monteiro, 2012).

A caravana modernista a Minas na Semana Santa de 1924 foi composta por artistas paulistas e seus mecenas, como Mário, Tarsila do Amaral, Oswald de Andrade, Paulo Prado, Olívia Guedes Penteado, René Thiollier e, entre outros, o poeta franco-suíço Blaise Cendrars. Eles percorreram a Minas Gerais colonial deliciando-se com as cidadezinhas, a música, a imaginária religiosa. A descoberta fundamental do grupo, porém, foi a de que o primitivismo estético, então valorizado pelas vanguardas europeias que nos serviam de referência e, em alguns casos, de simples modelo a ser imitado, no nosso caso encontrava-se não em lugares distantes e exóticos, mas como que entranhando em nossa própria sensibilidade. Essa "descoberta", que surpreendentemente tornava sincrônicos o passado brasileiro e as vanguardas europeias, foi formulada de modos próprios e virtualmente concorrentes nas poesias e programas estéticos de Oswald de Andrade e Mário de Andrade, para não falar da pintura de Tarsila do Amaral (Amaral, 1970; Eulálio, 2001; Cortez, 2010; Botelho, 2012b).

A caravana modernista a Minas Gerais está também na origem da viagem à Amazônia; é um dos seus pontos de partida. Ainda que as experiências do viajante não se repitam e tendam mesmo a ser vivenciadas como únicas, ele sempre poderá levar para a próxima algo aprendido na última

....
9. Exceção importante é o relato que Mário faz em "Crônicas de Malazarte VIII" (1924), conferir: Batista *et al.*, 1972.

viagem. Sendo econômico, dois aspectos fundamentais desse aprendizado podem ser apontados, peças fundamentais do projeto modernista de Mário de Andrade de desrecalque da cultura brasileira. O primeiro, o quanto a descoberta familiar sem exotismos do primitivismo em Minas se mostra crucial também para a percepção e construção tão cheias de provocação, ironia e crítica que Mário faria sobre os estigmas que há muito assolavam a Amazônia, como o clima, a malária, a preguiça.

Para dar apenas um exemplo, vejamos o clima, as altas temperaturas equatoriais que aparecem como *tópoi* nos relatos de viagem à Amazônia (Ross, 1993; Schweickardt & Lima, 2007; Bastos & Pinto, 2007; Hardman, 2009). Há várias passagens deliciosas que as evocam com humor, ironia e muita empatia no relato do turista aprendiz. Numa delas, do dia 20 de maio em Belém, Mário anotou o hábito do paraense de, embora afirmando as altas temperaturas da cidade, sempre ressalvar que "o dia de hoje está excepcional". Para na sequência afirmar: "De cinco em cinco minutos saio do banho e me enxugo todo, sete lenços, dezessete lenços, vinte-e-sete lenços... Felizmente que trouxe três dúzias e hei-de ganhar da lavadeira" (Andrade, 1976a, p. 63).

Noutras passagens, aplicado, o narrador vai anotando os nomes dos lugares por onde passa, alguns chamam a sua atenção pelo "desejo de vento refrescante" que encerram: "Canto da viração", "Chapéu virado" etc. (Andrade, 1976a, p. 64). Ou ainda essa passagem tão emblemática, na entrada do dia 23 de maio: "Em Belém o calorão dilata os esqueletos e meu corpo ficou exatamente do tamanho da minha alma" (Andrade, 1976a, p. 67). Perspectiva reiterada em entrevista que Mário concedeu ao *Diário Nacional*, em 20 de agosto de 1927, após seu retorno a São Paulo:

— Sofreu muito calor?
— O calor é um calor sem parada, malfeitor. Acho, porém, que menos irritante que o daqui, porque em S. Paulo o tempo é muito variável. No Norte, a gente acaba se esquecendo do calor, tão quotidiano como o dia. Vantagem da imutabilidade... (Andrade, 1983, p. 28)

O segundo aspecto do aprendizado de uma viagem à outra é mais contingente e, por isso mesmo, muito importante na modelagem das feições próprias do viajante e do relato que fez da Amazônia – e que, a meu ver, não devem ser assimiladas às da viagem ao Nordeste. Ao que tudo indica, a ideia era reeditar em 1927 a caravana modernista de 1924, ao menos para Mário, que tinha com a Amazônia, região então ainda muito pouco conhecida no restante do Brasil, uma relação sentimental e intelectual mais antiga, cultivada desde a juventude, como indica um dos seus primeiros artigos de jornal, "A divina preguiça", de 1918. Somente a bordo no Rio de Janeiro, porém, Mário parece ter se dado conta de que aquela combinação entre descoberta do Brasil e irreverência modernista da viagem anterior não se reeditaria em águas e terras amazônicas.

Mário viajou durante três meses sem seus amigos mais chegados, como único varão, ao lado de dona Olívia Guedes Penteado, dama da aristocracia cafeeira paulista e mecenas dos modernistas, logo alcunhada pela sabedoria popular na viagem de "Rainha do Café", mais sua sobrinha, Margarida Guedes Nogueira (Mag, no relato) e Dulce do Amaral Pinto (Dolur), filha de Tarsila do Amaral. Como o grupo viajava encomendado aos presidentes dos Estados e a outras autoridades locais pelo então presidente do Estado de São Paulo e logo adiante da República do Brasil, Washington Luís Pereira de Souza, amigo de dona Olívia, as situações protocolares se repetiram de porto em porto até Iquitos, no Peru, e de estação em estação pela Madeira-Mamoré até a Bolívia, aonde chegaram.[10] Nem é preciso dizer o quanto isso irritou Mário, que, ainda por cima, fora incumbido por dona Olívia de fazer os discursos de agradecimento pela hospitalidade recebida em nome dos viajantes. Ademais, seus contatos com a cultura e com a população local passavam a ser mediados, ao menos inicialmente, pelos protocolos oficiais. Somente na volta para São Paulo, a bordo do Baependi, eles se encontrariam com Oswald e Tarsila, que regressavam da Europa, reencontro sobre o qual, porém, Mário não parece ter deixado nenhum registro relevante.

II

Não sei se já contei pra você que por aqui vou bancando o jornalista célebre. Fazem tudo por nos agradar é lógico que por causa de Dona Olivia e eu passo por homem ilustre e grande inteligência aí do Sul. Só vendo quanta amabilidade e quanta coisa preparada só pra gente. Navegamos no mel. Se não fosse a cacetada dos protocolos oficiais, palavra que não faltava nada pra isto ser

....
10. Esse caráter quase oficial da viagem à Amazônia já havia se verificado pelo mesmo motivo (a presença de dona Olívia) na caravana modernista a Minas, ainda que de modo mais difuso e em escala bem menor. Ver Cortez (2010).

um paraíso pra mim. Imagine porém que até um discurso de improviso tive de fazer respondendo a uma saudação do Dioníso Bentes, presidente do Pará! Sou incapaz de improvisar. Falei um quarto de dúzia de coisas familiares e me assentei tremendo feito bobo. Pelo menos asneira creio que não sai nenhuma não. (Andrade, 2000, p. 346)

As contrariedades impingidas ao viajante, que precisou aprender a lidar com as contingências da sua viagem à Amazônia, podem ajudar a entender o partido literário às vezes fantástico tomado por Mário em seu relato, como se a "imaginação" e a "ficção" constituíssem também um tipo de refúgio das caceteações que a "realidade" lhe impunha. Destas, deixou notícias tanto do diário de viagem quanto na carta a Bandeira. A mesma recepção referida na carta e agora citada aparece n'*O turista aprendiz*, assim descrita na entrada do dia 20 de maio:

Visita oficial e almoço íntimo com o presidente. Íntimo? Depois do sal, o prefeito se ergueu com champanha na taça, taça! Fazia já bem tempo que com meus amigos ricos paulistas eu não bebia champanha em taça... Pois é: ergueu a taça e fez um discurso de saudação a dona Olívia. Aí é que foi a história. Aliás desde que o homenzinho se levantou fiquei em brasas, era fatal, eu teria que responder! Pois foi mesmo: nem bem o prefeito terminou que dona Olívia me espiou sorrindinho e com leve, mas levíssimo sinal de espera me fez compreender que a resposta me cabia, nunca no mundo improvisei! Veio uma nuvem que escureceu minha vista, fui me levantando fatalizado, e veio uma ideia. Ou coisa parecida. Falei que tudo era muito lindo, que estávamos maravilhados, e idênticas besteiras verdadeiríssimas, e soltei a ideia: nos sentíamos em casa (que mentira!) que nos parecia que tinham se eliminado os limites estaduais! Sentei como quem tinha levado uma surra de pau. Mas a ideia tinha... tinham gostado. Mas isso não impediu que a champanha estivesse estragada, uma porcaria. (Andrade, 1976a, p. 62-63)

Como a vida a bordo dos vaticanos S. Salvador e Vitória, as situações protocolares em que se vê envolvido logo após os desembarques marcam o cotidiano do viajante, tal como ele nos dá a conhecer por meio de seu relato. Naturalmente, a viagem não é feita apenas de aborrecimentos ou contrariedades. Volúvel, na entrada seguinte do diário, Mário diz: "Passeamos o dia inteiro e já me acamaradei com tudo. Estou lustroso de felicidade" (Andrade,

1976a, p. 63). E ainda que não cheguem a formar uma polaridade rígida, há certo balanceio no texto do diário entre situações oficiais, como um polo negativo, e não oficiais, como polo positivo. Entre eles transcorre a existência de viajante amazônico do narrador e seus contatos com as pessoas e culturas locais.

Poder-se-ia mesmo ponderar que há certa implicância por parte de Mário de Andrade com as situações oficiais durante a viagem. Na citação anterior, por exemplo, o champanha é servido em taças, hábito há muito fora de uso entre os seus amigos ricos de São Paulo, como, ferino, faz questão de registrar. A bebida lhe parece uma "porcaria" – sem sabermos bem se pela baixa qualidade ou se a situação oficial que o azeda para o orador involuntário; diz "besteiras verdadeiríssimas" aos anfitriões, aparentemente para ao mesmo tempo adulá-los e deles se livrar o mais rápido. Do mesmo modo como lhe desagradam as reformas urbanas das cidades grandes por que passa, especialmente Manaus, que lhe parece artificialmente parisiense, expressões no espaço do bovarismo de uma elite oligárquica forjada na *Belle Époque* do látex (Dias, 1999; Lira, 2005).

Em geral, os contatos que Mário se vê obrigado a manter com os ricaços e as autoridades locais durante a viagem à Amazônia são claramente marcados por impaciência e irreverência subversivas, como sugere a chave irônica e às vezes abertamente cômica com que são quase sempre tratados. Como na chegada a Iquitos, no Peru:

> Caceteações de recepção oficial, uma centena de apresentações. O presidente da província, todo de branquinho, um peruanito pequetito, chega, vai no salão, senta troca trinta e quatro palavras com dona Olívia, se levanta militarmente e parte. Então o secretário dele ou coisa que o valha, me avisa que ele espera em palácio, a retribuição da visita dentro de duas horas exatas! Como os reis em Londres ou na Itália, viva o protocolo! [...] Homem! Sei que sentei na cama desanimado, me deu vontade de chorar, de chamar por mamãe... Em palácio, recepção alinhada, tudo de branco. Tive que fazer de novo o improviso que fizera pela primeira vez em Belém e repetira já várias vezes, sempre que encontrava discurso para dona Olívia pela frente. (Andrade, 1976a, p. 113)

Em contraste, as situações não oficiais, especialmente quando envolvem contatos com os homens e mulheres do povo e suas formas de sociabilidade, crenças e expressões artísticas, são as que interessam ao narrador, que despertam sua curiosidade e com as quais estabelece relações empáticas. Por exemplo, na entrada do dia 15 de junho, em que relata a conversa com o senhor idoso e enfermo de Remate de Males, localidade na região do Alto Solimões, passageiro da terceira classe do barco em que ele próprio ocupava a primeira classe, Mário não hesita em afirmar: "só quem sabe mesmo alguma coisa é gente ignorante de terceira classe" (Andrade, 1976a, p. 100). Remate de Males, atualmente pertencente ao município de Atalaia do Norte, foi o título dado por Mário ao livro de poesias que publicou três anos após a viagem, em 1930. Nele, o afastamento dos embates modernistas mais imediatos permitiu à poesia de Mário tornar-se mais subjetiva e de um lirismo amoroso que mistura a paisagem com estados afetivos. Subjetividade e lirismo, porém, não excluem sensibilidade social, e o eu poético de Mário de Andrade fala muito também da sociedade de que é parte.[11] A propósito, dessa iniciativa de Mário de usar topônimo para intitular livro, viria a inspiração para, quatro anos depois, Carlos Drummond de Andrade batizar o seu segundo livro de *Brejo das Almas*, uma pequena cidade do norte de Minas Gerais.

A empatia constitui chave para compreensão do relato da viagem à Amazônia e da importância deste na trajetória e na obra de Mário de Andrade (Lopez, 1976, 2005; Botelho, 2012b). Marque-se, agora, o quanto as oposições que desenham o relato e embalam de jeito próprio o leitor entre, de um lado, situações oficiais e contatos com o universo das elites locais, e situações não oficiais envolvendo homens e mulheres do povo, de outro, ajudam a esclarecer que Mário de Andrade não estava exatamente envolvido com qualquer construção identitária idealizada da Amazônia. Como se acreditasse em algo como uma identidade amazônica (*i.e.*, brasileira) homogênea, unitária e autocentrada. Diversidades culturais nunca são desacompanhadas, no relato, da percepção das desigualdades sociais. Essas são questões importantes que o relato da viagem à Amazônia ajuda a iluminar em relação ao conjunto da obra de Mário de Andrade, e que podem ajudar a problematizar certas interpretações mais apressadas das suas relações intelectuais, políticas e sentimentais com o universo popular.

....
11. Como mostra Lafetá (1986), esses são aspectos recursivos na obra poética de Mário e que ganham contornos definidos no fim da vida, por exemplo, nos dois livros inéditos acrescentados à reedição de Poesias (1941), *A costela do grão cão* e *Livro azul*. Nestes, os versos que parecem ditados pelo balanço de toda uma vida confrontam utopia e pessimismo, e a subjetividade do poeta torna-se tomada de consciência crítica em relação à miséria e às desigualdades sociais brasileiras.

As contingências da viagem têm consequências cruciais para a modelagem do relato e do viajante que se forja, entre o plano traçado e as adversidades e também surpresas agradáveis encontradas pelo caminho. A centralidade assumida pela imaginação e pela ficção marcadas pelo insólito e mágico como recurso estético no relato da viagem à Amazônia parece diretamente ligada às contingências acima apontadas. É claro que considerar as contingências que teriam concorrido para modelar o relato não implica ignorar que os apontamentos feitos durante a viagem possam ter sido trabalhados artisticamente posteriormente, uma vez que foram revistos pelo autor para publicação (e não se conhecem os apontamentos manuscritos da viagem).

Embora não tenha firmado nenhum compromisso com a verossimilhança etnográfica de matriz realista ou naturalista, o procedimento ficcional ressalta do relato da viagem à Amazônia, sobretudo, quando comparado ao da viagem ao Nordeste, na qual, munido dos instrumentos de que dispunha, pôde se dedicar ao seu plano de pesquisa musicológica, ainda que, inevitavelmente, sempre dentro também das contingências que concorreram para modelá-la. Telê Porto Ancona Lopez resume muito bem a relação entre real e ficcional no relato amazônico chamando a atenção para como forma e conteúdo são, também neste caso, indissociáveis:

> [Mário] fará ficção a partir da própria realidade experimentada ou observada, fazendo questão de explorá-la em dois aspectos: o real, e o ficcional, partindo desse mesmo real. Nesse sentido, é bastante auxiliado por sua concepção de realidade sul-americana, uma vez que, instrumentado pelo senso crítico, consegue entender que, dentro de uma ótica europeia, marcada pelo racionalismo, acostumada a um mundo tecnizado, nossa realidade seria o maravilhoso instaurado em sua peculiaridade, sensível a uma abordagem surrealista, que procura denunciar a impropriedade dessa mesma ótica. O maravilhoso possibilita o autor trabalhar com a narração, evitando a descrição do já repetido e reiterado. Percebendo a hipérbole como elemento constitutivo da paisagem e da própria vida da região, evita-a em sua linguagem, transformando-a no insólito narrativo. (Lopez, 2005, p. 40)

Exemplo mais emblemático desses processos são as duas sociedades indígenas que Mário de Andrade "inventa" e caracteriza no relato, sobretudo, com base em seus vastos conhecimentos musicais: os Pacaás Novos e os Índios Dó-Mi-Sol. Os primeiros se comunicam quase exclusivamente por meio do corpo, e não por um sistema linguístico convencional. Por meio de um informante e tradutor que domina a linguagem foneticamente organizada de Mário e a corporal compartilhada com os índios, ficamos sabendo que essa característica dos Pacaás Novos se prendia a um código de pudor próprio, segundo o qual o "som e o dom da fala são imoralíssimos e da mais formidável sensualidade" (Andrade, 1976a, p. 91). Por isso, igualmente, tinham as orelhas e narizes como as partes mais íntimas do corpo e traziam as suas cabeças sempre cobertas com exceção dos olhos, mas não as genitálias. "Escutar, pra eles, é o que chamamos de pecado mortal. Falar pra eles é o máximo gesto sexual" (Andrade, 1976a, p. 92). Em contraste, os "Índios Dó-Mi-Sol" possuíam uma sociabilidade intrinsecamente musical, que os dotava de uma complexa cultura que dava "sentido intelectual aos sons musicais e valor meramente estéticos aos sons articulados e palavras. O nome da tribo, por exemplo, eram os dois intervalos ascendentes, que em nosso sistema musical, chamamos dó-mi-sol" (ibid., p. 127).

Essa etnografia imaginária, por assim dizer, é bem meditada, pois nela, além de paródia, humor e provocação modernistas, entram também conhecimentos acumulados em leituras especializadas sobre cosmologia ameríndia (Lopez, 1972, 2005) e conhecimentos musicais que constituem, em verdade, o eixo da trajetória e da sistematização intelectual de Mário de Andrade (Souza, 2005). Sobre esses conhecimentos musicais, Flávia Toni chama atenção para o fato de os povos ameríndios ficcionalmente recriados no relato expressarem justamente a consolidação da percepção de Mário de Andrade sobre a existência diferenciada de relações com a sonoridade entre diferentes grupos sociais, culturas e sociabilidades. A diversidade de escalas musicais e intervalos possíveis e as indagações e percepções referentes a novos universos sonoros ampliam sobremaneira a perspectiva do professor do Conservatório Dramático Musical de São Paulo (Toni, 1990). Questões fundamentais para o pesquisador musical em que se transformou e para as ideias que defendeu a esse propósito, como se pode ler, por exemplo, no *Ensaio sobre música brasileira*, publicado, como *Macunaíma*, no ano seguinte da viagem à Amazônia, em 1928 (Andrade, 2006).

Essa abertura e ampliação do universo cultural de referências do viajante ganha tratamento quase didático em algumas passagens do relato de viagem. Com recursos retóricos bastante característicos da prosa do modernista cujo fim último parece ser o de compartilhar a empatia experimentada pelo viajante, também empregados noutros textos (Botelho, 2012b), o relato acaba por realizar um hábil exercício de relativização cultural. Assim, em passagens chave, os "nativos" ganham voz em diálogos com o viajante, que ademais não se limita a transcrever suas falas entre aspas para diferenciá-las e hierarquizá-las em relação as suas próprias. Como na conversa com o indígena no rio Nanay, um dos três rios em volta da cidade de Iquitos no Peru, com quem tentava sem sucesso conseguir folha de coca, recriado na entrada de 24 de junho:

— [...] O senhor ontem falou pra aquele moço que quase não tem boca, que era pena ver a gente, preferia ver Inca... [o indígena] Eu estava com raiva de não conseguir coca e:
— Falei sim. Os Incas são um povo grande, de muito valor. Vocês são uma raça decaída. [o viajante] Ele molhou os olhos nos meus sério:
— O que é 'decaída'?
— É isso que vocês são. Os Incas possuíam palácios grandes. Possuíam anéis de ouro, tinham cidades, imperadores vestidos com roupas de plumas, pintando deuses e bichos de cor. Trabalhavam, sabiam fiar, faziam potes muito finos, muito mais bonitos que os de vocês. Tinham leis...
— O que que é 'leis'?
— São ordens que os chefes mandam que a gente cumpra, e a gente é obrigado a cumprir senão toma castigo. A gente é obrigado a cumprir essas ordens porque elas fazem bem pra todos.
— Será?
— Será o quê?
— Será que elas fazem mesmo bem pra todos... Os olhos dele estavam insuportáveis de malícia.
— Fazem sim. Se você tem casa e tem mulher, então é direito que um outro venha e tome tudo? Então o imperador baixa uma ordem que o indivíduo que rouba a casa e a mulher do outro, tem de ser morto: isso é que é uma lei [...].
— A gente possui lei também.
— Mas são decaídos, não fazem nada. Onde se viu passar o dia dormindo daquela forma. Por que vocês não fazem tecidos, vasos bonitos... Uma casa direita, de pedra, e não aquela maloca suja, duma escureza horrorosa...
O huitôta se agitou um bocado. Agarrou remando com muita regularidade, olhos baixos pra esconder a ironia luminosa que morava nos olhos dele. E se pôs falando com a monotonia das remadas, depois de acalmar a expressão e

poder me olhar sério de novo: — Moço, pode botar tudo isso na cantiga, que está certo pro senhor... Se o senhor me entendesse na minha fala eu contava melhor... Vossa fala, sei pouco. O senhor fala que a gente é decaída porque não possui mais palácio, está certo, porém os filhos do Inca também não possuem mais palácios não, só malocas. (Andrade, 1976a, p. 116-118)

O viajante assume assim em sua fala, retoricamente, um ponto de vista preconceituoso sobre as culturas locais, provavelmente o mesmo do seu grupo social de origem e dos leitores que tinha em mente. Mas apenas para, com muito humor, expor-se ao ridículo diante da perspicácia com que seu interlocutor consegue defender-se e evidenciar a fragilidade dos argumentos do viajante. Aparentemente irmanado com o leitor por meio dos preconceitos da sua época (e ainda em parte nossos), Mário passa, em seguida, a expor esse mesmo leitor ao seu próprio preconceito. Operação fundamental para provocar o reconhecimento das diferenças culturais e da dignidade dos seus portadores sociais.

III

"Quanto a este mundo de águas é o que não se imagina. A gente pode ler toda a literatura provocada por ele e ver todas as fotografias que ele revelou, se não viu, não pode perceber o que é" (Andrade, 2000, p. 346). A afirmação ao amigo Manuel Bandeira na carta que nos serve de guia parece recolocar um dos *tropos* da literatura de viagem (Hanne, 1993) e que orientou a formação de uma disciplina tão estreitamente ligada a ela, como a antropologia: a condição de estar lá – o "*being there*" de que fala criticamente Clifford Geertz (2005). É verdade que Mário de Andrade deu o subtítulo de "viagem etnográfica" apenas ao relato da viagem ao Nordeste, de 1928-1929. E também que valorizava o trabalho de etnógrafo na coleta de material musicológico e folclórico, o que terá concorrido para o papel proeminente que teve na criação tanto da Sociedade de Etnografia e Folclore, em 1936, com Dina Lévi-Strauss, quanto da Missão de Pesquisas Folclóricas, em 1938, no âmbito do Departamento de Cultura de São Paulo, de que já se deu notícia.

Todavia, a ideia de "etnografia" mobilizada precisaria ser mais bem qualificada para fugir da tentação de tomá-la de modo teleológico, em Mário de Andrade, meramente como precursora da disciplina de mesmo nome, ou sua prática no âmbito da antropologia como disciplina que se institucionalizava a partir da década de 1930 no Brasil. E tampouco ela há de significar a mesma coisa nos diferentes contextos de práticas e de narrativas em que é empregada, mesmo por Mário de Andrade.[12] Assim, me parece que o subtítulo escolhido para o relato da sua viagem ao Nordeste tem em geral direcionado a crítica a uma valorização do pioneirismo etnográfico do autor, quando não a uma assimilação do tema da viagem em geral em sua obra a essa sua forma particular – ainda que Mário evidentemente estivesse interessado em recolher material musical amazônico, como exemplifica o contato que manteve com o prefeito de Humaitá, o poeta Sérgio Olindense. Mesmo quando se tratou de ponderar o uso paródico que Mário de Andrade teria feito da "etnografia" nas viagens à Amazônia e ao Nordeste, a tendência geral tem sido não apenas assimilar a primeira à segunda viagem, como se uma mesma ideia de etnografia e uma mesma ideia de viagem estivessem em jogo num e noutro caso, como também reificar sua confluência para a afirmação de um mesmo regime de autoridade etnográfica.

A própria afirmação de Mário ao amigo Bandeira ("se não viu, não pode perceber o que é") pode ser relativizada. Sequer a condição do "estar lá" que parece sustentá-la é tão estável como poderia parecer à primeira vista. Já na primeira entrada do diário da viagem à Amazônia identificada como redigida ainda em São Paulo em 7 de maio de 1927, aparece uma afirmação oposta. Derivada da contraposição entre o que chama de "consciência lógica" e "consciência poética", trabalhada noutros textos, Mário afirma que, para ele, as "reminiscências de leitura me impulsionaram mais que a verdade" (Andrade, 1976a, p. 51). O que procura sugerir é que quando visitamos algum lugar pela primeira vez, embora essa possa ser uma experiência única, nunca será inteiramente direta, sem mediações, pois sempre levamos conosco representações desse lugar e mesmo lembranças próprias ou alheias colhidas em leituras e conversas. E mais ainda, essas lembranças (as "reminiscências") – que não são necessariamente "lógicas", mas "poéticas" também – podem ser mais fortes ou contundentes do que aquilo que, enfim, constatamos *in loco* ao chegarmos ao nosso destino de viajantes. Vejamos o trecho completo destacado:

> Partida de São Paulo. Comprei pra viagem uma bengala enorme, de cana-da-Índia, ora que tolice! deve ter sido algum receio vago de índio [...] Sei bem que esta viagem que vamos fazer não tem nada de aventura nem perigo, mas cada

....
12. Sobre a etnografia nos anos 1920, consultar Stocking Jr. (1996).

um de nós, além da consciência lógica possui uma consciência poética também. As reminiscências de leitura me impulsionaram mais que a verdade, tribos selvagens, jacarés e formigões. E a minha laminha santa imaginou: canhão, revólver, bengala, canivete. E opinou bengala. (Andrade, 1976a, p. 51)

Essa ambiguidade, como outras em Mário de Andrade, é cheia de consequências, no caso para a compreensão do tema da viagem, e não devemos nos apressar para aparar suas arestas. Assim, foi também movido pelas suas leituras que Mário fez sua viagem para a Amazônia, região com a qual tinha ligação sentimental e intelectual antiga, como observamos. Lembremos, por exemplo, que quando da sua viagem, em 1927, já havia pelo menos uma redação adiantada de *Macunaíma* que viria a público no ano seguinte – todo ele construído pela bricolagem de materiais de toda sorte e de escritos alheios diversos (Souza, 2003). Entre eles, os mais conhecidos são os mitos e lendas colhidos entre os Taulipangs e Arecunás do extremo Norte do Brasil, Guianas e Venezuela por Koch-Grünberg coligidos em *Von Roraima zum Orinoco* (Lopez, 1972). Mário de Andrade também dialogou, ainda que sem necessariamente nomear diretamente seus interlocutores, com as representações da Amazônia produzidas pelos viajantes naturalistas europeus ou brasileiros, também elas apropriadas e traduzidas em momentos diferentes por cientistas, como Carlos Chagas, e escritores, como Euclides da Cunha. Voltaremos a esse debate com os viajantes amazônicos adiante.

Observe-se, no momento, o quanto a afirmação do papel das leituras na modelagem da experiência da viagem, etnográfica ou não, relativiza não apenas a autoridade advinda do "estive lá", como a própria oposição entre este e um *"being here"* – na imagem de Geertz sobre a antropologia a que se recorreu anteriormente. No prefácio que escreveu para *O turista aprendiz*, no qual se define, paradoxalmente, como um "antiviajante", Mário de Andrade observa que, durante a viagem, esteve "muito resolvido a (...) escrever um livro modernista, provavelmente mais resolvido a escrever que a viajar, tomei muitas notas (...). Se gostei e gozei muito pelo Amazonas, a verdade é que vivi metido comigo por todo esse caminho largo de água" (Andrade, 1976a, p. 49). Se Mário tomou ou não essas notas em cadernos e papéis soltos durante a viagem, como afirma, não se pode aferir, uma vez que aqueles originais de 1927 não são conhecidos, a exceção de algumas notas apensas ao conteúdo datilografado e prefaciado em 1943. Mas isso importa menos do que o reconhecimento que provoca sobre o tipo de viajante em que se forja, carregando suas leituras (de "gabinete") para a Amazônia (o "campo", para abusar do paralelo com a etnografia), e ambos para a escrita do relato de viagem, tudo isso fazendo parte de um mesmo processo de conhecimento.

Na mesma direção, outro exemplo é a crítica ao guia *Itinerário de Paris*, de Dante Costa, publicada no jornal *Diário de Notícias*, do Rio de Janeiro, em 31 de março de 1940 (Andrade, 1993). Nela, Mário de Andrade desenvolve a ideia de "conhecimento sensível" que torna relativa a autoridade derivada diretamente do conhecimento empírico do "estar lá". Vamos nos deter um pouco nesse texto. Na construção do argumento e nos recursos retóricos de que Mário de Andrade lança mão para expô-lo, bastante característica da sua reflexão, entram, calculadamente, doses de dissimulada autocomiseração, fina ironia, algum recalque e, por que não, também algum ressentimento. Isso exige do leitor do diário, como da obra de Mário de Andrade como um todo, disposição para uma leitura atenta para as armadilhas da narrativa.

No primeiro movimento, Mário observa que não ter conhecido Paris parecia constituir, para ele e para qualquer intelectual da sua época, quase um defeito moral, uma verdadeira tragédia, dado que a capital francesa era então também a capital cultural da América Latina. Convivendo com artistas e intelectuais que conheciam Paris como "a palminha das mãos e a quem o ambiente espiritual parisiense era uma força quotidiana de pensamento", não raro se viu figurando como provinciano, e sua autoridade intelectual desaparecer diante de um simples "Você diz isso porque nunca esteve em Paris!". Completando o quadro, observa que uma vez Paulo Prado inventou que ele, Mário, chegando da Europa, ainda a bordo, com os braços no ar, gritava e gesticulava freneticamente para os colegas modernistas que o esperavam no cais do porto: "Está tudo errado, rapaziada! Vamos recomeçar que agora eu sei direito as coisas!". Mas como esclarece, o que o aborrecia mesmo é que esse tipo de acusação ocorria sempre que algum dos seus interlocutores "fosse levado à parede com minha lógica livresca", e "lá vinha minha ignorância de Paris como argumento de salvação" (Andrade, 1993, p. 170).

Isso anuncia o segundo movimento que se abre com a afirmação de que é "um forte engano isso de imaginarem que nunca estive em Paris", porque, afinal, seria impossível a existência de um intelectual nos tempos que corriam, "ao qual as exigências de sua própria cultura não tenham dado o sentimento de Paris" (ibid., p. 170). Explicando esse "conhecimento sensível", ou essa "presciência sensível" como também o designa, não se trataria de uma mera derivação da leitura das descrições das experiências dos outros, mas antes, paradoxalmente, de nós mesmos. Diz Mário:

> É a nossa inteligência, a nossa cultura e especialmente a nossa sensibilidade que, reagindo sobre dados menos didáticos e mais reais que uma descrição ou crítica, por exemplo, uma fotografia, um telegrama de jornal, um suspensório, um livro, um perfume, um selo de correio, e milhares de outros retalhos do concreto, até mesmo uma carta geográfica, provocam esse conhecimento sensível, que é a nossa própria realidade. Pode ela estar afastadíssima do real verdadeiro, nós jamais a abandonaremos nem mesmo depois de confrontada com a realidade. Para nós ela será sempre o real mais verdadeiro. (Andrade, 1993, p. 170-171)

Desdobramento interessante da questão são as sensações que a leitura dos relatos de viagens dos outros sobre lugares que visitamos podem nos causar. Observa Mário, noutro artigo, publicado em sua coluna Táxi no *Diário Nacional*, em 5 de dezembro de 1929, a propósito de um livro de Gastão Cruls sobre a Amazônia, que essa experiência pode causar duas formas de prazer, "conforme o lido já foi visto ou não". Se já visto, esclarece Mário, "as frases se endereçam pro corpo da gente, a atividade intelectual quase se anula diante da força associativa das sensações refeitas" (Andrade, 1976b, p. 163). Nesse caso, prossegue, a "gente permanece porventura mais afastado do escritor, porém certamente mais exato com a verdade. Isso está sucedendo comigo que através da escritura de Gastão Cruls ando agora numa reviagem dolente e muito sensível pela Amazônia que eu vi" (ibid., p. 163).

Mais do que um jogo de palavras com o título do livro de Cruls, *A Amazônia que eu vi*, a ideia de Mário de uma "reviagem dolente e muito sensível" deve ser levada a sério, tanto que o autor se esforça por qualificá-la a partir da distinção entre duas categorias em geral sobrepostas: "verdade" e "evidência". Diz Mário:

> A verdade é um destino da inteligência, é, por assim dizer, uma assombração metafísica e pra lhe caracterizar a irrealidade terrestre criou-se uma outra palavra, 'evidência', experimental, objetiva. Que a Amazônia seja bonita pode ser uma verdade mas que ela designe a região do rio Amazonas é uma evidência. (Andrade, 1976b, p. 163-164)

Justamente por isso, explica, o "indivíduo viajado" pode estar destituído da "verdade", embora possuindo uma "evidência do mundo que viajou". Nesse ponto, vale fazer um pequeno parêntese para flagrar mais uma das ambiguidades de Mário de Andrade a respeito do tema, deliciosas, por certo, pois sempre, em alguma medida, algo autoconscientes e mesmo autoirônicas. Também ele não teria resistido a lançar mão do que chama de "preconceito do homem viajado", e do qual tantas vezes fora vítima. O episódio que nos interessa é narrado no artigo sobre a Amazônia citado, no qual observa que, mesmo que o argumento do "indivíduo viajado" possa estar inteiramente equivocado, ainda assim a autoridade conferida pelas viagens – a do *being there*", ou, como prefere o próprio Mário, a do "ter estado lá" – é sempre potente, e uma verdadeira "volúpia". Diz o autor:

> Percebi isso muito bem no dia que passaram aqui o filme do general Rondon, sobre o extremo Norte da Amazônia. Tinha muita criança das escolas no teatro. E tanto uns sujeitos semissabidos comentaram errado certas coisas ao pé de mim que não me contive e virtuosamente corrigi uma tolice grande. Continuou a correção, um diálogo curto que me levou ao sublime 'já estive lá'. Ninguém mais não disse nada, a não ser um menino que, feitas as luzes pra mudança de rolo, olhou e sorriu pra mim. É incontestável que se o Santa Helena desabasse, o menino se salvava porque eu 'tinha estado lá' e estava ali. Com a mudança que a idade trás pras ideias, eu bem sabia que todos os meus vizinhos estavam na mesma ordem de... sensibilidade que o menino. Eu, calmo feito um rei. (Andrade, 1976b, p. 164)

IV

> A gente já sabe da monotonia porém monotonia é a palavra mais estúpida deste mundo. Tem monotonias insuportáveis e tem monotonias que a gente não se cansa de gozar. Assim esta do Amazonas. Tem uma variedade prodigiosa se a gente põe reparo nela. E se não põe e se deixa prender por ela então é uma gostosura niilizante como não se pode imaginar outra, é sublime. (Andrade, 2000, p. 346)

Assim, Mário de Andrade relata a Manuel Bandeira suas impressões do rio Amazonas. Chama a atenção, no trecho destacado, a referência ao tema da "monotonia" da planície amazônica, de suas massas hídrica e vegetal e a lentidão dos ritmos equatoriais, verdadeiro *tópoi* da literatura e ensaística amazônica (Ross, 1993; Schweickardt & Lima, 2007; Bastos & Pinto, 2007; Hardman, 2009; Lima & Botelho, 2013).[13] Por isso mesmo não é simples afirmar se Mário estava pensando em algum autor em particular quando se refere a esse conhecimento prévio sobre a monotonia equatorial ("A gente já sabe da monotonia"). Mas, indícios textuais no relato de viagem e noutros escritos amazônicos apontam para uma interlocução, embora não nomeada, privilegiada com Euclides da Cunha, autor que não apenas Mário conhecia muito bem, mas cujos escritos amazônicos já representavam, àquela altura, verdadeiro paradigma de interpretação da região, para não falar de seu impactante *Os sertões*, de 1902.

A monotonia do rio Amazonas e o desapontamento por ela despertado aparecem com força nos escritos de Euclides da Cunha. O tema já abre "Terra sem história (Amazônia)", um dos seus textos que, talvez, viria a formar o eixo do livro que jamais escreveu sobre a região, mas para o qual chegou a escolher o título de *Paraíso perdido*. Diz Euclides:

> Ao revés da admiração ou do entusiasmo, o que sobressalta geralmente diante do Amazonas, no desembocar do dédalo florido do Tajapuru, aberto em cheio para o grande rio, é antes um despontamento. A massa de águas é, certo, sem par, capaz daquele *terror*, a que se refere Wallace; mas como todos nós desde mui cedo gizamos um Amazonas ideal, mercê das páginas singularmente líricas de não sei quantos viajantes que desde Humboldt até hoje contemplam a *Hylae* prodigiosa, com um espanto quase religioso – sucede um caso vulgar de psicologia: ao defrontarmos o Amazonas real, vemo-lo inferior a imagem subjetiva há longo tempo prefigurada. (Cunha, 1999)

Euclides voltou ao tema outras vezes, inclusive em seu discurso de recepção na Academia Brasileira de Letras, em 18 de dezembro de 1906, no qual relata o desapontamento que a princípio a Amazônia lhe causara, a começar pelo rio Amazonas. Ele o imaginara grandioso, mas o achara pequeno, um verdadeiro diminutivo do mar, mas sem as ondas, a profundidade e o mistério deste: "Uma superfície líquida, barrenta e lisa, indefinidamente desatada para o norte e para o sul, entre duas fitas de terrenos rasados, por igual indefinidos, sem uma ondulação ligeira onde descansar a vista" (Cunha, 1965, p. 211). Como Mário de Andrade em relação a Euclides

....
13. Sobre Euclides ver ainda Galvão (2009).

da Cunha (e outros autores), o que acabou sendo desmentido no viajante Euclides, ao menos a princípio, foram as impressões formadas a partir das leituras dos relatos de viagem à região. E são muitos os viajantes citados por Euclides, a começar por Alexander von Humboldt, William Chandless, Alfred Wallace, Frederick Hartt, Walter Bates, Alexandre Rodrigues Ferreira e Tavares Bastos, entre outros (Hardman, 2009).

Euclides da Cunha conheceu a Amazônia pessoalmente entre 1904 e 1905, em viagem oficial como chefe da Comissão Brasileira de Reconhecimento do Alto Purus. Criada pelo Barão do Rio Branco, ministro das Relações Exteriores, o objetivo principal dessa comissão era resolver dúvidas relativas às fronteiras entre o Brasil e o Peru, após a cessão do território do Acre pela Bolívia. O relatório enviado ao ministério, e a preparação de mapas para o reconhecimento hidrográfico do Purus, complementados pelos obtidos na expedição ao Juruá realizada pelo coronel Belarmino Mendonça, permitiram a resolução das questões de fronteira entre Brasil e Peru em setembro de 1909 (Lima, 2009).

É muito potente, nos escritos amazônicos de Euclides da Cunha, a tensão entre encantamento imaginário (no "gabinete") e desilusão empírica (no "campo") com o cenário amazônico quando observado de perto. Assim, também Euclides parece ter viajado movido, em parte, por suas "recordações de leitura", para usar a ideia de Mário de Andrade, e com as quais também acabou tendo de acertar contas. Além de potente e recursiva nos relatos de viagem à Amazônia, porém, a tensão entre imaginação e desilusão pode ser criativa, como me parecem ser os casos de Euclides e Mário, cada um a seu modo. Particularmente importante, no caso do primeiro, é a tentativa de Euclides em produzir um retrato realista da Amazônia baseado na ciência do seu tempo como alternativa ao que considerava serem visões fantasiosas originárias dos relatos dos viajantes dos séculos anteriores. A promessa, no entanto, não pôde se cumprir totalmente, ou, o que talvez seja mais importante ainda, não se realizou exatamente da forma planejada: a Amazônia não parece ter se deixado esquadrinhar e disciplinar inteiramente do ponto de vista científico defendido por Euclides. Por isso, seus textos não deixam de sublinhar também os elementos surpreendentes, difíceis de serem explicados pelo arsenal de conhecimentos de que o autor dispunha. Daí as imagens imbricadas de uma natureza fantástica e enigmática e de uma sociedade que pareciam capazes de colocar em xeque teorias então correntes que Euclides acabou deixando em seus escritos, e às quais, numa mescla entre ciência e imaginação, devem um bocado da sua força expressiva e interesse ainda hoje. O real fantástico que de alguma forma escapa à ciência de Euclides da Cunha e sobra em seus textos amazônicos é tomado em Mário de Andrade, em grande medida, como ponto de vista do seu relato de viagem.

Se a tensão entre imaginação (no "gabinete") e desilusão (no "campo") não perfaz necessariamente um jogo de soma zero, nem sempre a desilusão leva à frustração do viajante. Assim, por exemplo, a representação da região como vazio social a que Euclides da Cunha chegou a aderir inicialmente é contestada após a sua viagem; a qual não o permitiu também continuar ignorando o genocídio dos povos indígenas praticado na região desde o período colonial, bem como as terríveis condições de trabalho a que eram submetidos os sertanejos brasileiros, expulsos pelas secas do Nordeste e atraídos à Amazônia pelo ciclo da borracha. Outras vezes, por outro lado, a imaginação pode sempre ser acionada, inclusive como modo de aperfeiçoamento do olhar e de reenquadramento de uma realidade que decepciona. Euclides se reconcilia com a paisagem amazônica após a leitura da monografia do botânico Jacques Huber e de uma visita ao Museu do Pará (atual Museu Paraense Emílio Goeldi) que lhes ensinam a ver de novo a Amazônia, de tal modo que, ao contemplar novamente o rio, afirmou sentir-se como que diante de uma página inédita do *Gênesis* (Hardman, 2009).

Voltemos a Mário de Andrade e ao seu "diálogo" com Euclides da Cunha. Também a esse respeito, as ambiguidades de posições no relato de viagem e noutros escritos amazônicos seus mostram-se fundamentais. Diferente do que relata na carta a Manuel Bandeira, por vezes Mário se mostra decepcionado com o Amazonas e a monotonia equatorial. Em "Amazônia", artigo publicado em 1929 na coluna Táxi que manteve no *Diário Nacional*, por exemplo, rememorando suas lembranças do rio Amazonas, fala da "decepção desagradável" que teria experimentado diante da embocadura do rio Amazonas, em termos que, praticamente, repetem o trecho referido por Euclides da Cunha. A grandeza sublime do rio apreendida nos livros discrepava inteiramente, observa Mário, da "aguinha suja" que viu pessoalmente, e decide, então, por seu retorno a sua presciência sensível do Amazonas, "única que sempre existiu para a minha realidade, única verdadeira" (Andrade, 1976b, p. 171).

Todavia, essa aparente convergência com Euclides esconde uma divergência fundamental: no caso de Mário de Andrade, a "decepção desagradável" diante da paisagem natural, cuja visão exuberante fora cultivada nos livros, parece constituir também recurso crucial de contraposição à ideia de exotismo associada à de exuberância e monumentalidade da natureza, reiterada em Euclides. Daí o seu uso todo particular do diminutivo com que qualifica o Amazonas que viu pessoalmente, aquela "aguinha suja" (ibid., p. 171). A ironia fina que qualifica as categorias empregadas indica a relativização implicada nas sentenças bem meditadas de Mário de Andrade. Assim, se afirma ter preferido ficar com as imagens dos rios amazônicos aprendidas nos livros, também não se deixou levar inteiramente por elas. Procurou antes divisar nas aparentes monumentalidade e monotonia da natureza o cotidiano das comunidades e muita história, por oposição à ideia de "povo sem história" de Euclides. E aí volta novamente a posição da carta a Manuel Bandeira.

Mais uma vez num diálogo não declarado, Mário procura fugir da polaridade euclidiana entre monumental (natureza) e vazio (histórico e social), "entre o *infinito* e o *infinitesimal*" como disse um crítico de Euclides da Cunha (Hardman, 2009). Como na distinção que o turista aprendiz modernista faz entre "rios grandes" e "igarapés" para divisar história e relações sociais próprias para além da monumentalidade e aparente monotonia da natureza aquática amazônica. Enquanto os primeiros, como o Amazonas e o Madeira, seriam monótonos ("mato vasto e conhecido pareando o beira-rio"), os igarapés, por sua vez, embora menores, seriam mais misteriosos e sugestivos. Os igarapés guardariam um "mundo enorme de sugestões de boniteza, de prazer de aventura, de desejos viciosos de mistério, crime, indiada, nirvanização" (Andrade, 1976b, p. 453). E prossegue na comparação: "Uma calma humana sem aquela ostensividade crua e muito sobrenatural dos rios grandes (...). Dá uma vontade louca da gente se meter igarapé acima, ir ter com não sei que flechas, que pajés, que êxtases parados de existir sem nada mais. E a maleita" (ibid., p. 453).

E para enfrentar o legado euclidiano com que também viajara à Amazônia, além de outras possíveis reminiscências de leituras, para transpor a sua aparência monumental e monótona, Mário de Andrade contou também com a ajuda inestimável da sua Kodak – brasileiramente rebatizada de "Codaque". Mário de Andrade foi fotógrafo autodidata, mas não simplesmente amador, uma vez que ultrapassou o mero registro pessoal, ou o seu sentido, dedicando-se a estudar a fotografia como linguagem artística, explorando enquadramentos e composições. Na viagem à Amazônia, Mário fez mais de quinhentas fotografias, ou "fotou", segundo o verbo que também inventou. De volta a São Paulo, ainda em 1927, põe-se a catalogar as imagens reveladas em preto-e-branco anotando legendas no verso, transpondo as informações colhidas *in loco*, mas, também, no segundo momento, glosando as representações e o exercício fotográfico. Este material, como nos sugere Telê Porto Ancona Lopez em outro belíssimo trabalho, configura um diário ao lado e por dentro do diário-texto de *O turista aprendiz*:

> O diário das imagens e legendas, que funde testemunho e artefazer, possui vertentes que se interpenetram, concernindo ao registro do cotidiano do grupo de amigos, do espaço e da vida do homem na Amazônia, assim como àquela dimensão que põe Mário de Andrade em destaque – a experimentação artística. (Lopez, 2005, p. 142)

As representações de Euclides da Cunha da Amazônia não são, porém, simplesmente confrontadas e menos ainda descartadas por Mário de Andrade, assim como aquelas produzidas pelos viajantes-cronistas naturalistas também não puderam sê-la inteiramente pelo próprio Euclides. Forma-se um diálogo denso, nem sempre nomeado, por dentro dos tropos há muito construídos sobre a Amazônia na chave do real-maravilhoso naturalista de Euclides e expressionistamente transfigurado em Mário. O sublime da paisagem, a natureza que esconde ao mesmo tempo o deslumbre e o horror, a lentidão dos ritmos equatoriais, a monotonia da planície amazônica e outras imagens persistem plasticamente. As categorias desse repertório amazônico podem, assim, ser repostas, mas com sentidos diversos, mesmo quando o objetivo declarado seria desestabilizá-las, como no caso de Mário de Andrade em relação à longa tradição de representações amazônicas.

V

Um corpo a corpo com o texto e outros materiais de pesquisa envolvidos constitui alternativa à busca de unidades estáveis entre, de um lado, o relato da viagem à Amazônia de Mário de Andrade e, de outro, uma "tradição" do gênero literatura de viagem ou mesmo o relato da sua viagem etnográfica ao Nordeste. As contingências da viagem jogam papéis decisivos no tipo de relato que acaba se forjando, ainda que a experiência do narrador-viajante seja sempre mediada pelas leituras que modelam seu horizonte de expectativas. Persiste certa melancolia entre o visto (em campo) e o lido (no gabinete), ainda que o humor e a ironia sejam mobilizados como recursos críticos.

Figurações da viagem e do narrador que, como no caso central dos narradores de Machado de Assis na prosa brasileira, parecendo viajar ao redor de si mesmos, ganham autorreflexividade, volubilidade e perspectiva crítica (Süssekind, 1990). Internalizada como procedimento narrativo, a viagem pode ser relatada por autores pouco afeitos, eles mesmos, aos deslocamentos no espaço, como os próprios Machado e Mário. É que é mesmo pouco, como afirma Lévi-Strauss (2012) no trecho tomado como epígrafe deste ensaio, pensar a viagem apenas como deslocamento no espaço; ela sempre envolve também deslocamentos no tempo e na hierarquia social, como bem mostra a parcialidade do narrador de *O turista aprendiz*.

A valorização analítica das contingências, das parcialidades e das ambiguidades envolvidas na viagem e na modelagem do relato e do viajante amazônicos forjados permite ainda uma aproximação ao caráter mais plural e polifônico que caracteriza a obra de Mário de Andrade como um todo. Como contrapontos musicais que querem significar, acima de qualquer coisa, que nem tudo deve fechar-se num sentido único. Como tão bem expressam suas posições em relação ao relato de viagem, às tensões entre o lido e o visto, à empatia com o "outro", ao êxtase e à monotonia da paisagem e aos sentidos da civilização nos trópicos.

Relatos de viagem são bons para pensar complexos de relações de deslocamentos e alteridades de sujeitos, de culturas, de sociedades. Relações por meio das quais perguntas fundamentais sobre matrizes civilizacionais podem ser feitas e também se redefinem as experiências sociais dos atores, inclusive a sua modelagem como indivíduos (Araújo, 2004). Como toda viagem é também uma viagem para dentro de si mesmo, por certo o tema da alteridade na viagem amazônica de Mário de Andrade também se relaciona com as transformações radicais por que passava a sua própria sociedade "paulista", como a chama, com o avanço do capitalismo industrial, urbanização acelerada e a rápida substituição e homogeneização de padrões de temporalidade, de sociabilidade, de práticas e de valores sociais, processo de que se fez crítico.

Como a história e o processo social, no entanto, também as viagens nem sempre precisam ser uma via de mão única. É possível qualificar a abertura de perspectivas que tem lugar entre raízes e rotas. Mais do que comprovar o que a tradição crítica foi assentando com o tempo sobre o modernismo, os relatos de viagem de Mário de Andrade podem, ainda, contribuir com o esforço de distanciamento para explorar os seus limites e potencialidades, bem como formas alternativas de entender as ideias do autor e as dinâmicas de mudança da própria sociedade da qual faz parte. Assim, mais do que no tema da "identidade nacional", ou da "autenticidade" da cultura brasileira, para dar dois exemplos emblemáticos e recursivos na fortuna crítica, temos muito ainda a aprender com o gesto, o movimento, o sentido que o animava – ambiguamente, como vimos no relato amazônico. Se Mário valorizou a cultura popular, ou buscou problematizar criticamente as fronteiras entre erudito e popular, o interesse da sua contribuição não se limita às manifestações que colheu ou colecionou, mas antes no reconhecimento que delas provocou e na dignidade que conferiu a seus portadores sociais. Reconhecimento e dignidade são elementos centrais da "utopia amazônica" de Mário de Andrade de uma civilização mais plural. São também desafios perenes para nossa sociedade.

Poesia e perigo: o 'Poema sujo' como interpretação do Brasil

Lucas van Hombeeck

Este texto é parte de uma experiência de leitura do *Poema sujo* ([1976] 1980), de Ferreira Gullar, orientada pelo problema da possibilidade de interpretação daquele texto – e da poesia de maneira geral – como interpretação do Brasil. A questão é ampla, e desafiadora, porque os termos da relação que se procura estabelecer ("poesia" e "interpretações do Brasil") são eles próprios objetos de múltiplas disputas cognitivas, intelectuais e políticas, que fazem parte de processos sociais de longa duração encerrados no presente. Assim, o percurso desta análise passa pelo enquadramento desses termos mais como campos problemáticos do que como objetos ontologicamente estáveis e substantivos, para promover um deslocamento. A situação dessa perspectiva se coloca desde a inserção institucional da pesquisa: é um trabalho desenvolvido num ambiente de reflexão sociológica que, por mobilizar textos como seu material primário, favorece a comunicação com outros universos disciplinares. Nesse caso, o dos estudos em literatura e teoria literária.

Ao analisar o poema como ato de discurso, o que interessa é saber o que a autoria do texto está fazendo, e com quais materiais, técnicas e dispositivos conta para isso. Assim, é possível percebê-lo como ação social, implicada numa trama de significações e sentidos históricos que integram o jogo em que se inscreve e que, em certa medida, reescreve. Ao apreciar de perto o movimento de repetição com diferença que o texto apresenta, ou que a leitura, a rigor, lhe atribui, é possível situá-lo em seu contexto ao mesmo tempo em que invocando seu potencial analítico para a interpelação do presente. Se o passado, em certa medida, não passa, os textos de outras temporalidades podem dizer alguma coisa na atualidade, para a atualidade. E, para ler estas mensagens, que registram mas também inventam um Brasil em disputa, cada escrita exige uma atenção à sua própria diferença, que integre uma leitura cerrada com dados mais amplos de uma cultura em movimento.

Nesta leitura do *Poema sujo*, o argumento central é que a oscilação entre identificação e dissolução do herói figurada no texto pela combinação, em sua forma, entre elementos poéticos épicos e líricos é evidência de um processo de *desencantamento do herói* por que passam a arte, a cultura e a sociedade brasileiras no seu contexto de publicação.[1] Numa realidade social em que não se pode falar em campo intelectual autônomo *stricto sensu*, conforme demonstra a sociologia dos intelectuais feita no Brasil (Bastos e Botelho, 2019), conclui-se geralmente que o que resta a um homem de letras como Ferreira Gullar é, na impossibilidade de tornar-se um herói-homem-de-letras nos moldes prescritos pela sociabilidade burguesa (Carlyle, 2013), entregar-se ao sacrifício (Fragelli, 2010, 2013; Botelho e Hoelz, 2016b). O caso analisado aqui, no entanto, é outro: recusando o sacrifício, o autor de *Poema sujo* insiste na forma do herói num contexto que não o permite fazê-lo.

O resultado é a tensão que se estabelece no texto entre sua identificação e dissolução e cuja proposta interpretativa feita aqui recai sobre o conceito de desencantamento, como formulado por Max Weber (1982, 2004, 2018) e retrabalhado por Cohn (1995, 1979) e Pierucci (2003). A incorporação do povo pelo herói, essa síntese a um tempo necessária e impossível que não chega a se completar nesse épico moderno, lírico demais para desempenhar a função, é o principal *locus* da crítica contida no texto da ideia de povo brasileiro. Por meio da relação metonímica estabelecida pela ideia de épico entre herói e povo, materializada, em especial, pela figuração do corpo – uma incorporação, afinal – é que se pode fazer o movimento interpretativo proposto na leitura cerrada dos versos.

O que se procura com isso é produzir o anacronismo que permita estabelecer um campo de comunicação entre o passado do poema e o presente da sociedade brasileira a fim de olhar os lampejos que esse encontro é capaz de produzir. Nesse sentido é que se propõe uma leitura vaga-lume, na esteira do movimento de Didi-Huberman (2014), que recusa tanto a postura heroica da fortuna crítica em geral quanto a associada às "epifanias negativas" em algumas leituras do contemporâneo (Sussekind, 2019). É assim que, na irritação entre a sociologia, a literatura e o pensamento social brasileiro, procuro trazer a contribuição do poema e das reflexões que provoca para o

....
1. Para a demonstração e maior desenvolvimento do argumento, em grande parte um pressuposto do percurso apresentado neste texto, ver a dissertação de mestrado *Poema sujo, intérprete do Brasil* (PPGSA-IFCS/UFRJ, 2020), em especial seu terceiro capítulo.

contemporâneo a fim de pensar qual é o papel do desencantamento para a tarefa da crítica num momento de perigo.

Qual pode, afinal, ser o novo que o desencantamento produz?

I

Entre os dias 31 de janeiro e 1º de fevereiro de 1941, Pier Paolo Pasolini escreve uma carta. Ela se endereça a um amigo de adolescência, Franco Farolfi, a quem o poeta e cineasta conta sobre uma noite em que, depois de um jantar e uma caminhada no escuro, viu uma quantidade imensa de vaga--lumes. Pasolini chega a sentir inveja dos insetos "porque eles se amavam, porque se procuravam em seus voos amorosos e suas luzes, enquanto nós estávamos secos e éramos apenas machos numa vagabundagem artificial" (Pasolini *apud* Didi-Huberman, 2014, p. 19). A imagem é suficiente para provocar a reflexão seguinte na carta sobre o amor e a amizade entre jovens amigos que, dentro da longa noite do fascismo e da guerra, vivem um momento de alegria e desejo. Escapando da luz dos refletores, do latido dos cães e da culpa, se abrigam numa clareira. Onde, na manhã seguinte, depois de beber os últimos goles de vinho de suas garrafas, verão os "primeiros clarões do dia (que são uma coisa indizivelmente bela)" e Pasolini dançará despido e iluminado "em honra da luz" (p. 22).

Trinta e quatro anos depois, em 1º de fevereiro de 1975, mesmo ano em que foi escrito o *Poema sujo*, o cineasta publica um artigo no *Corriere della Sera*. Intitulado "O vazio do poder na Itália", o texto se torna conhecido pelo nome que ganha ao ser retomado nos *Escritos corsários* (*Scritti corsari*), "O artigo dos vaga-lumes" (*L'articolo delle lucciole*). O conteúdo é bastante diferente da carta de 1941. Segundo Huberman, "trata-se sobretudo, se posso dizer, do *artigo da morte* dos vaga-lumes. Trata-se de um lamento fúnebre sobre o momento em que, na Itália, os vaga-lumes desapareceram, esses sinais humanos da inocência aniquilados pela noite – ou pela luz 'feroz' dos projetores" (p. 25-26, grifo no original). A tese do artigo é a de que a crença na derrota do fascismo das décadas de 1930 e 1940 é errônea, uma vez que o desenvolvimento subsequente do capitalismo e das formas do poder na Itália produziram uma dominação muito mais violenta e perversa do que a experimentada décadas antes. O fenômeno resulta no diagnóstico de um "genocídio cultural", levado a cabo pelo "verdadeiro fascismo" que tem por alvo "os valores, as almas, as linguagens, os gestos, os corpos do povo" (Pasolini *apud* Didi-Huberman, 2014, p. 29).

O genocídio de que fala Pasolini é, assim, a assimilação total do modo de vida e cultura burgueses, a eliminação da luz fraca e inconstante dos vaga-lumes pela força dos projetores dos comícios, estádios, televisões, do comportamento imposto pelo poder do consumo que elimina a singularidade e a diferença. Essa assimilação é que é a vitória do desenvolvimento do capitalismo e da modernidade sobre "os valores, as almas, as linguagens, os gestos, os corpos do povo" (ibid.). A morte dos vaga-lumes causada desde a década de 1960 pela "poluição da atmosfera e, sobretudo, no campo, por causa da poluição da água" (p. 27) é, portanto, também uma morte do povo ou pelo menos de uma ideia de povo nutrida décadas antes pelo cineasta. Um povo que, longe dos centros urbanos, vivia de maneira alheia ao Estado fascista preservando memórias, práticas e costumes singulares, lendo Dante e resistindo cotidianamente ao arbítrio e à mudança.

Entre um e outro texto – a carta de 1941 e o artigo de 1975 –, Georges Didi-Huberman refletirá sobre o vaga-lume enquanto metáfora da sobrevivência como modo de existência e apresentação de conteúdos contra-hegemônicos da cultura. Para o filósofo, o que acontece com Pasolini não é tanto a experiência do aniquilamento de fato dessas diferenças que compunham "a energia revolucionária própria dos miseráveis, dos *excluídos* do jogo político corrente" (p. 34, grifo no original), mas sim de "algo central no desejo de ver – no desejo em geral, logo na esperança política – de Pasolini" (Didi-Huberman, 2014, p. 59). Dessa forma, Huberman considera que o cineasta, em seu violento processo de desilusão e desespero com a sociedade italiana, apresentou um momento de *desaparecimento das sobrevivências* como a morte das sobrevivências. Algo que equivaleria, nas palavras do filósofo, a trocar a frase "*o desejo não é mais como era antes*" por "*não há mais desejo*" (p. 64, grifos no original).

Como já se vê, é fundamental para o conceito de sobrevivência – conforme elaborado por Didi-Huberman (2014, p. 91-113) a partir da metáfora de Pasolini – uma reflexão sobre a ideia de povo, à qual o filósofo dedicará toda uma seção de *Sobrevivência dos vaga-lumes*. Nela, faz uma crítica à apropriação por Giorgio Agamben em "Le règne et la gloire", texto do projeto *Homo sacer*, da definição negativa de povo de Carl Schmitt, baseada na forma da reunião e aclamação como potência política. Segundo Huberman, o que Agamben faz é deslocar, na passagem do horizonte do totalitarismo nazista ao horizonte da democracia ocidental, a ideia de aclamação para a de opinião pública. Com isso, na esteira da *Sociedade do espetáculo* de Guy Debord, Agamben produziria "uma espécie de equivalência desencantada entre democracia e ditadura no plano da antropologia da 'glória'" (p. 102). Isso só seria possível, no entanto, porque, para Huberman, no pensamento de Agamben "*imagens* e *povos* foram reduzidos, as primeiras a puros processos de assujeitamento, os outros a puros corpos subjugados" (ibid., grifos no original).

Em resumo, a leitura crítica conclui que "[a]o deixar falar em seu lugar Carl Schmitt, de um lado, e Guy Debord, de outro, Agamben não vê nenhuma alternativa à assustadora 'glória' do espetáculo" (p. 102-103). E que finalmente, sobre a qualificação da ideia de povo pressuposta em todo o raciocínio – e semelhante à de Pasolini em 1975 – Agamben "sobretudo, vê no povo apenas o que dizem Carl Schmitt e Guy Debord: ou seja, algo que só se pode definir privativamente, *negativamente*" (p. 103).

A crítica de Huberman é de método. Consiste em defender, alternativamente à ideia negativa exposta e de posse do conceito de sobrevivência, que uma arqueologia filosófica como a que Agamben pretende fazer "é obrigada a descrever os tempos e contratempos, os golpes e os contragolpes". E que, portanto, "falta fundamentalmente a um texto como 'Le règne et la gloire' a descrição de tudo que falta ao reino (quero dizer a 'tradição dos oprimidos' e a arqueologia dos contrapoderes), como à glória (quero dizer a tradição das obscuras resistências e a arqueologia dos 'vaga-lumes')" (p. 110).

O que parece acontecer com Pasolini, cuja apresentação da morte dos vaga-lumes está associada à posição negativa de Agamben no estudo de Huberman, é uma passagem brusca da "mitificação" à desilusão e ao desespero entre 1941 e 1975. Um desencantamento do povo, poderíamos dizer? Talvez no sentido corrente do termo. Sociologicamente, não. Porque esses dois sentidos da palavra divergem. E o *Poema sujo* é um exemplo do segundo, não do primeiro.

É principalmente por conta da ideia de povo brasileiro metonimicamente construída ali por meio da figuração do herói, conforme gostaria de argumentar, que aquele texto pode ser lido como interpretação do Brasil. E o povo desencantado ali presente não se assemelha em nada à negatividade do Pasolini de 1975, embora também não corresponda ao "mito" em vigor em 1941. Uma das tarefas deste ensaio, portanto, é a de explicitar como é possível fazer uma leitura vaga-lume desse desencantamento. Uma leitura que o perceba como oportunidade de produção do novo em diálogo com a ideia do poema como interpretação do Brasil.

II

Um elemento fundamental da articulação entre cultura e política, no livro de Huberman, é a ideia adaptada dos estudos da bioluminescência em etologia de que "não há comunidade viva sem uma fenomenologia da *apresentação* em que cada indivíduo afronta – atrai ou repele, deseja ou devora, olha ou evita – o outro" (p. 57-58, grifo no original). O que essa conclusão implica, politicamente, é que cada modo de apresentação produzirá um efeito sobre uma comunidade de que é parte. E que essa política das imagens tem portanto no *modo de imaginar* uma condição fundamental para o *modo de fazer política* (p. 60-61).

Como formula o autor em diálogo com outras referências da filosofia política ocidental, "[a] imaginação é política, eis o que precisa ser levado em consideração. Reciprocamente, a política, em um momento ou outro, se acompanha da faculdade de imaginar, assim como Hannah Arendt o mostrou, por sua vez, a partir de premissas bem gerais extraídas da filosofia de Kant" (p. 61). E, encaminhando-se para o diálogo com um autor contemporâneo importante para a articulação entre estética e política, "não nos espantemos de que a extensa reflexão política empreendida por Jacques Rancière devesse, a certo momento crucial de seu desenvolvimento, se concentrar em questões de imagem, de imaginação e de 'partilha do sensível'" (ibid.).

Uma política das imagens na figuração do povo, em especial no que toca às sobrevivências memorialísticas de determinada fenomenologia da apresentação desse povo, pode ser uma ferramenta analítica valiosa para a leitura vaga-lume aqui proposta. No *Poema sujo*, essa figuração não é utópica nem distópica; como imagem desencantada, é crítica e sobrevivência. É pela importância que dá à relação entre imaginação e política que, ao comentar a morte dos vaga-lumes apresentada por Pasolini em 1975, a ênfase da análise de Huberman recai não sobre a justeza da representação feita pelo cineasta da situação de fato, mas sobre o sentido do movimento de apresentação negativa a que ele se presta, abrindo mão do desejo de ver e, portanto, de fazer política.

Assim, a questão que aqui nos interessa é: se o desencantamento de Gullar não implica na morte ou mesmo no desaparecimento dos vaga-lumes, uma vez que a imagem de povo em jogo no poema não se faz pela aniquilação do herói, mas por sua dissolução, faz sentido falar em sobrevivência no *Poema sujo*? Caso afirmativo, quais são esses lampejos e onde eles podem ser lidos no poema?

Uma resposta está no acerto da leitura que Alcides Villaça (2008) faz do poema acerca da permanência de uma convulsão no interior das coisas que o compõem, um conteúdo inconcesso dos objetos que conspiram, numa formulação semelhante à das *manifestações* populares enquanto contratema positivo das aclamações para Huberman (2014, p. 110). Essa convulsão está sobretudo na lírica material, "naturalizada", por meio da qual os objetos são caracterizados em seus acidentes, sua matéria inessencial que inevitavelmente conduz ao apodrecimento e à morte. Nesse caso, o desencantamento está no abandono de uma essência transcendente enquanto "ser" do objeto ao passo que a sobrevivência está na existência da singularidade *apesar* da morte, da iminência do fim. Porque o que sobrevive o faz *apesar* do todo (p. 45), uma vez que, para Huberman, "*a experiência é indestrutível*, mesmo que se encontre reduzida às sobrevivências e às clandestinidades de simples lampejos na noite" (p. 148).

Se na modernidade, como parte dos processos de desencantamento e de racionalização, a experiência "caiu de cotação" (p. 126), "esse movimento (...) ao mesmo tempo, tornou sensível uma nova beleza naquilo que desaparecia" (Benjamin *apud* Didi-Huberman, 2014, p. 126). É exatamente essa beleza a que o *Poema sujo* agencia em seu uso da memória e no traço já enunciado de afirmação da finitude como critério de realidade das matérias que o compõem. A imagem mostra a sua vida justamente na capacidade de sobreviver, de reaparecer vinda de um passado para, chocando-se com o presente, produzir uma imaginação de futuro. A sujeira do poema, portanto, pode ser pensada como figuração da "*temporalidade impura* da vida histórica" (Didi-Huberman, 2014, p. 128, grifo no original). Diante dela, segundo Walter Benjamin, é necessário "organizar o pessimismo", descobrindo no presente um "espaço de imagens" como um espaço de agência política no vazio da vida cotidiana, das decisões imediatas, da reificação (ibid.).

Nesse sentido, não é muito diferente a ideia de imagem aqui em jogo da ideia de interpretação do Brasil enquanto recurso cognitivo e narrativo da experiência social, espécie de repertório interpretativo frequentemente acionado por disputas de poder na sociedade. Pode-se afirmar que essas interpretações são também imagens do Brasil – no que representam do social e apresentam a ele, no que são dotadas também de uma função criativa (ou *poética*). Se "imaginação é política" (p. 61) e cabe à área que se dedica ao estudo do pensamento social brasileiro trabalhar no cruzamento entre a Sociologia do Conhecimento – que investiga o fundamento social das ideias – e o paradigma da reflexividade – segundo o qual essas ideias operam como uma semântica histórica que participa da configuração de processos sociais – então é legítimo analisar uma figuração poética do povo brasileiro como interpretação do Brasil. Em especial seguindo uma leitura crítica que o decodifica, extraindo – e portanto também doando – a ele esse significado.

Entende-se, portanto, com Botelho (2019a, p. 28) que

> como os processos de significação na sociedade envolvem sempre um fundamento *narrativo* da ordem social, as interpretações do Brasil são acima de tudo forças sociais reflexivas que conferem sentidos às ações, relações e processos sociais. Isto é, constituem espécies de códigos simbólicos potentes que ultrapassam o mero registro factual sobre a formação histórica e/ou social do país e tornam-se parte das relações sociais que visam interpretar, modelando tanto a compreensão dos especialistas quanto o autorreconhecimento social em geral. Em suma, como provoca Silviano Santiago (2000), as interpretações do Brasil 'sempre serviram a nós de farol (e não de *espelho*, como quer uma teoria mimética apegada à relação estreita entre realidade e discurso)'.

Assim, ao produzir uma imagem não-heroica do povo brasileiro, Gullar disputa um imaginário da maior importância para os embates discursivos de seu contexto político. Qual será o povo das experiências sociais latino-americanas no contexto da Guerra Fria e das ditaduras civis-militares que o autor experimenta e como ele o representará? Será o povo negativo, da reunião e aclamação descritas e *apresentadas* na teoria de Carl Schmitt, ou o povo positivo das manifestações, do contratempo das luzes dos refletores do poder? Se o *Poema sujo* não é utopia nem distopia, e sim desencantamento, afinal o que isso significa no plano de sua poética?

Não por acaso, o termo "sobrevivência" é importante para a análise que gostaria de propor, em algumas situações distintas. Numa leitura da invocação do poema, em seus versos de abertura, o traço formal a ser observado é o "metro fantasma" como enunciado por Caetano Galindo em sua análise da poética de T.S. Eliot (*Folha de São Paulo*, 2019).² Essa sobrevivência é a da musicalidade que flerta com a métrica regular da redondilha, metro mais popular e oral da língua portuguesa falada no Brasil, sem concretizá-la. Na invocação, o verso é livre, quebrado em geral em unidades de duas ou três sílabas. O desencantamento está na perda da unidade garantida pela métrica regular típica do épico clássico e na virada da invocação para a própria linguagem no lugar das musas, desmagificando-se. O que fica é uma musicalidade formada pela quebra da redondilha que parece querer dizer que o épico brasileiro, se houver, se fará pela síncope e pela prosódia, pela desagregação da forma fixa.

O outro uso possível do conceito está associado à passagem já retomada em que se percebe um movimento de eleição da condição de finitude das coisas enquanto seu critério de realidade, ainda que ressalvando certa ambiguidade a respeito do estatuto de sobrevivência que a própria poesia representa. O exemplo a ser citado são os versos "e diziam coisas tão reais como a toalha bordada / ou a tosse da tia no quarto / e o clarão do sol morrendo na platibanda em frente à nossa / janela / tão reais que / se apagaram para sempre / Ou não?" (Gullar, 1980, p. 300). A dúvida é curiosamente posicionada diante de um apagar das luzes, de que as coisas reais talvez escapem pela própria condição da memória aqui poetificada, o que mesmo assim não é claro. O que permanece de fato é a dúvida, parecendo reafirmar a importância da postura crítica diante do apagar das luzes como uma condição de visualização dos vaga-lumes, condição de produção da diferença.

Num terceiro momento, vale lembrar da seção em que se desencanta o herói e o épico de *I-Juca-Pirama*, de Gonçalves Dias. Nesse trecho, os Timbiras simbolizam um povo de que "nada resta, senão coisas contadas em livros / e alguns poemas em que se tenta / evocar a sombra dos guerreiros" (Gullar, 1980, p. 346). A palavra aqui é lugar da sobrevivência de experiências aniquiladas pelo processo de modernização, assim como de uma concepção de herói e épico romântica tão "extinta" quanto a sua matéria, os Timbiras. Essa extinção, no entanto, não é absoluta e deve ser lida menos como um fim do que uma mudança de estatuto: é um desencantamento. Em primeiro lugar porque a palavra abriga essas experiências como sobrevivências e, em segundo, porque de qualquer forma o *I-Juca Pirama* continua presente, não só como citação, mas como elemento que determinará a forma de toda a quarta seção do poema.

....
2. "Nova antologia, 'Poemas' resgata música da linguagem de T. S. Eliot". *Folha de São Paulo*, 4 jan. 2019. Disponível em: https://bit.ly/3f5SQue

III

Num contexto em que o povo brasileiro é reduzido no discurso oficial à negatividade e aclamação e o espectro de Carl Schmitt se faz presente por meio de figuras como Francisco Campos e Miguel Reale, o *Poema sujo* é um épico – poema nacional, expressão do povo na figura do herói – desencantado, em que sobrevive a memória de uma experiência popular insubmissa porque alheia ao arbítrio estatal, acomodada no arbítrio da própria sociedade. Hoje, momento da república em que um secretário especial da cultura se autoriza a parafrasear Joseph Goebbels para dizer que "a arte brasileira da próxima década será heroica e será nacional. Será dotada de grande capacidade de envolvimento emocional e será igualmente imperativa, posto que profundamente vinculada às aspirações urgentes de nosso povo, ou então não será nada",[3] fica a dúvida de como seria lida uma epopeia como a de Gullar pelos avaliadores do Prêmio Nacional das Artes.[4]

A disputa imaginária faz lembrar o debate sobre *Dom Casmurro*, de Machado de Assis, a respeito do qual rios de tinta foram gastos em argumentos sobre a traição ou não de Capitu quando a questão de fundo não era essa, mas sim a da perspectiva do ato de escritura (Santiago, 2019). Sobre a contenda em relação ao sentido político do herói e do povo no *Poema sujo*, talvez seja mais correto dizer que não há herói, que ele se dissolveu porque também não há mais povo – embora a positividade do povo, sua *manifestação*, seja indestrutível e sobreviva na poesia (ou numa leitura possível dessa poesia, para ser mais preciso). O povo do poema, portanto, é esse. E desencantá-lo no contexto de sua derrota é uma tarefa crítica fundamental para a "organização do pessimismo", conforme enunciada por Walter Benjamin (1987).

A expressão "organizar o pessimismo" faz parte de uma proposição de Benjamin emprestada da obra *La révolution et les intellectuels* (1926), de Pierre Naville – redator da revista francesa *La Révolution Surréaliste*, parte do círculo surrealista e membro dissidente do partido comunista francês (Löwy, 2002). Essa tarefa tem, para Michel Löwy (2002), relação estreita com uma filosofia da história segundo a qual a ação política revolucionária é interrupção do curso da evolução do capitalismo e da modernidade em seu

....
3. Disponível em: http://glo.bo/3SCoRIT
4. Cuja forma privilegiada pela categoria literária são os contos, estranhamente, e não um gênero mais tradicionalmente associado à identidade nacional como o romance ou a epopeia.

sentido de produção de catástrofes: diante do perigo catastrófico, portanto, é que o autor convocará as forças que ele percebe na estética surrealista[5] para a tarefa política. O pessimismo em questão é ativo, prático, "inteiramente dedicado ao objetivo de impedir, por todos os meios possíveis, a chegada do *pior*" (ibid.). E se opõe, em "O surrealismo: o último instantâneo da inteligência europeia" (Benjamin, 1987), à "péssima poesia de primavera, saturada de metáforas" (p. 33) do otimismo (porque não dizer heroico) contido no "tesouro de imagens" (ibid.) dos programas dos partidos burgueses e social-democratas de seu tempo.

Nesse sentido, é impossível não citar o famoso trecho que sintetiza a postura que Benjamin propõe, numa estranha premonição dos estragos que a força aérea alemã infligiria às cidades e civis europeus durante a Segunda Guerra Mundial. Isso para não lembrar o fato de que "a I. G. Farben, passados apenas 12 anos, se destacaria pela fabricação do gás Ziklon B utilizado para 'racionalizar' o genocídio, e que suas fábricas empregariam, na casa das centenas de milhares, a mão-de-obra de prisioneiros de campos de concentração" (Löwy, 2002):

> Pessimismo integral. Sem exceção. Desconfiança acerca do destino da literatura, desconfiança acerca do destino da liberdade, desconfiança acerca do destino do homem europeu, e sobretudo desconfiança, desconfiança e desconfiança com relação a qualquer forma de entendimento mútuo: entre as classes, entre os povos, entre os indivíduos. E confiança ilimitada apenas na I. G. Farben e no aperfeiçoamento pacífico da Força Aérea. (p. 34)

Na leitura de Didi-Huberman (2014, p. 160), a organização do pessimismo está em potência no uso das imagens dos vaga-lumes, "imagens para protestar contra a glória do reino e seus feixes de luz crua", imagens que, uma vez produzidas, podem ser vistas, revistas e circuladas, produzindo por

....
5. Vale aqui a menção à série de afinidades existentes entre a poética de Gullar e o surrealismo, infelizmente pouco abordadas pela fortuna, e que também não poderão ser objeto desse texto por uma limitação de escopo, espaço e tempo. Por ora, basta apontar para o fato de que uma das características formais fundamentais para a leitura que se fez do *Poema sujo* é a técnica da transfusão de imagens conforme enunciada por Antonio Candido (1993) em relação à poesia de Rimbaud. Poeta que, apesar de anterior ao surrealismo, era considerado pelo movimento como um de seus precursores e que chega a ser citado no ensaio de Benjamin (1987, p. 22), no qual certas descrições a respeito de realizações surrealistas são surpreendentemente semelhantes a princípios de composição do *Poema sujo*, em especial no que toca ao uso da materialidade nas imagens (p. 25).

sua vez outras imagens, imagens-vaga-lumes. E que servirão justamente para dar a ver, ou performar, a forma positiva do povo: o protesto.

IV

A tarefa de pensamento proposta e realizada pelo *Poema sujo*, na leitura que proponho, é, em primeiro lugar, a de romper com a pureza tanto do otimismo revolucionário quanto do negativismo distópico-apocalíptico para *querer* ver o povo em sua positividade, *ainda que isso não pareça possível*. Justamente talvez porque ele não possa ser visto, porque essa positividade não exista sem um gesto criativo que a dê a ver, é que o herói se dissolve sem nunca se formar. As condições dessa formação não existem, mas, paradoxalmente, talvez seja necessário insistir nela como forma de lançar mão de um recurso de desejo que pode, por fim, criar uma imagem capaz de impulsionar a imaginação política. Um gesto poético, portanto, que produz uma faísca, um vaga-lume na longa noite dos períodos de regressão democrática da América Latina.

Assim, o que o *Poema sujo* parece querer nos dizer hoje, anacronicamente, é que uma crítica da ideia de povo pode ser o grau zero de uma nova construção dessa mesma ideia que dê vazão à sua manifestação positiva, legitimamente democrática. Isso desde que a crítica seja de fato um desencantamento: empreendida sem deixar de perceber os vaga-lumes sempre presentes para os que quiserem vê-los. Em tempos de franca estetização da política institucional brasileira,[6] fenômeno que o mesmo Walter Benjamin sugere combater pela "politização da estética",[7] talvez o desencantamento do povo seja o que esse poema propõe enquanto interpretação do Brasil como função da arte na tarefa de emancipação desse povo de sua redução à negatividade aclamatória.

Assim, à tendência contemporânea das "epifanias negativas" em poesia enunciada por Flora Sussekind (2019), o *Poema sujo* se opõe como uma "iluminação profana", outro termo usado por Benjamin (1987, p. 23) para se referir ao surrealismo, em formulação semelhante à que ganha a luz dos vaga-lumes de Huberman. Para Sussekind, existe atualmente a produção de poemas que justificam o título de seu artigo no periódico literário *Suplemento*

....
6. Conforme sistematicamente elencado pela curadora e pesquisadora em artes visuais Pollyana Quintella e disponível em: https://bit.ly/3dIw7o0
7. Em "A obra de arte na era de sua reprodutibilidade técnica" (1987a).

Pernambuco, "2019, ano regido sob o signo do 'menos'"[8], no sentido da formalização poética de um contato negativo com o real. Esse contato, interpretado pela crítica em perspectiva com o pano de fundo do Brasil pós-impeachment, é também fruto de raízes literárias que já se leem desde o modernismo em Clarice Lispector e Guimarães Rosa. A essas "epifanias negativas", exemplificadas com poemas de Angélica Freitas e Augusto de Campos, respectivamente críticos da violência policial e da colonização da vida pela forma-mercadoria, opõe-se, no entanto, o que Sussekind chama de "contrailuminações". Trata-se, na leitura da crítica, do que faz Carlito Azevedo, em cujo poema *A maldição de Adão* uma troca de olhares é "o anúncio – emprestado (cinematograficamente) do passado – de revolta potencial" (Sussekind, 2019).

A iluminação profana, por sua vez, categoria que pode ser abrigada ao lado das contrailuminações ou dos vaga-lumes, é "a superação autêntica e criadora da iluminação religiosa" (Benjamin, 1987, p. 23) que os surrealistas por vezes alcançam na esteira da "revolta amarga e apaixonada contra o catolicismo em cujo bojo Rimbaud, Lautréamont e Apollinaire engendraram o surrealismo" (ibid.). Ou seja, é uma iluminação que é fruto do desencantamento da iluminação religiosa. E que produz, segundo Benjamin, uma relação com as pessoas e as coisas próximas na dialética da embriaguez, contribuição fundamental do surrealismo à energia revolucionária do povo. Assim, se essa iluminação não é por si só a organização do pessimismo ou a ação revolucionária, ela pode produzir uma experiência revolucionária a partir da substituição de um "olhar histórico sobre o passado por um olhar político" (p. 26). A semelhança com as imagens-vaga-lume não é casual, e a leitura que procuro fazer do *Poema sujo* certamente pertence muito mais a esse domínio conceitual que ao de epifania negativa, a que se opõe como alternativa.

Para concluir o ponto, parece possível falar aqui em um "Passado futuro do poema como interpretação do Brasil", parafraseando Botelho (2019a). Porque, como se buscou demonstrar, é possível ler o *Poema sujo* a partir de problemas sociológicos colocados atualmente operando com o texto de maneira sincrônica e diacrônica a fim de percebê-lo naquilo que nos interpela. Assim, é possível surpreender as questões de maneira processual, entendendo o que há no passado que ainda não passou. Foi nesse sentido que, recentemente, a poeta Marília Garcia, numa postagem intitulada "Atrasos",[9]

....
8. Disponível em: https://bit.ly/3rfxiym
9. Disponível em: https://bit.ly/3Cggxcu

resgatou um pequeno lampejo do texto da *Antígona*, de Sófocles, na versão de Bertolt Brecht. Nele, "em determinado ponto da peça, (...) Antígona diz para a irmã: 'O passado abandonado / jamais se torna passado'". Concluindo, ainda com Botelho (2019a, p. 218-219),

> As interpretações do Brasil existem e são relidas no presente, não como supostas sobrevivências do passado, mas orientando as escolhas de pessoas e imprimindo sentido às suas experiências coletivas. Elas constituem um espaço social de comunicação entre diferentes momentos da sociedade, entre seu *passado* e *futuro*, e é por isso que sua pesquisa pode nos dar uma visão mais integrada e consistente da dimensão de processo que o nosso próprio presente ainda oculta. E porque representam um 'repertório interpretativo' a que podemos recorrer manifesta ou tacitamente para buscar motivação, perspectiva e argumentos em nossas contendas, bem como na mobilização de identidades coletivas e de culturas políticas, é preciso, então, começar por reconhecer que nem o 'ensaísmo', nem as 'interpretações do Brasil' neles esboçadas constituem realidades ontológicas estáveis. São antes objetos de disputas cognitivas e políticas e, nesse sentido, recursos abertos e contingentes, ainda que não aleatórios, no presente.

É na mobilização dessa realidade ontológica instável do poema que este texto procurou atuar, produzindo, a partir dele, uma leitura que interpele o presente naquilo que ele tem de passado. Leitura que não é aleatória, e daí necessidade da preocupação com a análise cerrada do texto e de sua fortuna, mas que exige um gesto anacrônico para além do juízo puramente estético ou histórico (historicista, na verdade) do texto. Nesse gesto, é possível perceber, na esteira da citação, como um poema é um recurso aberto e contingente de significação do presente disputado cognitiva e politicamente. E que por isso pode ser lido como uma interpretação do Brasil, o que é mais importante do que afirmar ou não seu estatuto ontológico. Daí que a ideia de interpretação do Brasil em jogo é mais um modo de leitura, um campo problemático que se busca irritar com o poema, e menos uma definição estável delimitada por tema ou forma.

V

Não é necessário dizer que o desencantamento de que parto não é privilégio de Ferreira Gullar. Tem antes a ver com um movimento da cultura brasileira cujo nexo foi o CPC e que fez com que diversos intelectuais engajados com a mudança social pela cultura na década de 1960 se reposicionassem de modo cínico décadas mais tarde. A alternativa a essa posição – que levou muitos do desencantamento ao desgosto – pode ser ilustrada por uma pensadora como Heloisa Buarque de Hollanda, que trilhou o mesmo caminho de forma diferente. Porque, conforme observou Botelho (2019c, p. 218), a sua "crítica/autocrítica sobre a visão romântica e tutelar que a juventude do CPC (e ela própria) demonstrou em relação ao seu 'outro' não a levou a uma atitude cética ou cínica diante dos compromissos dos intelectuais públicos. (...) Seu fracasso foi produtivo".

Se a leitura do *Poema sujo* com que trabalho aqui não é nem heroica – como a faz a maior parte de sua fortuna – nem uma epifania negativa – como talvez a fizesse parte da crítica contemporânea –, talvez o exemplo de Hollanda nos ajude a posicioná-la. Porque o que se busca é justamente estudar um conteúdo cultural que formaliza o fracasso de uma ideia de povo em seu aspecto contemporâneo, estabelecendo a comunicação anacrônica apta a facilitar os lampejos de que precisamos. Porque o novo não existe fora da história. E porque, como gritou certa vez um poeta num palco mal iluminado, "*he not busy being born / Is busy dying // (...) But it's alright, Ma, it's life, and life only*".

BILDUNG E DEPOIS

'Pequena história da literatura brasileira' como provocação ao modernismo[1]

André Botelho

Pela sua importância na vida cultural brasileira, o modernismo dos anos de 1920 vem sendo estudado sob diferentes ângulos e em diferentes aspectos há décadas. Ao lado da produção artística a ele identificada, tem se privilegiado também os textos programáticos, especialmente os manifestos (Schwartz, 1995) e as críticas literárias praticadas por seus artífices e concorrentes (Lafetá, 2000). Esses gêneros são, em grande medida, responsáveis pela inteligibilidade sociológica do modernismo como movimento cultural de vanguarda. Neste estudo, retomo a *Pequena história da literatura brasileira* do poeta, ensaísta e diplomata carioca Ronald de Carvalho (1893-1935): livro de feição aparentemente pouco modernista, mas que, justamente por isso, pode mostrar-se instigante para pensar o modernismo em suas complexas relações com a tradição intelectual brasileira. Investigando a identidade cognitiva desse livro em relação ao modernismo, pretendo dar continuidade à discussão sociológica sobre movimentos culturais e interpretações do Brasil (Botelho, 2005; 2009).

Publicado em 1919 por F. Briguiet e premiado no mesmo ano pela Academia Brasileira de Letras, *Pequena história da literatura brasileira* tem sido pouco consultado pelos analistas do modernismo (Botelho, 2005; Abreu, 2007). Ao lado da forte identificação da crítica à perspectiva vencedora na construção social da identidade do modernismo brasileiro – definida a partir dos valores do movimento paulista (com o qual Ronald de Carvalho e outros modernistas estabelecidos na então capital federal concorriam nos anos de 1920 e 1930) (Gomes, 1999; Botelho, 2005) –, outras dificuldades específicas ajudam a explicar esse fato. A principal delas talvez esteja na própria particularidade do gênero no qual o livro se inscreve. Afinal, a "tradição" é a matéria que cabe a uma história da

....
1. Publicado originalmente em *Tempo Social*, São Paulo, v. 23, n. 2, p. 135-161, 2011.

literatura ordenar. Escrever história da literatura implica uma maneira de perceber e de ordenar o tempo que está marcada pela busca e recuperação do passado, de modo a reordená-lo simbolicamente em face do presente não apenas segundo um sentido de ruptura, mas, sobretudo, de continuidade. É isso que permite ao historiador estabelecer, de modo mais ou menos arbitrário (conforme as convenções da época), uma cadeia evolutiva relativamente coesa para realizações literárias diversas. Assim, obras produzidas em contextos muito diferentes e sem relações internas necessárias entre si são qualificadas como "nacionais", enquanto várias outras são excluídas desse cânone (Mallard, 1994; Moreira, 2003; Sussekind e Dias, 2004).

Aos olhos de alguns dos seus contemporâneos, Ronald de Carvalho aparece, sobretudo, como um "rotinizador" de ideias. Para Sérgio Buarque de Holanda e Prudente de Moraes Neto, por exemplo, ele seria o "filho família da nossa crítica tradicional", não havendo em suas "opiniões" sobre "nossa nacionalidade, sobre nossas letras, sobre nossas artes", "quase nada que já não se tenha dito" (Holanda e Moraes Neto, 1974, p. 216). Mário de Andrade (2000, p. 135-136), por sua vez, embora o tivesse como a "inteligência mais harmoniosa que conheço", considerava necessário Ronald fazer "qualquer coisa de mais duradouro que vulgarizações literárias", pois, assim, não cumpria o "destino que Deus lhe deu espalhando-se e enfraquecendo-se com essas utilidades de ginásio e curso secundário".

Se tais impressões procedem, é preciso lembrar, porém, um aspecto geralmente negligenciado pela crítica: os chamados "lugares comuns" – como índice de conformidade às possibilidades receptivas do leitor – constituem frequentemente recursos retóricos fundamentais para os intelectuais que, acomodando seus argumentos às opiniões e aos valores médios, buscam dotar suas ideias de um caráter intrinsecamente persuasivo (Skinner, 1999, p. 159-175). E contraposta às histórias da literatura que a precederam (a de Sílvio Romero e a de José Veríssimo), a *Pequena história da literatura brasileira* pareceu a outros contemporâneos muito bem pensada e escrita. Sugerindo que a "língua portuguesa, em suas mãos [de Ronald de Carvalho], é como argila em dedos de escultor", Alceu Amoroso Lima (1948, p. 38 e 139), o principal crítico do modernismo, soube divisar muito bem o que estava em jogo naquela fluência da narrativa: munido de "um tão perfeito instrumento de expressão [Ronald] pôde dar mais relevo às ideias e mais propriedades às apreciações".

Mais do que uma idiossincrasia do autor – embora, num determinado plano, correspondesse ao seu estilo –, a narrativa fluente respondia antes aos objetivos a que ele se propunha naquele contexto intelectual. Como afirmou Ronald de Carvalho (1922, p. 254), seu trabalho estava "destinado a vulgarizar, nos seus delineamentos, a fisionomia da nossa literatura". De fato, o livro foi utilizado como manual para o ensino de literatura brasileira nas escolas durante pelo menos quatro décadas (Martins, 1983, p. 465), uso didático que o tornou um dos primeiros e grandes sucessos editoriais da livraria F. Briguiet (Hallewell, 2005, p. 268). Assim, bovarismo à parte, a autorrepresentação de Ronald de Carvalho ganha sentido sociológico quando consideramos que iniciativas desse tipo vinham então ganhando cada vez mais espaço no contexto do incipiente mercado editorial brasileiro como parte de uma série de mudanças em curso (Lajolo e Zilberman, 2009). E textos submetidos a usos didáticos – as tais "utilidades de ginásio e curso secundário" de que reclamava Mário de Andrade – constituem meios de socialização por excelência, atuando na transmissão de representações sobre o Brasil, por meio das quais nos formamos moral, intelectual, política e esteticamente (Botelho, 2002). Antonio Candido, por exemplo, observava no prefácio, datado de 1957, da primeira edição do seu livro *Formação da Literatura Brasileira*: "Li também muito a *Pequena história*, de Ronald de Carvalho, pelos tempos do ginásio, reproduzindo-a abundantemente em provas e exames, de tal modo estava impregnado de suas páginas" (Candido, 1964, p. 3). Assim, não parece descabido ponderar que o livro tenha desempenhado também papel relevante na rotinização de ideias, valores e práticas sobre a literatura brasileira e, mais ainda, sobre o modernismo e seu lugar estratégico na nossa história e vida cultural.

Disponibilidade para a missão de que se investiu parece não ter faltado a Ronald de Carvalho. Recursos intelectuais, sociais e institucionais também não.[2] E, articulando essas diferentes dimensões, nenhum outro fator parece ter sido mais importante do que a sua carreira no Ministério das Relações

---

2. Traços, aliás, muito bem capturados por Vicente do Rego Monteiro no retrato que pintou de Ronald de Carvalho em 1921. Como observou precisamente Sergio Miceli (1996, p. 51), ao apresentar "o então jovem escritor e diplomata de paletó verde-escuro, gravata vermelha com alfinete e colarinho alto engomado, ocupando a pirâmide central de uma composição compacta cujo fundo são as lombadas em cores pastel bem definidas de duas fileiras de livros", o pintor "buscava surpreender por meio do contraste entre a juventude e a prontidão intelectual transmitidas pelo semblante com a muralha de livros coloridos que pareciam povoar-lhe a cabeça e moldar-lhe a existência".

Exteriores – interrompida tragicamente por sua morte aos 42 anos de idade –, como pude discutir noutra oportunidade (Botelho, 2005). Entreposto de ideias mobilizado segundo as diferentes estratégias de política cultural do Estado, o Itamaraty favoreceu a importação e a difusão da produção intelectual estrangeira no país e vice-versa (da produção brasileira no exterior). Esse duplo papel foi particularmente marcante na vida cultural do Rio de Janeiro – a então capital federal –, em cujos círculos intelectuais Ronald teve atuação central nos anos de 1920. Circunstância que ajuda a entender por que a *Pequena história* chegou a ser traduzida para o francês, o italiano e o castelhano ainda durante a vida de seu autor, figurando, então, entre os livros do gênero mais conhecidos no exterior e funcionando, ao mesmo tempo, como uma apresentação geral do Brasil, de sua literatura e de seus escritores.

Embora seu reconhecimento intelectual para além dos círculos modernistas se deva em grande medida à *Pequena história*, a historiografia literária não constituiu a única modalidade de crítica praticada por Ronald de Carvalho. Sua obra compreende ainda: ensaios de crítica cultural, como os reunidos nas três séries dos *Estudos brasileiros* publicadas entre 1924 e 1931; conferências proferidas nos muitos eventos mundanos e intelectuais de que tomou parte; e, sobretudo, artigos publicados tanto em revistas literárias (*Movimento Brasileiro, América Latina, Klaxon, Terra de Sol, Ilustração Brasileira, Revue de L'Amérique Latine*, entre muitas outras) como nos principais jornais da época (*Diário de Notícias, A Pátria, O Jornal* e *Jornal do Brasil*). Nesses artigos – que se contam às centenas –, Ronald privilegiou a resenha dos livros recém-publicados por seus contemporâneos. Buscava apreendê-los, especialmente, por meio de recursos que lembram a então conhecida técnica do "retrato" (o *portrait* de Sainte-Beuve), que, partindo de certos estereótipos da representação social dos autores, delineia uma visão simultânea da obra e do homem que a realizou. Técnica recursiva na crítica do período e que, ademais, se casava perfeitamente com o jornalismo: em ambos "trata-se de apresentar ao público uma figura, de entrevistar um autor narrando passagens de sua vida, dialogando com seus livros como se estes fossem pessoas em amável entretenimento com o entrevistador" (Lafetá, 2000, p. 54). Mesmo não tendo mobilizado o *portrait* tão diretamente na *Pequena história*, a técnica constituiu um recurso crucial também neste livro, pois permitiu ao autor uma aproximação mais matizada à galeria canônica que ia repondo e constituindo. Combinava, assim, ao seu modo, exposição histórica e juízo estético. Como observou um crítico literário posterior,

Ronald "trazia no julgamento da coisa literária (porque o seu livro é, apesar das aparências, mais crítico do que expositivo) uma sensibilidade apurada e esperta, até então desconhecida pelos brasileiros nesse gênero ingrato" (Martins, 1983, p. 465).

Voltando à questão central deste estudo, não estou supondo que o pertencimento histórico do livro – publicado no limiar dos anos de 1920 – lhe garanta de antemão algo como uma identidade cognitiva modernista estável, o que, aliás, inexiste em qualquer caso. No que se refere à *Pequena história*, isso seria particularmente problemático. Afinal, não apenas o gênero "história literária" tem sido associado a um perfil mais tradicional no quadro da crítica em geral – cujas complexas relações são objeto de recorrentes controvérsias entre especialistas, até porque envolvem nada menos do que as relações entre história e teoria na crítica literária –,[3] como também o próprio Ronald de Carvalho em face do modernismo paulista (Prado, 1983), vertente que acabou por definir, no senso comum, o sentido do modernismo brasileiro como um todo (Santiago, 1989; Hardman, 2000; Botelho, 2005). Mas não faz sentido descartar uma possível identidade cognitiva modernista do livro em função do seu gênero intelectual ou do perfil crítico mais conservador do seu autor, mesmo porque toda identidade é relacional e inevitavelmente instável. Importa antes qualificar como se articulam naquele contexto intelectual a agenda modernista de renovação estética em gestação e o até então inseparável desafio da historiografia de definir a literatura produzida no Brasil como "brasileira" – índice do próprio processo de nacionalização de sua sociedade.

Para tanto, realizo dois movimentos. De um lado, situo o livro na tradição da historiografia literária que lhe lega as principais referências e convenções, seja no que se refere aos axiomas, seja ao vocabulário; sobretudo em relação à *História da literatura brasileira: contribuições e estudos gerais para o exato conhecimento da literatura brasileira* (publicado em 1888), de Sílvio Romero, e à *História da Literatura Brasileira: de Bento Teixeira (1601) a Machado de Assis (1908)* (publicado em 1916), de José Veríssimo. De outro, procuro explicitar os vínculos entre a *Pequena história* e a conjuntura crítica de reflexão sobre o sentido que a cultura e a sociedade brasileira estavam tomando, na qual se nutriram a sensibilidade e a imaginação modernistas. Minha hipótese é de que, ao atualizar a ideia – central para a historiografia – da literatura como perspectiva de conhecimento da formação nacional, o

....
3. Sobre esse aspecto, ver, por exemplo, Perkins (1992), Jauss (1994) e Moretti (2007).

livro contribuiu para que certo elenco de questões parecesse problemático e acabasse integrando centralmente o "contexto intelectual" do modernismo.[4] Tomo aqui, especialmente, a ideia – não isenta de ambiguidades – de "simplicidade" como critério de formação da literatura brasileira e discuto como ela (1) permite uma crítica ao legado cultural ibérico e, em contrapartida, uma defesa da aproximação da literatura à linguagem cotidiana; e (2) apresenta, a seu modo, uma resposta aos constrangimentos trazidos pelas influências externas à dinâmica cultural brasileira – campo problemático central no modernismo brasileiro, e muito depois dele.

I

Sociologicamente considerada, a literatura tem constituído recurso fundamental na criação e recriação de formas de solidariedade social e de comunidades de "sentimento" (Weber, 1982) ou "imaginadas" (Anderson, 1991; Bhabha, 1990) – as mais relevantes para ligar Estado e nação (Botelho, 2005). Não surpreende, portanto, que, em meio à sistematização científica do conhecimento em geral, também a literatura tenha encontrado um gênero para discipliná-la e formalizá-la. O otimismo cientificista da época levou, inclusive, a que se imaginasse a substituição progressiva da própria leitura das obras pela história da literatura (Lepenies, 1996, p. 55).

A historiografia literária surgiu na Europa a partir do romantismo e proliferou ao longo do século XIX como expressão do fortalecimento das línguas nacionais, uma das bases dos modernos Estados-nação. Nesse sentido, ela foi, sobretudo, um produto intelectual do historicismo, compreendido como a ênfase na variabilidade histórica e na possibilidade, nela implicada, de se construir grandes esquemas de desenvolvimentos sintéticos, totalizantes, progressistas e tidos como particulares a cada cultura (Coutinho, 2001).

....
4. Emprego a categoria "contexto intelectual" de Quentin Skinner (1999b), fundamentalmente, como categoria metodológica de mediação entre o contexto mais amplo e o pensamento de um autor. Ao enfatizar o vocabulário normativo, os problemas comuns e as convenções compartilhadas de uma época, essa categoria permite, inclusive, identificar motivações concretas e uma possível originalidade quer em relação à tradição particular da qual o autor faz parte, quer em relação aos seus contemporâneos. Isso ajuda a evitar os anacronismos tão comuns em análises históricas, que terminam por conferir aos autores intenções ou categorias carregadas de sentidos bastante distantes daqueles disponíveis em sua época (cf. Skinner, 1969, p. 6-16).

O gênero parece estar assentado em duas premissas básicas. A primeira refere-se ao objeto: a própria literatura. Concebida como produto cultural, a literatura não constituiria uma mera criação do homem, mas um objeto cuja especificidade residiria na capacidade de encarnar as próprias projeções humanas, isto é, a literatura seria portadora das significações tanto individuais como coletivas. A segunda refere-se à existência algo homogênea dessas projeções humanas em tempos e espaços determinados, o que permitiria lastrear a história da literatura num repertório de obras e autores encadeados cronológica, linear e cumulativamente.

No Brasil, coube a Sílvio Romero – a exemplo do que haviam feito Gervinus e Scherer, na Alemanha, De Sanctis, na Itália, e Lanson, na França – mostrar de modo mais sistemático a individualidade do país como nação por meio do encadeamento de fenômenos literários e intelectuais. Em sua *História da literatura brasileira*, de 1888, ele relaciona um conjunto de tentativas e realizações artísticas, intelectuais e folclóricas que, dispostas numa cadeia evolutiva e obedecendo a determinados critérios naturalistas, poderiam, segundo entendia, ser identificadas como *nacionais*.[5] Romero (1960, p. 58) propõe uma definição ampla de literatura, quase como sinônimo de cultura: "para mim a expressão literatura tem a amplitude que lhe dão os críticos e historiadores alemães. Compreende todas as manifestações da inteligência de um povo: – política, economia, arte, criações populares, ciências (...)".

Contudo, com a publicação da *História da literatura brasileira* de José Veríssimo em 1916, a disputa pela definição do objeto da historiografia literária se acirra (Barbosa, 2001). Contestando o conceito genérico de Romero, Veríssimo (1963, p. 12) propõe outro mais específico: "Literatura é arte literária. Somente o escrito com propósito ou a intuição dessa arte, isto é, com os artifícios de invenção e de composição que a constituem é, a meu ver, literatura. Esta é neste livro sinônimo de boas ou belas letras, conforme a vernácula noção clássica". Se a definição de Romero corresponde ao predomínio das teses deterministas do cientificismo naturalista, a redefinição de Veríssimo

....
5. Tendo manifestado interesse pelo tema já em 1880, quando publica *Literatura brasileira e crítica moderna* (que inclui alguns artigos de 1873), Romero soube tirar consequências de esboços formulados por antecessores. *Parnaso brasileiro*, publicado em 1829, do cônego Januário da Cunha Barbosa – um dos fundadores e primeiro secretário perpétuo do Instituto Histórico e Geográfico Brasileiro –, bem como *Scènes de la nature sous le tropiques* e *Résumé de l'histoire littéraire du Brésil*, publicados, respectivamente, em 1824 e 1826, do francês Ferdinand Denis, foram alguns dos precedentes no gênero. Sobre a *História da literatura brasileira* de Silvio Romero, ver Abdala Junior (2001). Para uma visão integrada da crítica de Romero, ver Candido (2006c) e Dimas (2009).

traduz o crescente interesse pelos fenômenos estéticos naqueles anos. Interesse ligado a uma relativa profissionalização dos escritores e ao seu esforço de definir a literatura como um problema mais delimitado e especializado, o que não estava no horizonte social do programa de Romero. A redefinição de Veríssimo mantém, todavia, a autoridade – e legitimidade – da literatura para estabelecer a especificidade da "nação": "[a] literatura, que é a melhor expressão de nós mesmos, claramente mostra que somos assim" (ibid.).

Ao contrário de Romero, para Ronald de Carvalho não caberia julgar a obra literária exclusivamente a partir de fatores externos, mas também em função das componentes que – como Veríssimo – ele considerava intrínsecas. Entre uma concepção estrita e outra que acabava por reduzir a literatura a simples reflexo da sociedade, Ronald procurou constituir sua concepção na própria figuração das sinuosas relações entre formas estéticas e contextos sociais. Sobre os métodos dos seus predecessores, pensava:

> Sílvio condenava, muitas vezes, mais os homens que os princípios, via a obra através do autor, julgava a cultura pela raça. Seus erros de observação não lhe devem correr por conta do raciocínio, que era de uma precisão admirável, mas, geralmente, por mal do seu coração, que era um tanto feminino, tal a instabilidade das suas preferências. (Carvalho, 1922, p. 340)

> Ao contrário de Sílvio, José Veríssimo via apenas a obra e nunca o homem, exaltava ou condenava o escritor sem se importar com a sua categoria social ou mesmo literária. O autor, para ele, era uma figura secundária, sem interesse imediato, a não ser quando havia na sua vida um ou outro pormenor que pudesse explicar com mais segurança certas particularidades da obra (ibid., p. 344)

Embora manifeste seu desejo de pôr "de lado a controvérsia" – "o que apresenta maior relevância, para a história das nossas letras, é a própria fatura" das obras (p. 189) –, os juízos de Ronald de Carvalho parecem ter por base um pragmatismo que leva em consideração a relativa escassez de obras literárias no acervo brasileiro com condições de suportar uma apreciação exclusivamente estética. Ao lado das idiossincrasias pessoais dos literatos, Ronald buscava avaliar o "defeito" na fatura do texto em função dos limites impostos pelo tempo e meio social. Tomo um exemplo aleatório: "Se outros fossem os caminhos por ele trilhados, não seria de admirar que Alvarenga Peixoto nos deixasse algum poema de maior fôlego.

Só lhe faltou, para isso, um ambiente menos estreito e servil, que engenho ele o tinha de sobra" (p. 182).

Assentado o axioma da capacidade da literatura expressar o "caráter nacional" – justificativa para os estudos historiográficos como perspectiva de conhecimento da própria formação da sociedade como nação –, os historiadores da literatura brasileira viram-se constrangidos por um problema fundamental: como demonstrar a formação de uma literatura em termos nacionais se ela não se baseava numa língua própria, mas herdada dos colonizadores portugueses? Entendida como instrumento e portadora de um conjunto compartilhado de práticas e valores, a língua foi um dos principais critérios de definição da identidade nacional para uma coletividade social. Em alguns casos, a conexão linguística chegou a ser pensada como a própria condição de expressão e cultivo do sentimento nacional, isto é, como elemento de articulação dos valores simbólicos que permitiriam àquela coletividade se identificar e se expressar como "nação".

Sílvio Romero (1960, p. 135-136) procurou resolver esse problema segundo o seu esquema naturalista geral. Assimilada à questão da raça, a língua foi por ele concebida como um "organismo" que "evolui" – em extensão e profundidade – em função do ambiente mais amplo. No caso do Brasil, a miscigenação ou caldeamento das raças seria o fator principal. Por isso, ele entendia que a língua portuguesa falada no país poderia vir a assumir feições próprias, propostas como "nacionais" e diferenciadas em relação a outras coletividades falantes do mesmo idioma. Assim, quando precisou enfrentar o mesmo problema dezoito anos depois, José Veríssimo (1963, p. 8, nota 2) já contava com a possibilidade de diferenciação da língua portuguesa do Brasil, o que ajuda a entender sua ironia – numa discreta nota de rodapé, é verdade – diante da tentativa de valorização da língua tupi ensaiada por alguns escritores romântico-indianistas.

Para esses historiadores literários, a partir de que momento seria legítimo falar em diferenciação da língua portuguesa como fundamento da formação da literatura brasileira? A pergunta remete, na verdade, ao problema central da historiografia literária brasileira: identificar e demarcar um momento fundador, posto que esta, necessariamente, "nasceu e desenvolveu-se (...) como rebento da portuguesa e seu reflexo" (ibid., p. 1). Ou como diria décadas depois Antonio Candido (1964, p. 9): "A nossa literatura é galho secundário da portuguesa, por sua vez arbusto de segunda ordem no jardim das Musas".

Tal como os próprios românticos, Sílvio Romero e José Veríssimo consideraram o romantismo o "momento decisivo", por assim dizer, da formação da literatura brasileira. Para o primeiro, a "nativização, a nacionalização da poesia e da literatura em geral foi, talvez, o maior feito do romantismo"; ou ainda: "O romantismo brasileiro, em seu acanhado círculo, asilou os mesmos debates que o seu congênere europeu. Seu maior título, a meu ver, foi arrancar-nos em parte da imitação portuguesa, aproximar-nos de nós mesmos e do grande mundo" (Romero, 1960, p. 781 e 787). O mesmo vale para Veríssimo (1963, p. 6):

> [...] com os primeiros românticos, entre 1836 e 1846, a poesia brasileira, retomando a trilha logo apagada da plêiade mineira, entra já a cantar com inspiração feita dum consciente nacional. Atuando na expressão principiava essa inspiração a diferençá-la da portuguesa. Desde então somente é possível descobrir traços diferenciais nas letras brasileiras.

Neste ponto surge uma das convergências mais importantes entre José Veríssimo e Sílvio Romero: a precedência da independência política sobre a literária e intelectual. Para ambos, as condições de florescimento de uma literatura nacional e a feição por ela assumida seriam produtos da própria evolução histórica da sociedade. Mais do que para eles, no entanto – que tomaram a "autonomia cultural" como consequência da "autonomia política" do país –, o axioma da feição particular ("brasileira") da língua portuguesa assume, para Ronald de Carvalho, a condição basilar da formação de uma literatura nacional no Brasil.

Embora desde Romero essa possibilidade estivesse, em tese, assegurada, quando Ronald publicou sua *Pequena história* a autonomia linguística constituía ainda objeto de acirradas polêmicas entre literatos, filólogos e historiadores literários. Publicados respectivamente em 1921 e 1922, os livros *A língua nacional*, de João Ribeiro – que defendia a diferenciação, a autonomia e a legitimidade do português falado no Brasil –, e *A perpétua metrópole*, de Almáquio Diniz (que postulava o contrário), testemunham a relevância desse debate. E foi justamente em face dele que Ronald precisou se posicionar:

> Apesar de não possuirmos uma língua própria, acreditamos, ao revés de alguns pessimistas de pequena envergadura, que nos não falecem as condições

necessárias ao advento de grandes obras literárias, perfeitamente brasileiras, caracteristicamente nacionais. A influência portuguesa, predominante até os fins do século XVIII, entrou, no século XIX, em franco declínio e, hoje, não existe mais senão como apagado vestígio, repontando, de raro em raro, nalguns escritores quase sem relevo. O idioma falado por nós já apresenta singularidades notáveis; nossa prosódia tem acentos mais delicados que a lusitana, e há na sintaxe popular muitas particularidades interessantes. Temos, também, um extenso vocabulário essencialmente brasileiro, cuja importância não se faz mister encarecer. (Carvalho, 1922, p. 43-44)

Tirando, também neste ponto, consequências mais de Sílvio Romero que de José Veríssimo, Ronald enfatizou que a feição brasileira da língua portuguesa seria produto, sobretudo, da sintaxe popular em detrimento de obras literárias consagradas:

[...] a voz do povo já se fazia escutar com acentos e timbres diferentes, e, se no ponto de vista puramente intelectual, ainda predominava a lição da Universidade de Coimbra, a feição de nossa gente apresentava profundas modificações. Os doutos e os eruditos estavam ainda presos a Portugal, mas a plebe, o 'vulgo profano', de cuja 'grossaria' se queixava o *árcade* Cláudio Manoel da Costa, tinha os olhos voltados para a terra natal. (ibid., p. 155-156, grifo no original)

Desse modo, a feição brasileira da língua portuguesa caracterizar-se-ia pela ideia de "simplicidade" da linguagem, em oposição ao léxico opulento e ao emprego ostensivo de artifícios expressivos – reunidos pelo autor no termo "gongorismo" –, identificados à sintaxe lusitana (objeto de ataques no âmbito do modernismo). Artifícios expressivos que, em síntese, "revelam apenas o brilho de um espírito curioso, forrado de um ecletismo superficial e fácil, onde os recursos de eloquência resolvem, a cada passo, os problemas que o raciocínio deixou por insolúveis" (ibid., p. 223).

A ideia de "simplicidade" está, assim, diretamente relacionada com o caráter instrumental atribuído pelo autor à linguagem literária e poética como se fossem capazes de propiciar o desvelamento da "realidade brasileira". Sua crítica volta-se, então, para a opacidade acarretada pelo emprego ostensivo de artifícios expressivos que acabava por ocultar a realidade nacional. E essa ideia de "simplicidade" da linguagem foi fundamental para o questionamento da definição *a priori* dos temas considerados poéticos e para a aproximação da poesia a um mundo mais prosaico e cotidiano. Aspectos que, não por acaso, constituíram elementos centrais do programa cultural assumido pelos modernistas em geral.

A partir desse critério, Ronald de Carvalho enfrenta temas polêmicos que formavam a tradição intelectual da historiografia literária brasileira. Por exemplo, a periodização da evolução da literatura e a definição de uma galeria canônica em termos de textos e autores. Embora tenha considerado a periodização proposta por Romero "mais atenta" do que a de Veríssimo, Ronald entendia, porém, que faltava a ela "segurança e concisão": "Aquele seu 'período de desenvolvimento autonômico' é menos verdadeiro, pois ainda sofríamos no século XVIII imediata influência portuguesa" (ibid., p. 47). Assim, propõe uma divisão da formação da literatura brasileira em três períodos distintos:

1º) – Período de formação, quando era absoluto o predomínio do pensamento português (1500-1750);
2º) – Período de transformação, quando os poetas da escola mineira começaram neutralizar, ainda que palidamente, os efeitos da influência lusitana (1750-1830);
3º) – Período autonômico, quando os românticos e os naturalistas trouxeram para a nossa literatura novas correntes europeias (1830 em diante) (ibid., p. 47-48)

Quanto à galeria canônica da literatura brasileira, Ronald seleciona determinados literatos, em geral, e poetas, em particular. Parte dos estudos realizados por seus predecessores, sem deixar de atualizá-los incluindo no cânone autores e textos de sua preferência. A esse respeito, eu começaria sugerindo – para usar uma fórmula consagrada pelos historiadores da literatura brasileira – um subtítulo que explicitasse o arco histórico da *Pequena história* em termos de autores: "De Gregório de Matos a Mário Pederneiras". De fato, é entre o poeta barroco baiano e o poeta simbolista carioca que, segundo Ronald, a literatura brasileira se esboçaria como expressão da nacionalidade. Ou seja, ele considerava que as expressões legítimas da literatura nacional já seriam perceptíveis antes mesmo do Romantismo, quando ocorre a sua consolidação de fato.

Assim, as primeiras manifestações nativistas, tipo de prelúdio do sentimento nacionalista, remontariam ao Barroco, e não aos árcades mineiros – uma polêmica que, aliás, chega aos dias atuais, opondo Haroldo de Campos a

Antonio Candido justamente em torno do caso Gregório de Matos (Campos, 2011). Para Ronald de Carvalho (1922, p. 100), "o sentimento brasileiro só com Gregório de Mattos é que, realmente, começa a aparecer". E completando mais adiante: "Ele foi, para resumir, o primeiro espírito varonil da raça brasileira" (ibid., p. 122). Mário Pederneiras, por sua vez, é considerado o introdutor do verso livre, principal instrumento estético modernista de reação à hegemonia poética parnasiana no Brasil:

> Sua poesia é de uma simplicidade a que não estamos habituados. Usando o metro livre com perícia, conhecendo-lhe os segredos e as dificuldades, o autor do *Ao léu do sonho e à mercê da vida*, exerceu segura influência sobre grande parte dos nossos melhores poetas modernos. [...] Pederneiras estimava as coisas no seu ambiente natural, deslindadas de artifício, singelas e humildes, como se apresentam aos nossos olhos. Não lhe interessavam os aspectos extraordinários do mundo [...] ficava indiferente diante de toda essa quinquilharia de que abusaram os parnasianos. (ibid., p. 375)

Embora presente como enunciado tanto no manuscrito da *Pequena história* quanto em sua primeira edição de 1919, cumpre observar que o argumento sobre o papel de Mário Pederneiras na introdução do verso livre no Brasil foi desenvolvido com mais ênfase e documentação a partir da segunda edição, de 1922. Sobre esse poeta, com quem conviveu na redação da revista *Fon-Fon!*, anotou Ronald em 8 de fevereiro de 1915 no seu caderno de endereços (utilizado também como um tipo de diário): "Morreu sozinho e triste às 3 horas da manhã Mário Pederneiras. Dei para o seu sono muitas rosas suaves".[7] A valorização de Pederneiras não respondia apenas, ou principalmente, ao gosto pessoal do autor. Está inserida num movimento mais amplo de valorização do simbolismo como ponto de partida e perspectiva de renovação estética. E a defesa de uma continuidade interna do modernismo em relação ao simbolismo foi peça crucial, seja nos embates dos intelectuais cariocas com os paulistas nos anos de 1920, seja para a afirmação dos primeiros como pioneiros no combate à estética parnasiana.

Voltando à *Pequena história*, o ápice da formação da literatura brasileira, no que diz respeito à prosa – sempre perseguindo a ideia de autonomia e simplicidade da linguagem –, ter-se-ia dado com Machado de Assis: "sem contestação, sob variados aspectos, o mais significativo dos escritores de língua portuguesa" (Carvalho, 1922, p. 333). Assim, num tipo de redenção do nosso mal de origem – uma literatura nacional sem base num idioma próprio –, nosso processo de diferenciação e autonomização linguística acabaria por dar à língua portuguesa um dos seus mais notáveis expoentes literários. De quem, aliás, Ronald de Carvalho traduziu *Dom Casmurro* para o francês.

A galeria canônica proposta por Ronald inclui ainda, com destaque, obras como *Jornal de Timon*, de João Francisco Lisboa – "Inteligência universal, queremos dizer versátil e polimorfa, Lisboa, no meio dos seus companheiros enfáticos e atrasados, brilhou pela liberdade do caráter e pela profundeza da capacidade de observador sagaz e astuto" (p. 283) –, e *Memórias de um sargento de milícias*, de Manuel Antônio de Almeida; e autores como, por exemplo, Joaquim Manoel de Macedo – "o verdadeiro fixador dos nossos costumes, naquela época ainda colonial na maioria dos seus aspectos (...) compreendeu admiravelmente as tendências da nossa alma popular, sentimental e piegas, e fez, com pequenas intrigas ingênuas (...) a sua história íntima e simplória" (p. 261) – e Castro Alves – "[o] sucesso do seu lirismo declamatório, empolado e brilhante, onde refulgem, de trecho a trecho, imagens de uma formosura quente e nervosa, tem as raízes no caráter grandiloquente e enfático da raça brasileira. Ele foi, e é ainda amado aqui por várias razões de ordem moral, porquanto é, de certo, um genuíno representante do nosso pendor para o grandioso, até para o extravagante" (p. 250); por motivos opostos, Cruz e Sousa, em cuja poesia não se verificariam "os processos artificiosos com que os nossos versejadores hábeis, na sua maioria, procuram iludir a sensibilidade do leitor. O brilho da rima esquiva, o recamo do vocábulo cintilante, o colorido da imagem esquisita, tudo isso foi posto à margem" (p. 358). Com Cruz e Souza, sugere Ronald, rompia-se nada menos do que com a noção preestabelecida de eu-lírico, de modo que a partir dele "o artista, em suma, desapareceu" (ibid.).

II

A estética parnasiana foi alvo de um intenso combate movido pelos modernistas. A concepção de poesia como produto nobre do espírito e de uma ideia elevada de inspiração dominou quase completamente a atividade poética brasileira na passagem do século XIX para o XX. O vocabulário raro e previamente escolhido favorecia o efeito pretendido pelos parnasianos de desprendimento idealista em relação a qualquer referência à realidade prosaica (Arrigucci Jr., 1990, p. 102).

O combate modernista tanto ao alegado artificialismo da poética parnasiana – disciplinada por uma concepção rigorosa de forma dissociada de conteúdo (tomada como uma espécie de adorno postiço) – como à visão mecanicista da natureza e do homem associada ao ideário naturalista comporta uma dimensão social mais ampla frequentemente negligenciada pela crítica especializada, mas que se mostra fundamental do ponto de vista sociológico. Se perguntarmos sobre o seu lugar social, podemos perceber que esta polêmica se inscreve num quadro mais amplo de ideias, no qual as linguagens em transformação são índices do complexo diálogo que a sociedade brasileira dos anos de 1920 travava consigo própria sobre o papel desempenhado pelo legado cultural ibérico na sua ordenação.

Não por acaso esse é um dos temas centrais da *Pequena história*. Associando o ideário parnasiano ao legado cultural ibérico, Ronald de Carvalho sugere que este teria moldado não apenas a literatura, mas a sociedade brasileira como um todo desde a colonização, e sua influência se faria sentir decisivamente mesmo após a independência política de 1822. Essa percepção relativamente aguda da questão estética só foi possível porque o autor tinha em vista um quadro de referências mais amplo, próprio ao gênero historiográfico.

A denúncia do ideário parnasiano pelo grupo paulista de 1922 esteve inicialmente circunscrita ao domínio estético (Paes, 1990, p. 68). No âmbito dessa vertente do modernismo, o legado cultural ibérico – encarnado na figura do bacharel – foi objeto de crítica apenas no final dos anos de 1920 e, sobretudo, ao longo da década seguinte. Sérgio Buarque de Holanda (1995, p. 165), por exemplo, referiu-se à "praga do bacharelismo" na nossa formação cultural, que condicionaria o móvel do conhecimento como fonte de distinção e destaque dos seus cultores: "De onde, por vezes, certo tipo de erudição sobretudo formal e exterior, onde os apelidos raros, os epítetos supostamente científicos, as citações em língua estranha se destinam a deslumbrar o leitor como se fossem uma coleção de pedras brilhantes e preciosas". Também Paulo Prado (1997, p. 203-204) observava, em 1928, no *Retrato do Brasil*: "Ciência, literatura, arte – palavras cuja significação exata escapa a quase todos. Em tudo domina o gosto do palavreado, das belas frases cantantes, dos discursos derramados: ainda há poetas de profissão".

Em 1919, Ronald de Carvalho (1922, p. 25) já observava que o legado ibérico havia formado uma cultura "essencialmente idealista e aventurosa"; daí o seu portador ideal: o Quixote que "luta sem saber com quem, contra um moinho ou contra um exército, mas luta porque tem necessidade de aventuras para viver". Contraposta à ideia de "estabilidade", que, segundo o autor, "é por onde se revelam os povos já velhos e constituídos" (p. 128), a ideia de "aventura" é sistematicamente formulada ao longo da *Pequena história* como definidora do "caráter brasileiro":

> Já se disse, no correr deste livro, que não possuímos a noção da estabilidade; ora, sem essa qualidade primacial, que não se improvisa, e somente se adquire com o trato e a experiência dos homens e do mundo, não haverá equilíbrio nos conceitos, nem justeza nos comentários; não haverá filosofia na história, nem penetração na crítica. Acresce, também, que os povos da península ibérica de quem descendemos diretamente, para não mencionar o índio e o africano, cuja capacidade de observação é secundária, nunca se revelaram superiores por esse lado. Ali predomina, igualmente, a paixão, o lirismo histórico obscurece a visão dos fatos, o culto da imaginação perturba o conhecimento lógico das coisas. A irreverência de Cervantes e a exaltação de Camões definem a raça hispano-lusa. (ibid., p. 276)

A ação do legado ibérico seria de tal modo contundente que desprender-se das formas fixas, da proporção e das medidas estipuladas nos manuais parnasianos não se afigurava desafio modesto para o autor. Segundo Ronald de Carvalho, existiriam afinidades de tal modo efetivas entre ideário estético parnasiano e o que chama "sensibilidade" ou "caráter" nacional brasileiro – moldados pelo legado ibérico – que a própria historiografia literária se encontrava prejudicada: "Os brasileiros somos, geralmente, historiadores de curto vôo e críticos de pouca profundidade. Na história, confundimos a eloquência com a verdade, na crítica, o elogio ou a verrina com o senso da exatidão. O mal não é tão nosso como das condições étnicas, morais e sociais do país" (ibid., p. 275). A poesia, no entanto, constituía o seu grande "paradigma" e o caso de Olavo Bilac era exemplar:

> O que, porém, define melhor as suas íntimas ligações com a alma brasileira e a influência considerável que ele exerceu, e ainda exerce, em nossas letras, é a sua concepção essencialmente epicurista e voluptuosa da vida. Os povos em formação que, à semelhança do nosso, estão em conflito permanente de tendências e direções, marcham por entre uma exaltação de egoísmos que só lhes deixa entrever, como fins realizáveis e imediatos, o prazer e o gozo, na fortuna vária. As grandes abstrações não os comovem, os sistemas

transcendentes da inteligência pura não chegam a prender-lhes a atenção, pois eles preferem a representação exterior das coisas, o pitoresco das formas e o brilho dos coloridos. (ibid., p. 322)

Assim, na passagem do século XIX ao XX, a prática do soneto parnasiano permanecia como uma espécie de pendor cultural ou tributo obrigatório não apenas para os homens de letras, mas para os brasileiros em geral. No melhor espírito irreverente que caracterizou a época – mas não a sua narrativa em particular –, Ronald (1922, p. 107) ironiza: "O soneto era o veículo fatal de todas as coisas, a medida da inspiração amorosa e da inspiração industrial. Dependurava-se dos bondes, esgueirava-se da carteira dos amanuenses e pulava das balas de estalo. Passaporte para o casamento, para o suicídio ou para a celebridade suburbana, era sempre a chave mágica da fama".

Para o autor, combater o ideário parnasiano implicava, portanto, uma avaliação crítica mais ampla do papel do legado ibérico na formação da sociedade brasileira, bem como uma mobilização constante dos intelectuais. Tal combate apresenta-se na *Pequena história* como a base de um programa de renovação cultural mais amplo voltado para a reforma moral da sociedade. Programa que, tendo sido iniciado pelos simbolistas, caberia à geração do próprio Ronald completar:

> É contra esse eterno soneto que reagimos presentemente. De fato, quem estudasse a nossa literatura poética, durante a última metade do século XIX e o primeiro quartel do século XX, ficaria embaraçado se quisesse atenuar a venenosa ironia do mencionado conceito [...]. De tal modo se inveterou em nossos costumes, que ficamos, insensivelmente, à margem de toda a evolução literária do universo. (ibid.)

Embora, na *Pequena história*, a condição de formação da literatura brasileira em termos nacionais seja dada pela ruptura com o pensamento, o sentimento e as formas de expressão lusitanas – consagrados na estética parnasiana –, esse processo não seria linear. Comportaria determinados avanços e recuos característicos de uma concepção cíclica do tempo, uma vez que tudo "quanto fizera a delícia dos tempos passados" sempre voltaria "à superfície" (ibid., p. 171). Tudo se passa como se, para Ronald, a sucessão temporal das escolas literárias – que, nas suas palavras, "são, quase sempre, invenções das épocas de decadência, ou, melhor, dos períodos de transição" (ibid.) – não exprimisse o aperfeiçoamento progressivo e linear do sentimento nacional de modo unívoco.

Vejamos dois exemplos da releitura que essa concepção de tempo cíclico permite. O primeiro, do árcade Cláudio Manuel da Costa, como um caso "negativo". Isto é, de um poeta que, preocupado apenas com os artifícios de linguagem na montagem de um jogo estético complexo, não pôde exprimir a "realidade brasileira" e, desse modo, pouco teria contribuído para a formação da literatura em termos nacionais:

> Sua ingenuidade é postiça, não nos comove; seus pastores são, geralmente, vazios, sem alma, são talvez, como aquela cigarra da ode anacreôntica, iguais aos deuses intangíveis do Olimpo, pois o que lhes falta justamente é sangue vermelho, sangue humano. Cláudio tinha, sem favor, um admirável gosto para vestir e compor os seus bonecos, à francesa ou à italiana, conforme as exigências da hora. Sabia também, e com apreciável talento, corrigir a natureza, aparar-lhe as arestas, arredondar-lhe os contornos ásperos, mas fazia-o tão cuidadosamente que, afinal, não era mais a natureza que se apresentava nas suas éclogas ou nos seus sonetos, mas um painel decorativo, digno de Fragonard e dos pintores galantes do século XVIII, em França. Quer em Alvarenga Peixoto, quer em Silva Alvarenga havia muito mais larga compreensão da terra, muito mais verdade nativista, se assim podemos dizer. (ibid., p. 173)

O segundo caso, por oposição, "positivo", seria o poeta parnasiano Alberto de Oliveira, que expressaria de modo quase inigualável a "fisionomia da nossa terra natal" (ibid., p. 319). Ele mostra bem como a questão das escolas literárias aparece relativizada na *Pequena história*:

> Se é verdade que o Sr. Alberto de Oliveira sofreu a influência dos parnasianos franceses, não é menos certo que, há muito, dela se libertou, ganhando maior amplitude os seus temas e mais simplicidade a sua poesia, sempre elegante, aliás, e sempre correta. Demais, um grande poeta impassível é um jogo de palavras sem sentido, uma refinada monstruosidade que só a logomaquia habitual se compraz em repisar. O autor das 'Meridionais' continua a ser, nas suas múltiplas tendências clássicas, românticas ou parnasianas, sobretudo um lirista sensível, colorido e imaginoso. Sua imaginação é mesmo, como

expressão literária, uma das mais consideráveis de quantas tem aparecido no Brasil. (ibid.)

Haveria, em suma, no barroco, bem como entre os românticos e mesmo parnasianos, determinados literatos e poetas que permitiriam a Ronald de Carvalho entrever, em diferentes graus, a constituição de uma literatura nacional. Para o autor, todo o problema estaria na falta de elos de coesão entre esses homens de letras. Pois, como ele mesmo afirma: "Ficamos, apenas, com alguns nomes e datas na memória, mas sem poder ligá-los" (ibid., p. 282).

Radicalizando o axioma da literatura como expressão da nacionalidade, Ronald toma a possibilidade de uma feição brasileira da língua portuguesa não apenas como base de uma literatura brasileira nacional, mas também como critério de avaliação das obras que justificariam tal formação. A "linguagem brasileira" é perseguida na temática, bem como na dicção, sintaxe e vocabulário das obras. A característica fundamental dessa "linguagem brasileira" seria, como vimos, a "simplicidade" em detrimento dos artifícios formais identificados à tradição cultural lusitana. Artifícios cultivados e atualizados pelo ideário estético e ideológico parnasiano, mas não necessariamente por todos os seus poetas. Vemos assim, portanto, como estava em jogo um debate não apenas sobre a literatura, mas também sobre a própria formação de um "léxico" para o Brasil moderno.

E a ideia de "simplicidade" está diretamente associada à definição do papel atribuído à literatura de desvelar a "realidade". Segundo Ronald, na busca pela perfeição da forma, o modo parnasiano de versificação cristalizado em regras acadêmicas acabou por levar inevitavelmente ao alheamento da literatura da "realidade" tangível. Este, então, o "sentido" apontado na *Pequena história* para a renovação estética e intelectual brasileira: aproximar a literatura produzida no país da sua "realidade" própria – tema que integrou de modo controverso o debate intelectual mais amplo nos anos de 1920 e 1930, sendo fundamental também no ensaísmo de interpretação do país contemporâneo (cf. Botelho, 2010). É nesse quadro que a valorização dos elementos tidos como "locais" e "populares" adquire sentido: "A verdadeira poesia", afirma Ronald (1922, p. 51), "nasce da boca do povo como a planta do solo agreste e virgem. É ele o grande criador, sincero e espontâneo, das epopeias nacionais, aquele que inspira os artistas, anima os guerreiros e dirige os destinos da pátria".

A valorização da língua portuguesa falada no Brasil e sua transposição para a escrita, ou, noutras palavras, a aproximação da língua escrita à falada, constitui tema central do modernismo. Ele está presente de modos e com sentidos diversos em ensaístas, literatos e poetas do período. Sua adoção programática é central em Mário de Andrade, por exemplo. Em carta datada de 18 de fevereiro de 1925 a Carlos Drummond de Andrade, Mário refere-se a essa questão como a aproximação do "como falamos" ao "como somos", uma verdadeira "aventura que me meti de estilizar o brasileiro vulgar". Uma aventura, porém, "muito pensada e repensada", posto que se trataria de uma "estilização culta da linguagem popular da roça como da cidade, do passado e do presente. É uma trabalheira danada diante de mim". E assevera adiante sobre os usos populares brasileiros da língua portuguesa:

> O povo não é estúpido quando diz 'vou na escola', 'me deixe', 'carneirada', 'mapear', 'besta ruana', 'farra', 'vagão', 'futebol'. É antes inteligentíssimo nessa aparente ignorância porque sofrendo as influências da terra, do clima, das ligações e contatos com outras raças, das necessidades do momento e da adaptação, e da pronúncia, do caráter, da psicologia racial modifica aos poucos uma língua que já não lhe serve de expressão porque não expressa ou sofre essas influências e a transforma afinal numa outra língua que se adapta a essas influências. (Andrade, 2002, p. 100)

Nessa aproximação, Mário de Andrade contrapunha-se e, na verdade, esvaziava a distinção clássica entre norma culta – a língua portuguesa escrita de acordo com as regras gramaticais estabelecidas a partir de Portugal – e a língua portuguesa falada, adaptada e recriada no cotidiano brasileiro. Foi com a concorrência de Mário de Andrade que esta, certamente, se tornou uma das maiores conquistas do modernismo. Ao seu lado se alinhava mais uma vez o amigo Manuel Bandeira, que, em 1925, tomou posição firme em relação à "língua-mãe". Como Mário, Bandeira escolhe a língua "errada" do povo brasileiro ao português castiço de Portugal, mas manteve restrições ao uso excessivo da fala popular em poesia – verdadeira obsessão do amigo paulista –, questão que seria, inclusive, objeto de controvérsia entre romancistas e críticos da década de 1930 (Bueno, 2006). Lembrando a sua experiência com a língua portuguesa no belo poema "Evocação do Recife", de 1925, Bandeira (1974, p. 213) escreve:

A vida não me chegava pelos jornais nem pelos livros
Vinha da boca do povo na língua errada do povo
Língua certa do povo
Porque ele é que fala gostoso o português do Brasil
Ao passo que nós
O que fazemos
É macaquear
A sintaxe lusíada

Essa conquista modernista não é apenas estética, mas também social e política. O reconhecimento da língua cotidiana e popular implicou renovação radical do código literário, bem como uma aproximação ao povo que procurava dar voz própria ao homem brasileiro. Nem sempre ingênua, essa valorização do "popular" tem sentidos diversos e dificilmente pode ser generalizada. No que diz respeito a Mário de Andrade, por exemplo, a aproximação do "como falamos" ao "como somos" remete a um aspecto central do seu pensamento e da sua atuação, presente também na sua valorização do folclore e das práticas culturais populares como meio estratégico de abrasileiramento da cultura erudita produzida no Brasil (especialmente a música). Assim, é crucial observar que, embora tenha especificidades linguísticas próprias, a diluição da oposição língua escrita (culta) e língua falada (popular) – e sua ressignificação mútua – implica a diluição mais ampla entre cultura erudita e cultura popular, tal como realizado magistralmente em seu *Macunaíma*, de 1928.

Em Mário de Andrade, o sentido dessa diluição implica reconhecimento social e aproximação em relação ao povo, dando-lhes voz própria (Lopez, 1972). No caso da *Pequena história*, por sua vez, a valorização do "popular", ao contrário, se faz acompanhar por certa desqualificação dos próprios portadores sociais da ideia. O "povo", visto como ainda "virgem", é proposto antes como um "manancial" de "novas forças" para o homem de letras que, embora cultivado, se mostraria incapaz de renovar-se por si mesmo. Como afirma Ronald de Carvalho (1922, p. 156-157), se quem "fez a Revolução Francesa não foi Voltaire, com as suas sátiras, nem Rousseau, com os seus romances: foi a fome, com as suas dores e misérias", aos escritores caberia, no entanto, "representar com mais justeza essas invisíveis afinidades que existem entre as lutas da alma e as do ambiente circunstante" (p. 316).

III

Com *Pequena história da literatura brasileira*, Ronald de Carvalho atualizou o axioma da literatura como expressão da nacionalidade que herdou de seus predecessores no gênero, notadamente Sílvio Romero e José Veríssimo. Mas, ao lançar mão desse legado historicista, ele tinha em vista as questões próprias do seu tempo. É nesse sentido que a questão da renovação estética se constitui em motivo central, como aquilo que põe o argumento do livro em movimento. Como assinalamos, a definição programática de uma feição brasileira da nossa língua, especialmente na poesia, informa o sentido da renovação proposta no livro. Ela não era, porém, um desafio único ou isolado. Segundo Ronald, várias causas concorreriam para a formação de uma literatura, sendo algumas peculiares ao próprio povo e outras exteriores, que seguiriam "como que um processo de lenta infiltração, de caldeamento intelectual e moral" (p. 42). E embora as "causas internas" se lhe afigurassem como as fundamentais, ele adverte que as "causas exteriores" não devem ser desprezadas "como qualquer elemento perigoso de desnacionalização": "Não! As literaturas são como os seixos ao fundo quieto dos rios: precisam de muitas e diferentes águas para se tornarem polidas. E se, por um lado, podem ficar *menores*, perdem, por outro, certas arestas duras e agressivas, infinitamente mais nocivas à sua perfeição" (p. 43; grifo no original).

As "causas externas" são entendidas na *Pequena história*, sobretudo, como as influências europeias constitutivas da estrutura e da dinâmica da nossa vida cultural como um todo. A principal decorrência prática dessa posição – que também se mostra original em relação aos precedentes no gênero – foi a tentativa de associar os movimentos e escolas literárias brasileiras às correntes estéticas europeias, de modo a oferecer uma visão de conjunto mais integrada dessas interdependências. Proposta como condição da formação da literatura brasileira em termos nacionais, o declínio da influência lusitana não implicava, portanto, a negação de outras influências exógenas, mas lhe seria contemporânea.[6]

....
6. A questão aparece na própria periodização da literatura brasileira proposta por Ronald de Carvalho: podemos perceber que o sentido da formação do "período autonômico" é dado não apenas pela decisiva decadência da influência lusitana, como também pela emergência da influência de novas correntes europeias como o romantismo e o naturalismo. Como observou a propósito Lúcia Miguel-Pereira, o período anterior ao "autonômico" – chamado de "transformação" em função das tentativas nativistas de "neutralização" da influência lusitana (entre 1750 e 1830) – "parece ter sido o mais independente, porque, depois dessa curta tentativa de reação, logo surge, não mais a exclusiva influência lusitana, mas a europeia, muito mais forte" (Miguel-Pereira, 1936, p. 55).

Como Sílvio Romero e José Veríssimo, Ronald de Carvalho também concebeu os processos de formação da literatura e da sociedade brasileiras como inteiramente congruentes, de modo que os dilemas formativos da literatura corresponderiam aos próprios dilemas formativos mais amplos da sociedade brasileira. Para eles, o processo de formação da literatura apresentava-se problemático no plano intelectual, sobretudo em função da questão da importação das ideias como mecanismo próprio de uma sociedade formada a partir da experiência colonial. Presos mais aos efeitos do que às causas desse mecanismo social, no entanto, esses autores compartilham do "sentimento acabrunhador da posição em falso de tudo o que concerne à cultura brasileira", que "a bem dizer tem a idade de nossa vida mental e com ela se confunde – bem como as metamorfoses do desejo sempre renovado de corrigi-la mediante alguma sublimação descalibrada" (Arantes, 1997, p. 14).

Romero (1960, p. 755) abordou o tema de modo bastante explícito: "Bem como na ordem social tivemos a escravidão, na esfera da literatura temos sido um povo de servos. Os nossos mais ousados talentos, se nos aconselham o abandono da imitação dos portugueses, instigam-nos, por outro lado, à macaqueação francesa; se nos bradam contra franceses, é para nos atirarem a ingleses ou alemães!". A esse respeito, também Veríssimo, curiosamente, não mediu palavras:

> [...] por inópia da tradição intelectual o nosso pensamento, de si mofino e incerto, obedece servil e canhestramente a todos os ventos que nele vêm soprar, e não assume jamais modalidade formal e distinta. Sob o aspecto filosófico o que é possível notar no pensamento brasileiro, quanto é lícito deste falar, é, mais talvez que a sua pobreza, a sua informidade. Esta é também a mais saliente feição da nossa literatura. (Veríssimo, 1963, p. 11)

No limiar da década de 1920, no entanto, os dilemas formativos da literatura e da sociedade brasileiras pareciam assumir, para Ronald de Carvalho e para o modernismo em geral, feições mais dramáticas do que o naturalismo de Romero ou o esteticismo de Veríssimo haviam permitido. Embora concordasse que, do ponto de vista dos fatores raciais e estéticos, a possibilidade de constituição de uma "civilização" estaria assegurada, restava, para o modernista carioca, a questão da existência de uma "cultura brasileira" – da qual a literatura seria a expressão mais definida – que permitisse à sociedade (bem como às suas letras) identificar-se em termos propriamente "nacionais". O Brasil, afirma Ronald,

> [...] representa, sem dúvida, uma força nova da humanidade, e é lógico que possua, como de fato possui, uma civilização mais ou menos definida, onde predominam, é certo, as influências europeias, mas onde já se vislumbram vários indícios de uma próxima autonomia intelectual, de que a sua literatura, já considerável e brilhante, constitui a melhor e a mais decisiva prova. (Carvalho, 1922, p. 37)

Após esse enunciado e muitas páginas de grande empenho – sobretudo para um jovem de 26 anos de idade – para demonstrar a "fisionomia da nossa literatura", Ronald (1922, p. 386) constata algo acanhado: ela "é produto do esforço isolado de alguns escritores de real merecimento". Completando a citação, explicita-se que à literatura brasileira ainda "falta espírito coletivo justamente porque carecemos de um ambiente de verdadeira cultura", ou seja, "uma organização social que se recomendasse pela cultura" (ibid.). A apontada ausência de organicidade – nos termos de uma tradição contínua de autores, obras, estilos e temas – da literatura brasileira devia-se, em suma, ao fato de a própria sociedade brasileira não constituir ainda uma "nação" fundada num conjunto de valores culturais próprios que lhe conferisse identidade e coesão social.

Curiosas essas histórias da literatura que parecem sempre incompletas, mas, mesmo assim, ou talvez por isso mesmo, insistentemente atraem novos decifradores. É que, como muitos outros autores anteriores e posteriores, Ronald não estava preocupado com a literatura apenas em termos das suas características estéticas. Interessava-se também pelas respostas que estas poderiam dar às suas perguntas sobre a construção nacional do Brasil. Como "meio onde nos encontramos e nos conhecemos a nós mesmos", a literatura resolveria, para o autor, "o antigo adágio grego, porquanto 'reúne todas as coisas que estão separadas, e vive separadamente em cada uma das coisas'" (ibid., p. 322).

Embora não tenha desaparecido de todo após a *Pequena história*, a crença historicista na congruência entre os processos formativos da literatura e da sociedade ficaria, no entanto, deslocada a partir da década de 1950. Nesse momento, as convicções da unidade nacional e da dependência cultural que tanto animaram o modernismo dos anos de 1920 – em suas mais diferentes vertentes – passaram a conviver e disputar definições do moderno com perspectivas mais universalistas (Botelho, 2009). Perspectivas que se voltavam às formas de integração do país no capitalismo mundial, à reflexão sobre os impasses da sociedade de classes, bem como à realização de uma ordem social democrática, secularizada e competitiva entre nós. Era sobretudo a sociedade tal como se constituía – em seus movimentos, grupos sociais, velhos e novos atores engajados no enfrentamento dos problemas econômicos, sociais, políticos e culturais – que estava em questão na década de 1950. Era, então, a parte igual da sociedade moderna que importava instituir: homens, mulheres, negros, brancos, patrões, empregados, alfabetizados e analfabetos que sentem, pensam, agem, interagem, entram em conflito, constroem o Brasil moderno.

Talvez por isso, quando se voltou novamente ao gênero em 1957, Antonio Candido (1964, p. 27) já tenha definido o seu estudo *Formação da literatura brasileira* como – parafraseando um título de Julien Benda – uma "história dos brasileiros no seu desejo de ter uma literatura". Redefinição que provocou um deslocamento sutil, mas profundo, na abordagem tradicional da literatura como expressão "da realidade local e, ao mesmo tempo, elemento positivo na construção nacional" (ibid.). Tal deslocamento teria permitido ao autor compreender não apenas o percurso da literatura brasileira, mas também como esse processo formativo poderia se completar até mesmo de modo notável: sem que por isso o conjunto da sociedade estivesse em vias de se integrar (Schwarz, 1999). Problema e perspectiva que, a despeito das mudanças em processo na sociedade brasileira das últimas décadas, permanecem nos interpelando sociologicamente e mobilizando parte da nossa mais instigante crítica da cultura.

A Paixão segundo Pedro Nava[1]

André Botelho

> *Nada menos de duas almas. Cada criatura humana traz duas almas consigo: uma que olha de dentro para fora, outra que olha de fora para dentro... A alma exterior pode ser um espírito, um fluído, um homem, muitos homens, um objeto, uma operação.*
> Machado de Assis, "O espelho (esboço de uma nova teoria da alma humana)", 1882

O vidro me manda a cara espessa dum velho onde já não descubro o longo pescoço do adolescente e do moço que fui, nem seus cabelos tão densos que pareciam dois fios nascidos de cada bulbo. Castanho. Meu velho moreno corado. A beiçalhada sadia. Nunca fui bonito mas tinha olhos alegres e ria mostrando dentes dum marfim admirável. Hoje o pescoço encurtou, como se massa dos ombros tivesse subido por ele, como cheia em torno de pilastra de ponte. Cabelos brancos tão rarefeitos que o crânio aparece dentro da transparência que eles fazem. E afinaram. Meu moreno ficou fosco e baço. Olhos avermelhados escleróticas sujas. Sua expressão dentro do empapuçamento e sob o cenho fechado é de tristeza e tem um quê da máscara de choro do teatro. As sobrancelhas continuam escuras e isso me gratifica porque penso no que a sabedoria popular conota à conservação dessa pigmentação. Antes fosse. São duas sarças espessas que quando deixo de tesourar esticam-se em linha demoníaca. Par de sulcos fundos saem dos lados das ventas arreganhadas e seguem com as bochechas caídas até o contorno da cara. A boca também despenhou e tem mais ou menos a forma de um V muito aberto. Dolorosamente encaro o velho que tomou conta de mim e vejo que ele foi configurado à custa de uma espécie de desbarrancamento, avalanche,

....
1. Retomo aqui elementos das apresentações que escrevi para os dois últimos volumes das *Memórias* de Pedro Nava editadas pela Companhia das Letras.

desmonte – queda dos traços e das partes moles deslizando sobre o esqueleto permanente. Erosão. (Nava, 2014, p. 83-84)

Retratista primoroso, experimentador das artes plásticas, uma das vocações da juventude que tanto concorreu para o tipo de narrador em que se transformaria na maturidade, Pedro Nava deixou imagens marcantes dos seus familiares, amigos, companheiros de geração ou simplesmente conhecidos (Souza, 2003 e 2004). Como esquecer Nhá Luiza, sua avó materna, que domina a cena em *Balão Cativo* (1973), ou os muitos retratos dos colegas e professores do colégio e internato Pedro II, no Rio de Janeiro, em *Chão de ferro* (1976), ou os companheiros da juventude modernista em Belo Horizonte em *Beira-mar* (1978)?[2]

Pedro Nava foi mais contido, porém, em relação a si mesmo, do que é notável exceção este impressionante autorretrato feito no 5º volume das suas *Memórias*, *Galo-das-trevas*. Surpreendido no espelho indiscreto do banheiro no meio de mais uma madrugada insone no apartamento da Rua da Glória, Rio de Janeiro, quando se punha a escrever suas memórias, o retratista mostra-se extremamente corajoso, ainda que irônico, e mesmo algo impiedoso, consigo mesmo. Não apenas porque se deixa surpreender sem rebuço pelo trabalho do tempo, mas, sobretudo, porque parece fazer recair sobre si a dúvida em relação ao esforço a que vinha se dedicando na escritura das suas *Memórias*: a busca do tempo perdido.

Terá sentido esse esforço? Difícil responder. Mas é justamente este o espaço da liberdade da literatura em que Pedro Nava soube se mover tão bem, lutando, como memorialista, contra a morte e o esquecimento, para ao mesmo tempo esquecer e fazer esquecer, e não apenas lembrar. Esquecimento: esse segredo da memória. Ademais, o acesso a um mundo perdido implicará sempre em certo anacronismo, posto que a busca do tempo é realizada no presente (da escritura) e somente a partir dele (Nagel & Wood, 2010). Anacronismo gostosamente consciente em Nava, aliás, que não hesita suspender a narrativa para expor ao leitor essas engrenagens procedimentais e metanarrativas imprescindíveis a toda a engenharia textual, por assim dizer, na recuperação e recriação do passado. Como nessa passagem de *Galo-das-trevas*:

....
2. Para uma visão de conjunto das *Memórias* de Pedro Nava e uma bibliografia atualizada sobre elas ver Botelho (2012a, 2019b) e Bittencourt (2017).

Sem saber como, em vez de retomar estas memórias onde as tinha deixado, ou seja, na última linha do *Beira-mar* – neste capítulo de meu quinto volume, procedi a verdadeira subversão do tempo e aqui estou falando de velho, nestes idos de 1978. Faz mal não. Tem ocasião de voltar, retomar o fio da meada. Agora continuemos um pouco na minha época atual – porque o sucedido nela vai governar muito o modo de retomar contar o pretérito (Nava, 2014, p. 111).

São cenas de escrituras, nas quais o narrador se coloca deliberadamente sob o foco da atenção do leitor, momentos muito especiais da narrativa que condensam elementos biográficos, históricos, estéticos e conceituais extremamente significativos e relevantes para a compreensão das *Memórias* de Pedro Nava como um todo. O que torna o autorretrato de Pedro Nava com que abrimos nosso estudo ainda mais interessante e seu papel especificamente em *Galo-das-trevas* ainda mais importante é o fato de, ao menos por um momento, não termos segurança sobre de quem é o autorretrato: se do autor Pedro Nava-em-carne-e-osso, por assim dizer, ou se do narrador das *Memórias* que dá vida literária. A criação do narrador das *Memórias* é um dos seus elementos estéticos mais complexos e marcantes, e talvez não seja mero acaso que justo neste volume, após deixar-se entrever em seu próprio processo de envelhecimento, colocando em risco com isso o equilíbrio sempre tão delicado da dualidade autor/narrador, a narração passe a se dar por meio de um narrador em terceira pessoa, e não mais em primeira pessoa, como nos quatro primeiros volumes.

Os finais

Galo-das-trevas e *O Círio perfeito* são os livros da maturidade nos quais são contadas as experiências profissionais de Nava. Ambos os volumes seguem uma organização próxima entre si, mas diferente dos volumes anteriores. Em *Galo-das-trevas*, temos duas partes: "Negro", contendo um único capítulo, "Jardim da Glória à Beira-mar Plantado", em que se verifica uma narrativa altamente reflexiva sobre a própria prática memorialística de Pedro Nava, com passagens notáveis sobre seu trabalho noites adentro no apartamento da Glória; e "O Branco e o Marrom", com os capítulos "Santo Antonio do Desterro", contando seus primeiros tempos de atividade profissional na sua

Juiz de Fora natal, e "Belorizonte Belo", com a narrativa de sua atividade profissional na capital mineira.

O Círio perfeito, o último volume publicado em vida, dá continuidade à narrativa de sua vida profissional, contando as atividades desenvolvidas novamente em Belo Horizonte, no capítulo novamente intitulado "Belorizonte Belo", como o último do volume anterior; no interior de São Paulo, em "Oeste paulista"; e, enfim, no Rio de Janeiro, cidade onde Pedro Nava se estabeleceu profissional e afetivamente de modo definitivo, em "Campo de Santana". Todo o volume é enfeixado pela expressão "O branco e o marrom", que já dava título à segunda parte do volume anterior. Trata-se de metáfora utilizada por Nava para se referir aos dois tipos de médicos que conheceu em sua longa prática profissional: o ético e o não-ético. E que, também, num certo sentido, repõe a oposição estrutural entre positivo e negativo que já aparecia desde *Baú de ossos* referida às famílias paterna e materna do memorialista.

Essa mudança de narrador em *Galo-das-trevas* tem sido interpretada como um artifício de proteção do escritor, versão divulgada ostensivamente pelo próprio Nava, uma vez que a temporalidade do eixo principal dos eventos narrados nos últimos volumes se aproximava – perigosamente – do tempo da própria escritura e de sua publicação. Como teria dito Nava citado em artigo de jornal da época:

> Ao passar as memórias da primeira para a terceira pessoa, pretendi que o personagem funcionasse como meu alter-ego, mas no sentido de me resguardar. O objetivo do recurso era me disfarçar e me esconder como autor. Acabei não resistindo e assumi de uma vez a personalidade de Egon Barros da Cunha. (Figueiredo, 1981, p. 9)

Acrescenta, porém, que os fatos narrados seriam "absolutamente verdadeiros" e que ele, Pedro Nava, responderia integralmente por eles: "Tudo que me impressionou me marcou de uma forma ou de outra na vida, ou que eu vivi, é reconstituído com exatidão e fidelidade. A terceira pessoa sou eu, como personagens de minhas lembranças, mas isento de constrangimentos" (ibid.). Assim, da sua perspectiva, lança mão de recursos ficcionais não exatamente para ficcionalizar a narrativa das memórias, mas antes para lhe garantir certa objetividade: "me vali de um recurso de ficção para restaurar a realidade". Curioso que, para reforçar o compromisso com a verossimilhança realista,

Nava ou o narrador em primeira pessoa, com o qual já estávamos habituados e que sai de cena na primeira parte de *Galo-das-trevas* quando presenciamos a criação de Egon, cheguem a afirmar que teriam recebido deste "primo" cinco pastas de cartolina com roteiro minucioso e documentado de sua vida e trajetória profissional, base para sua narração a partir daquele momento. Exatamente como fazia Nava, que acondicionava seus "bonecos" – os esboços e documentos de toda sorte que há muito vinha produzindo e colecionando – em pastas de cartolina coloridas, em tons pastéis.

A mudança de narrador não foi, porém, recurso ficcional isolado na fatura de *Galo-das-trevas*. Nava teria também misturado eventos e pessoas, fundido alguns e dividido outros, acrescentando-lhes e, sobretudo, subtraindo-lhes traços mais característicos de modo a deixá-los protegidos, sem possibilidade de identificação direta – recurso que, segundo então também admite, já teria mobilizado na recriação de algumas personagens em *Beira-mar*, o volume anterior das *Memórias*. Para despistar o seu leitor contemporâneo, Nava desloca, funde e apaga traços, o que, para o caricaturista exímio que foi, não terá sido tarefa em nada complicada. Sua própria cidade natal, Juiz de Fora, para onde vai trabalhar após se formar, é transmudada em "Desterro", para onde o Egon teria ido trabalhar, bem como seus topônimos, ruas, familiares, moradores, personagens quase anônimos, casas comerciais, lutas políticas, situações diversas. Como o próprio Nava exemplifica:

> Há no *Galo-das-trevas* um funeral minuciosamente descrito. Passa-se em Desterro, mas na verdade não é a descrição de um enterro a que eu tenha assistido. É a recriação de pelo menos meia dúzia de enterros a que assisti, inclusive em Belo Horizonte e até no Rio. É um enterro-síntese. (Figueiredo, 1981)

Como tradicionalmente os narradores em primeira pessoa tendem a tornar a "verdade" mais relativa, uma vez que nós leitores vemos sempre da perspectiva deles (Schwarz, 1997), um narrador em terceira pessoa parecia poder assim trazer mais objetividade à narração dos "fatos" da vida profissional de Nava, campo aberto de disputas e com conflitos – tema ainda mais acirrado no último livro publicado em vida do autor e penúltimo das suas *Memórias*, *O Círio perfeito*. O que explica também, do seu ponto de vista, a fusão ou a divisão de personagens uns nos outros.

Há um realismo a toda prova nas *Memórias*, presente também de modo decisivo em *Galo-das-trevas*. Neste, a narrativa dos inícios da vida profissional será feita de uma perspectiva bastante crítica que trai justamente o olhar do médico aposentado, que, apesar de uma bem-sucedida carreira que lhe garantiu reconhecimento, respeito e renome, também envolveu dificuldades, dissabores e desafetos. As dificuldades enfrentadas pelo neófito num mundo marcado por interesses, vaidades, hierarquias e favorecimentos pessoais próprios da política oligárquica da Primeira República aparentemente alheios ao ofício para o qual havia se preparado. Aparência que será sistematicamente desmentida a cada episódio, com alto custo subjetivo do protagonista que, guiado pelo narrador, vai aprendendo com os ciúmes e as inimizades despertadas pela força e idealismo da sua juventude. Mais uma vez, o sentido da narrativa é mais amplo, contendo a sua própria sociologia, por assim dizer, uma vez que o sofrimento individual é o meio para a descoberta das forças sociais mais amplas que organizam a medicina como campo profissional, e do delicado jogo entre a ortodoxia dos estabelecidos e a heterodoxia dos que acabam de chegar.

Como se sabe, a descoberta das estruturas que organizam os interesses e vaidades num mundo aparentemente harmonioso é o mote crucial do melhor romance realista, que teve em Balzac um dos seus artífices, e que Pedro Nava conhecia tão bem. Afinal, não será mera coincidência que a narrativa dos inícios da vida profissional de José Egon Barros da Cunha possa ser lida como a do escritor Lucien de Rubempré, o herói de *As ilusões perdidas*. Mas embora ilusões perdidas pudesse ser um bom título dessa segunda parte de *Galo-das-trevas*, Nava preferiu "O branco e o marrom", que não deixa de remeter ao cromatismo moral do título de outro artífice do romance realista, *O vermelho e o negro*, de Stendhal. Aqui, trata-se também das tentativas de um jovem (Julien Sorel) de subir na vida, apesar do seu nascimento plebeu, por meio de uma combinação de talento, trabalho duro, mas também hipocrisia para, ao fim e ao cabo, ser traído por suas próprias paixões. Seja como for, os primeiros anos de exercício da medicina, em que o narrador leva o herói até às portas da maturidade, coincidindo com os primeiros disparos, em Belo Horizonte, da Revolução de 1930, são tratados de modo realista no sentido do romance com grande habilidade.

É verdade, por outro lado, que nem sempre a mudança de narrador parece tão bem sucedida em *Galo-das-trevas*, o mesmo podendo ser notado em relação às dissimulações de personagens e situações rememoradas na narrativa. Mas também aqui podemos aprender com as aparentes fragilidades de fatura, cheias de consequências para a compreensão do sentido da narrativa como totalidade. Assim, por exemplo, em vários momentos Nava, ou o narrador em primeira pessoa dos volumes anteriores das *Memórias*, irrompe na narrativa. É o que acontece, entre outras vezes, na primeira viagem de Egon ao interior de Minas, até então narrada, como esperado, na terceira pessoa. Mas, quando a pequena comitiva chega à casa do Major Jacinto, Pedro Nava toma inesperadamente o lugar do viajante: "Entrei com o Tiãozinho e logo uma senhora se adiantou toda de negro, pálida, cabelos pretos apanhados numa trança de mandarim que lhe escorria pelas costas".

Todavia, não me parece suficiente considerar essas irrupções ou os efeitos aparentemente desencontrados de outros recursos empregados como defeitos estéticos ou contrabando espúrio das técnicas do romance para o relato memorialístico, até porque me parece inexistirem condições para que se possa identificar algo como um "gênero" literário "puro". O contrário, portanto, do que pareceu a Wilson Martins (1982), que, em resenha publicada no Caderno B do *Jornal do Brasil* de 20 de fevereiro de 1982, compulsa esta e toda sorte de situações em que a voz do narrador em primeira pessoa ou a do próprio Nava autor irrompem inesperadamente em *Galo-das-trevas*; bem como outros recursos empregados na dissimulação de personagens e situações rememoradas, para assinalar as deficiências estéticas de Nava que corromperiam a "autenticidade" do seu relato.

A justaposição de temporalidades dispersas, dimensões de significado e relatos, já o sabemos, é característica crucial das *Memórias* de Pedro Nava, e que as distanciam da forma canônica do gênero memorialístico até então praticado no Brasil aproximando sua literatura do jogo intertextual nosso contemporâneo, tão marcado por baralhamento de vozes, diversidade, hibridismo, negociação de identidades. A força própria de *Galo-das-trevas* está, a meu ver, justamente no jogo entre um alter ego e uma variedade de artifícios ficcionais mobilizados com maior ou menor êxito para dissimular os fragmentos das experiências vividas, trabalhados na segunda parte, e a autoexposição do autor e do narrador, feita na primeira parte, em que Nava deixa entrever todo o tortuoso processo de escrita das *Memórias*, com sua personalidade errática, fraturada, consumida. Mas que também nos dá a ver as cenas de escrita de suas *Memórias*, uma espécie de suspensão hermenêutica, uma metanarrativa dentro da narrativa.

Cenas de escrita

No autorretrato do memorialista Pedro Nava, autor e narrador, surpreendido no espelho, a relação entre memória e velhice se consuma. Não por acaso, ele figura na primeira parte de *Galo-das-trevas*, que, considerando a economia interna de todo o ciclo memorialístico naveano, representa como que uma pausa metanarrativa e reflexiva em relação à escrita das memórias ("gênero" narrativo) e sua própria matéria-prima, as experiências vividas filtradas pela memória – suas lembranças e esquecimentos. E para o efeito expressionista alcançado no autorretrato destacado, terá concorrido também, ao lado do talento do desenhista e pintor que confere sentido plástico à narrativa, a habilidade naturalista do médico experiente. O anatomista tão detalhista, de que temos notícia nas belas páginas de *Beira-mar*, sobre o aprendizado desta arte na faculdade de medicina de Minas Gerais. E que quando chega a hora, não hesita em descrever o seu próprio envelhecimento como decadência, fugacidade da juventude; ainda que quase se deixe levar, vaidoso, pelos sinais de virilidade entrevistos em alguns traços persistentes segundo a sabedoria popular – sabedoria que, aliás, tanto prezou e foi também importante para sua épica memorialística.

Na primeira parte de *Galo-das-trevas* se encontram algumas das melhores cenas de escrita das *Memórias* como um todo, e a meditação do autor/narrador sobre a passagem do tempo, seu envelhecimento e a busca do tempo perdido por meio da escrita. É um momento muito especial da narrativa. São elas que nos interessam aqui mais de perto. A metanarrativa e a reflexividade que dão forma a certa meditação sobre o tempo e sobre a escrita das memórias a ele relacionadas, presentes na primeira parte do livro, se não chegam a colocar contra a parede as possibilidades e os limites das *Memórias* como gênero narrativo, ao menos deixam à mostra, como vimos discutindo, essa dualidade autor/narrador, cujo baralhamento é uma das forças da ficção.

Não resisto, então, mesmo sabendo-a longa, a citar o início de outra bela cena de escritura das *Memórias* na qual, no meio de mais uma noite insone em seu apartamento, se explicita a agência dos objetos familiares sobre Pedro Nava, estas ruínas do passado sistematicamente colecionadas que o ajudam a se metamorfosear em narrador:

> Entro em minha sala de jantar com passos de veludo. À noite, só, tenho medo pânico do ruído de minha sola no chão. Respiro baixo – como ladrão. As

coisas familiares tornam-se estranhas e fantasmais, mesmo luz acesa. O relógio armário vacarmiza com seus tic – estalos – tac a tempos iguais do pêndulo cá e já logo lá e a lua do mostrador me manda além das três e meia das horas, o sem-número de caras que as procuraram no tempo e que não procuram mais saber quantas são. Se fosse uma raridade de antiquário, não me diria nada. Mas é um de armário que bate as horas para minha gente há mais de cem anos. Pertenceu a Cândido José Pamplona, meu bisavô. Rodrigo Melo Franco de Andrade, que gostava de sua linha de velho móvel, sempre que vinha a minha casa ia vê-lo, acertava por ele os ponteiros do seu e explicava que aquele tipo era duns relógios ultraprecisos, de fabricação inglesa, entrados no país entre 1820 e 1840. Com sua autoridade de diretor do patrimônio dava idade assim venerável ao meu antigo pêndulo. Da casa de meus bisavós ele passou para a de minha avó paterna e das mãos desta para as de minha tia Alice Sales. Dela me veio. Lembro do dia que fui tirá-lo num armazém do cais do porto, chegado do Ceará: máquina, pesos, um feixe de tábuas do que fora o armário. Fi-lo restaurar, pu-lo de pé, mandei regulá-lo, armá-lo. Dei a corda, impulsionei a báscula e o tique-taque começou a pulsar para mim os segundos que contara para os meus. Tio Sales que bricolava, tinha passado sua caixa de pinho-de--riga a uma tinta marrom cujo óleo se impregnara de tal modo à madeira que foi impossível deixá-la visível e aos seus belos veios e nós. Tive de mandar repintá-la. Escolhi dourados, ramos de flores, tendo por campo aquela cor de sangue. Logo que ele começou a bater, devorou os silêncios e os demais ruídos de minha casa e a olhá-lo, leio no seu mostrador o testemunho da morte dos meus mais velhos – todos encantados no seu bojo tornado carne palpitante pelo grená que lhe dei. No princípio ele era uniforme. O tempo corrompendo oxidando mofando a tinta deu-lhe inesperada riqueza de tonalidades e aqui e ali apresentam-se agora as várias gradações do rubro. Há quinas carmesim, superfícies purpurinas, cor de cereja, de rosa, de amora, cantos de coral, de carmim, de goles. Os quatro pés estão encarnados. Alto, tocando o teto, ereto, certo, preciso, seguro, implacável – meu relógio vermelho bem aguentaria (como o do príncipe próspero) confrontar também a morte e vê-la pichelingue, despojar-me de madrugada minuto e mais minuto. Esvazia meu haver e aumenta o seu enquanto engrola na boca de sombra seca – estch'era teu, agor'el' é meu, estch' era teu agor'el' é meu, estch'era teu... (Nava, 2014, p. 56-57)

Sabemos do anacronismo envolvido em toda busca (empreendida no presente) de um passado sabidamente perdido para sempre que forja a literatura memorialística. As cenas de escrita das *Memórias* que, latentes e mais episódicas no ciclo naveano em geral, ganham o primeiro plano da narrativa na primeira parte de *Galo-das-trevas* são emblemáticas a esse respeito. Elas mostram, num jogo intertextual fino com o paradigma da memória involuntária de Proust (e de Marcel, o narrador de *Em busca do tempo perdido*), como esse procedimento anacrônico tem por base os vestígios do passado que ganham materialidade nos objetos que agenciam a memória. O percurso em nada linear que vai da lembrança e do esquecimento à escritura das memórias passa e é em grande parte articulado por meio de objetos materiais, como casas, sua localização, divisões interiores, divisão social do espaço, mobílias, roupas, joias, retratos, atividades domésticas, experiências culinárias etc. Os objetos materiais, como nos ensina José Reginaldo Santos Gonçalves (2007), não apenas preenchem funções práticas indispensáveis no dia a dia, mas desempenham funções simbólicas as mais relevantes. Condição que lhes assegura poder na vida social: "o poder não só de tornar visíveis e estabilizar determinadas categorias socioculturais, demarcando fronteiras entre estas, como também o poder, não menos importante, de constituir sensivelmente formas específicas de subjetividade individual e coletiva", argumenta o antropólogo.

É certo que a passagem do tempo é um dos motivos principais de todas as *Memórias*, sem o qual evidentemente não existiria sequer essa prática de si. Tomando como eixo apenas uma das dimensões das *Memórias*, a da história da formação sentimental, moral e intelectual de Pedro Nava, a partir da qual as muitas outras vão ganhando sentido na narrativa, pode-se até dividir os volumes da seguinte forma: *Baú de Ossos* (1972) e *Balão Cativo* (1973) tratam dos antepassados, da sua família e da sua infância; *Chão de Ferro* (1976) e *Beira-Mar* (1978) tratam da sua formação educacional, são os livros da sua adolescência e juventude; *Galo-das-trevas* (1981) e *O Círio Perfeito* (1983), além de *Cera das Almas*, o livro que daria continuidade à série, mas que foi interrompido pelo suicídio do autor, tratam da sua atuação profissional como médico, são os livros da sua chegada à maturidade.

Essa organização é válida desde que não se ignore outras dimensões mais amplas e menos óbvias que as *Memórias* também encerram. Mesmo o relato acerca de si próprio não deve levar a imaginar que a narrativa das *Memórias* seja linear. Na verdade, ela é marcada por recorrentes suspensões do eixo temático e cronológico principal, a partir das quais histórias variadas ganham o primeiro plano da narrativa, e vão se entrelaçando. Justamente por isso sente-se a mão hábil do narrador mantendo os infinitos fios das *Memórias* e sua maestria que consegue conduzir o leitor com segurança, ainda que sem privá-lo de momentos de vertigem, pelo denso emaranhado da memória. Aliás, narradores no plural, como vimos.

Esta pode ser a deixa para realçar ainda mais *À la recherche du temps perdu*, uma das referências eruditas cruciais de Pedro Nava na literatura e, senão na vida, na própria prática do gênero memórias. O romance monumental, escrito entre 1908-9 e 1922 e publicado entre 1913 e 1927 em seis volumes, já foi comparado a uma catedral, tendo recriado decisivamente o tema e a narrativa da busca e recuperação do passado, tão caro ao memorialismo. Imagem que, guardadas as diferenças, também poderia se aplicar à obra deste francófilo assumido em literatura que foi Pedro Nava, e leitor mais do que atento, reincidente e apaixonado de Proust, que, em *Beira-Mar*, confessa ter lido, até àquela altura, seis vezes o livro-monumento sobre a busca do tempo perdido.

São muitas as presenças de Proust na obra de Nava, umas mais fáceis de apontar, como as temáticas, e outras mais difíceis de rastrear, a despeito da recorrência de referências explícitas. Como às relativas às concepções da prática do escritor e do memorialista, bem como ao desafio de recuperar o passado por meio do árduo trabalho da escrita, de ativar as suas imagens sedimentadas na memória por meio da arte de narrar, a que ambos os autores se lançaram. Presenças que remetem mais para o caráter polifônico, dialógico e intertextual da literatura, e de outras artes, cujas realizações presentes sempre dependem também de realizações passadas com as quais dialogam direta ou indiretamente, do que de qualquer ideia simplificada de recepção, influência ou cópia. Talvez por isso, Pedro Nava não tenha deixado também de suprimir certas referências mais diretas em que traçava o paralelo entre sua obra e a de Marcel Proust, como se pode constatar da leitura cotejada entre os livros publicados e seus originais datiloscritos. Como, por exemplo, nesta passagem de *Baú de ossos* sobre um dos retratos do avô paterno, Pedro da Silva Nava, em que a referência a Proust, transcrita em itálico a seguir, é suprimida da versão final editada do livro: "É por ser neto do retrato que sou periodicamente atuado pela necessidade de ir a São Luís do Maranhão – *com a mesma intensidade de que o narrador de Proust punha no desejo de ir à quase impossível Veneza e no de ter coito com a inacessível femme de chambre do Madame Putbus*".

Embora a prática de si memorialista tenha muitos e variados sentidos em Pedro Nava, a consciência da passagem do tempo é sempre candente. Como, aliás, expressa tão bem a anotação feita a lápis, datada de 02/01/1970, com a letra do escritor à página 201 dos originais do que viria ser o terceiro capítulo de *Baú de Ossos*: "2.I.1970. Um mês sem tocar nas memórias e preparando dois trabalhos médicos. A 29.XII.69 morte de tia Bibi que completaria 90 anos a 25. Foi a última da família de meu pai. Hoje sou o mais velho... o tempo urge". Não parece fortuito, porém, que o motivo, a passagem do tempo, ganhe assim mais espaço nos últimos volumes das *Memórias*, bem como a reflexividade do narrador em relação ao próprio "gênero" memória. Nava sabia estar chegando ao fim (relativamente planejado) da sua narrativa épica à medida que se aproximava de sua vida adulta e profissional, embora o curso de sua vida individual seja apenas um dos eixos da narrativa.

Jogo de espelhos, de mostra e esconde que, evidentemente, torna ainda mais complexas, dinâmicas e sedutoras as relações entre real e ficção, ou confissão e invenção, nas *Memórias* de Nava – elas mesmas terreno pouco aprazível para aqueles que buscam fronteiras demarcadas, arestas aparadas, divisões reificadas, imaginação disciplinada, cada qual no seu quadrado. É claro que, em literatura, não há ingenuidade no que se mostra ou no que se esconde, ainda que tampouco os sentidos das palavras possam ser inteiramente reduzidos às intenções – boas ou más – do/s narrador/es.

As memórias de Pedro Nava se revelam instigantes, entre outros motivos, porque sendo *suas* as memórias, elas também podem ser, em parte, as *nossas* memórias, seus leitores de ontem e de hoje. Ao narrar as suas histórias e as dos seus, Pedro Nava entrelaça de tal modo os fios que os ligam à vida brasileira que fica difícil estabelecer exatamente onde acaba esta e onde começam aquelas. Foi isso que observou seu amigo e leitor atento Carlos Drummond de Andrade ao comentar, dias após a morte de Nava, o método das memórias a propósito dos originais deixados inacabados pelo amigo suicida de 81 anos em artigo publicado no *Jornal do Brasil* em 27 de setembro de 1984, uma quinta-feira:

> O método mais rigoroso presidia à feitura dos capítulos, que eram fartos, desbordantes, em períodos fechados e rítmicos, um tanto à maneira, ou antes, ao espírito musical do seu mestre Proust, mas rigorosamente concebidos e executados como um imenso vitral em que a vida brasileira e a vida individual apareciam tão interligadas que não se podia estabelecer, criticamente, onde acabava esta e começava aquela: lição e exemplo de individualismo atuante

e liberto de si mesmo, da vida intensamente vívida, e febril, passionalmente integrada na vida comum. (Andrade, 1984)

"Individualismo atuante e liberto de si mesmo"... Difícil imaginar definição melhor para o autor/narrador das *Memórias*, artes de uma memória que não se deixou disciplinar inteiramente por uma noção moderna de "eu" altamente individualizada, mas que, dividido e multiplicado nos outros, se deixa surpreender também como parte de experiências e coletividades sociais mais vastas. O sujeito da narrativa, tal como laboriosamente construído no texto, passa a ser então uma mediação ou via de acesso a essa totalidade que, num mesmo movimento, o constitui individualmente e também o transcende. Por isso, as memórias de Pedro Nava, embora compreendam as memórias do indivíduo "Pedro Nava", da "sua" família, dos "seus" amigos e dos "seus" companheiros de geração, não se limitam a esse tipo de relato. Pelo modo como a narrativa recupera essas experiências, conferindo-lhes sentidos mais amplos por meio de certos recursos que cabe especificar adiante, as memórias de Pedro Nava generosamente como que se abrem, no tempo e no espaço, de modo a permitir que também sejam de alguma maneira as nossas memórias. Longe de apenas iluminarem o indivíduo e sua biografia, ou mesmo aquele que se constrói como narrador, as *Memórias* de Pedro Nava oferecem uma narrativa por meio da qual é possível surpreender um vasto panorama do Brasil.

E embora elas sejam monumentais, nossa identificação às *Memórias* parece favorecida mais no detalhe do que no eixo central da narrativa. Detalhe – esse recurso estético é fundamental justamente para enfocar, registrar uma impressão, fazer lembrar. E nas *Memórias* de Pedro Nava os detalhes parecem muito ligados aos sentidos. Memórias sensoriais – olhos, ouvidos, olfato, tato – percorrendo por dentro as histórias que o narrador quer nos dar a conhecer, de tal modo que, apesar das diferenças evidentes, o sabor da feijoada descrita já é o sabor da feijoada que nós efetivamente comemos um dia, por exemplo. E assim, não raro, num jogo fascinante de estranhamentos e reconhecimentos, o narrador das memórias de Pedro Nava como que nos surpreende em pleno ato de leitura recuperando involuntariamente nossas próprias lembranças. Afinal não são os sentidos justamente os meios pelos quais percebemos e reconhecemos os outros, o ambiente em que encontramos uns aos outros e, assim, a nós mesmos?

Para a composição desses detalhes, contribuiu muito o extenso e diversificado material que Pedro Nava foi colecionando ao longo da vida, além dos relatos orais colhidos nas rodas familiares e dos amigos, e de que se serviu para escrever suas *Memórias*. São livros, diários, recortes de jornais, genealogias, receitas de cozinha, bulas de remédio, fotos, álbuns de retratos, quadros, desenhos, caricaturas, croquis, mapas. O colecionamento desse material e o cuidado em seu acondicionamento em pastas, fichários e cadernos de anotações que depois serviam de suporte aos planos de trabalho dos capítulos dos seus livros a que chamava de "bonecos" ou "esqueletos" sugerem uma longa e metódica preparação para e na escrita das *Memórias*. Após traçar esses planos de trabalho, Nava passava propriamente à escrita: escrevia à máquina no lado esquerdo de uma folha dupla de papel almaço sem pauta, deixando o lado direito para correções, enxertos e diversas observações; bem como para colagens e desenhos que reforçam a memória visual do autor e da obra que vai criando, não sem reforçar também a tensão entre escrita e figuração. O zelo e o capricho com o material colecionado e com a preparação para e na escrita das *Memórias* se fizeram acompanhar, como era de se esperar, por igual desvelo com a publicação dos seus volumes. Assim, por exemplo, em carta datada de 24 de novembro de 1980 a Daniel Pereira, editor da José Olympio, para onde havia levado sua obra, Nava se dá ao trabalho de copiar trecho de carta mais antiga endereçada ao mesmo editor, datada de 23 de maio de 1978, na qual dava instruções precisas sobre a diagramação e a impressão dos seus originais, o que ele fazia, conforme afirma, a cada vez que entregava "a Vces. um livro-filho" (Nava, 1978).

A fugacidade do tempo recuperado

Memória de velho, chama que se apaga. Logo chegaríamos ao final da publicação das *Memórias*. E, no entanto, a sensação de incompletude que fica é incontornável. Permanecerá sempre assim, por certo. E por uma espécie de paradoxo, porque a busca do tempo perdido jamais se completa, a experiência vivida não pode ser restituída em sua total significação. Foi contra essa precariedade inevitável que Pedro Nava se lançou, na tentativa ao menos de reter o jorro da memória. Fez-se um narrador exímio na exploração do enunciado performativo, aquele que não se limita a descrever um estado de coisas, mas que busca instituí-lo imediatamente junto ao leitor.

Apesar disso, ou melhor, justamente por tudo isso, a sensação de incompletude se intensifica. Ainda mais quando lembramos que, ao se suicidar, em

1984, Pedro Nava deixava inacabada a publicação de sua obra. "Antecipaste a hora. Teu ponteiro enlouqueceu, enlouquecendo nossas horas", lamentou o amigo da vida inteira, Carlos Drummond de Andrade, no poema "A um ausente", no livro póstumo *Farewell*, de 1996. Ainda assim, esses últimos títulos de Nava revelam muito de um sentido pretendido pelo autor para sua narrativa. Se somarmos esses dois últimos ao anterior, o quinto volume, *Galo-das-trevas*, completam-se as alegorias retiradas de elementos litúrgicos muito precisos da Igreja Católica Apostólica Romana, e também de outras igrejas cristãs ocidentais. "Galo das trevas" é o candelabro de 13 velas de uso durante a Semana Santa que se apagam, uma a uma, à medida que vão sendo rezadas as orações e os salmos do ofício das trevas, que recordam ritualmente a paixão e morte de Jesus Cristo. "Círio perfeito" é o Círio Pascal, a vela branca que representa, por sua vez, a luz de Jesus Cristo, um símbolo da sua ressurreição e presença visível na terra. Diz-se que o círio deve ser aceso com fogo ateado recentemente, fora do templo no início da vigília pascal. E que, antes de acendê-lo, o sacerdote deve gravar uma cruz na cera, inscrevendo um α (alfa) acima e um Ω (ômega) abaixo dela, primeira e última letras do alfabeto grego para simbolizar, talvez, gênese e apocalipse, mas também que o Cristo é o mesmo ontem, hoje e sempre. Não é o caso, porém, de investigarmos nos detalhes os usos alegóricos dessa simbologia que Nava, mesmo sendo pessoalmente agnóstico, soube explorar como poucos em termos de uma das matrizes culturais brasileiras. Mas é bom lembrar esse sentido de permanência e perenidade a propósito de *O círio perfeito*, justamente o último volume publicado em vida por Nava, antes do gesto voluntário e derradeiro que tirou a sua vida. E é isso mesmo que, de alguma forma, as *Memórias* também são: a Paixão de Pedro Nava e, por meio dela, de toda uma geração, da história brasileira e da nossa sociedade contemporânea em sua emergência, bem como de todo um mundo que nela passa a existir e a respirar.

O êxito das *Memórias* parece ligado decisivamente ao fato de Pedro Nava ter conseguido, como poucos, conjugar a arte de contar à arte de viver, e ele parece mesmo ter vivido com prodigiosa intensidade tudo aquilo que nos restitui por meio da narrativa. Afinal, o narrador é justamente aquele que consegue trocar por palavras as experiências vividas, na conhecida definição dada por Walter Benjamin (1975). Narrar permitiu a Pedro Nava manter viva a tensão entre passado e presente, mortos e vivos, subjetivo e objetivo, individual e coletivo, particular e geral, o Brasil e o mundo. Narrar permitiu a Nava sobreviver a si mesmo. E lidas hoje, as suas *Memórias* também constituem um instigante espaço de comunicação entre diferentes temporalidades da sociedade brasileira, entre o seu presente, passado e futuro.

Nesta sua/nossa Paixão, não por acaso, a violência que nos une conferindo sentido histórico a uma experiência social, cultural e política na sociedade brasileira, tão bem trabalhada por Nava na concepção da narrativa e na composição de episódios e personagens de todas as *Memórias*, se radicaliza e irrompe neste volume também como uma forma particular de modelagem da própria subjetividade individual do narrador. Nas mãos de um médico renomado, a narrativa passa a ser manejada como instrumento de corte, de incisão, de sutura para expor, do seu ponto de vista inteiramente parcial, virulento mesmo, seus desafetos profissionais e seus dissabores existenciais como corpos abertos, doentes ou já mortos. Com essas mesmas mãos hábeis, mas já também as mãos do escritor consagrado, tirou sua vida, num banco de rua no bairro carioca da Glória, onde vivia.

Pouco notadas pela crítica especializada até aqui, as cenas de escrita nas *Memórias* são como que aberturas contundentes muito significativas para o entendimento do problema estrutural da narrativa: é impossível sequer ensaiar qualquer abordagem das *Memórias* sem reconhecer as dificuldades que seus críticos têm encontrado em classificá-las ordeiramente em um gênero literário específico ou unívoco. Memória ou imaginação? Documento ou ficção? No lugar de uma escolha exclusiva apressada, porém, cumpre antes reconhecer que a força e o alcance próprios das *Memórias* parecem estar justamente na heterogeneidade e ambiguidade que lhes são constitutivas. Sua capacidade de interpelação está, assim, no jogo entre documento e ficção que provoca e que faz da memória um campo plástico e do passado gestos revividos postos em ação pela narração. Método que exigiu de Nava em medidas semelhantes, na verdade, praticamente indistinguíveis, a pesquisa, a inventividade e a longa meditação estética envolvida no árduo trabalho da escrita. E a crítica literária especializada tem feito notar a presença antes estrutural do que ocasional, e antes meditada do que inconsciente, de recursos estéticos próprios aos textos ficcionais nas *Memórias*. São justamente os recursos ou artifícios estéticos que ajudam a formalizar certas circunstâncias individuais ou familiares rememoradas na narrativa das *Memórias* em elementos profundamente significativos como modos de existência coletiva e brasileira. Então, como a vela do candelabro ritualístico do catolicismo, a definição das *Memórias* de Nava permanece em fogo ardente, incomodando especialistas e podendo deleitar leitoras e leitores.

Entre bruxos e doutores: Medicina, modernismo e vocação em Pedro Nava[1]

André Botelho
Andre Bittencourt

A história da medicina eu acho muito importante. Mas, pode ser uma opinião, uma telha intelectual, de modo que eu não sei se para todos isso é útil. Eu acho útil, para o sujeito não cair e fazer pesquisas que já foram feitas e se meter em caminhos errados. Eu conheci um português, era um historiador da medicina, que dizia: 'A história da medicina é um pelourinho dos vaidosos e um estímulo para os ignorantes'. No estudo da história da medicina você tem o estímulo dado pelos grandes nomes, pelas grandes figuras, porque a gente fica admirando quando sabe o esforço que custou uma descoberta; é o pelourinho dos ignorantes quando alguém pensa, às vezes, descobrir coisa já descoberta.[2]

Assim manifestava-se Pedro Nava, em entrevista inédita, a propósito da importância de um dos gêneros intelectuais que frequentou de modo relativamente diletante, a história da medicina, mas que acabou se mostrando extremamente importante para o seu próprio exercício profissional e, ainda mais, para o notável memorialista em que havia se transformado. E é o memorialista já consagrado pela crítica e pelo público quem concede a entrevista a Helena Bomeny e René Peixoto Batista, no Rio de Janeiro no dia 3 de abril de 1983, mas não para discutir suas *Memórias*, cujo sexto e último

---
1. Publicado originalmente em *Novos estudos CEBRAP*, n. 102, p. 167-185, 2015.
2. Entrevista com Pedro Nava a Helena Bomeny, com a participação de René Peixoto Batista. Rio de Janeiro, 3 de abril de 1983, datilo. Acervo particular. Os autores agradecem a Helena Bomeny o acesso e a autorização para citar essa entrevista.

volume publicado em vida pelo autor, *O cirio perfeito*, chegava justamente naquele momento às livrarias.

Pode ser que o tema principal da entrevista – as mudanças estruturais, por assim dizer, pelas quais a medicina estaria passando vistas a partir de aspectos centrais da trajetória profissional de Nava – tenha mesmo sido em parte motivado pela matéria do livro então recém-publicado, o qual forma com o volume anterior, *Galo-das-trevas* (1981), a narrativa sobre a sua trajetória profissional e a que se somaria *Cera das almas*, interrompido pelo suicídio do autor em 13 de maio de 1984 (cujas 36 páginas permaneceriam inéditas até 1996). Nesses últimos livros, sentem-se, agudamente, o tom amargurado e a perspectiva bastante crítica, senão ressentida, que não deixam de trair justamente o olhar do médico aposentado, que, apesar de uma bem-sucedida carreira como reumatologista que lhe havia garantido reconhecimento, respeito e renome, também envolveu dificuldades, dissabores e desafetos.

Na entrevista ou nas *Memórias*, porém, o olhar crítico lançado sobre o longo percurso percorrido não é apenas o de uma subjetividade individual. O mesmo se pode dizer dos seus escritos sobre história da medicina, que desenvolvem os principais temas revistos na entrevista e os métodos narrativos que seriam empregados posteriormente nas *Memórias*, e dos quais nos ocuparemos aqui. Nesses textos, como no caso das *Memórias*, que nunca se deixam disciplinar inteiramente pelo paradigma do indivíduo, o olhar crítico de Pedro Nava demarca também processos e relações muito mais amplos sobre os sentidos assumidos pela medicina na sociedade e pelo seu exercício profissional (Candido, 2006b; Botelho, 2012a).

As *Memórias* de Pedro Nava, longe de apenas iluminarem o autor e sua biografia, ou mesmo aquele que se constrói como sujeito da(s) memória(s), nos trazem uma narrativa em que é possível surpreender um vasto panorama e uma interpretação do Brasil, como já discutido (Botelho, 2013a). Panorama tecido por meio de relações genealógicas, categorias espaciais, geográficas e regionais, objetos materiais, culinária, vestuário, sentimentos, sentidos, entre outras relações. Vistas dessa perspectiva, as *Memórias* oferecem menos um documentário sobre diferentes momentos da história brasileira e mais uma narrativa em que o passado brasileiro constitui meio de reconstrução permanente de possíveis identidades individuais e coletivas. Ao longo da narrativa, uma extensa rede de relações, desdobradas no tempo e no espaço, vai situando o narrador como parte de uma grande totalidade: laços genealógicos, relações de amizade, relações profissionais etc. De tal forma que o foco deixa de ser o narrador e este passa a ser uma espécie de mediação para dimensões que o transcendem. A memória, configurada em seu sentido clássico (Yates, 1996; Beaujour, 1980), funciona nas *Memórias* de Pedro Nava como uma espécie de acesso a esse mundo que transcende a biografia.

O aparecimento de *Baú de ossos*, em 1972, o primeiro volume das *Memórias*, foi acompanhado, para muitos, por grande surpresa com relação ao talento literário de Pedro Nava, que o lançou imediatamente ao lugar principal do memorialismo brasileiro. Como o médico renomado ia se metamorfoseando no memorialista mestre da língua portuguesa? Como observou seu amigo de toda a vida Carlos Drummond de Andrade (2012, p. 22): "Como foi que o danado deste homem, preso a atividades profissionais duríssimas, que lhe granjearam fama internacional, consegue ser o escritor galhardo, lépido, contundente que é?".

Desde o seu lançamento, a crítica especializada nas *Memórias* tem lembrado, sobretudo, as raízes intelectuais modernistas de Pedro Nava. Com razão, posto que a sua experiência intelectual, iniciada na década de 1920 em Belo Horizonte, tem várias relações com o movimento modernista, e deu-se na companhia de colegas que se tornariam poetas de renome, como Drummond, Abgar Renault e Emílio Moura, entre outros que se destacariam na vida cultural e também política brasileira (Bomeny, 1994; Marques; 2011; Botelho, 2013b). O próprio Nava, aliás, fez publicar naquele contexto alguns poemas seus em *A Revista*, mas ficaria conhecido como "poeta bissexto" em virtude de algumas de suas mais notáveis realizações poéticas, como "Mestre Aurélio entre as rosas" e "O defunto", reeditadas por Manuel Bandeira, em 1946, na *Antologia de poetas brasileiros bissextos contemporâneos*. Também não resta dúvida de que essas raízes modernistas foram cultivadas e ampliadas ao longo da vida com os amigos escritores e outros em diferentes círculos intelectuais, como nos saraus literários promovidos pelo advogado e bibliófilo Plínio Doyle em sua casa em Ipanema, aos sábados, os conhecidos "Sabadoyles", de que Pedro Nava tomava parte ativa até as vésperas de seu suicídio (Senna, 2000).

Ao lado do modernismo, e a ele associado em certos sentidos, porém, a experiência médica de Pedro Nava, em suas múltiplas dimensões constitutivas, também contribuiu para a definição do seu perfil de memorialista e em especial para o método de escrita das *Memórias*. É essa questão mais ampla que gostaríamos de explorar. Sem que devam ser, necessariamente, considerados apenas uma preparação para as *Memórias*, foram fundamentais para sua escritura seus escritos sobre as histórias da medicina no Brasil, suas práticas populares desde a Colônia e alguns de seus personagens pioneiros, bem como seu empenho no colecionamento de materiais relacionados, como antigas receitas e curiosidades médicas, fotografias, recortes de jornais etc. Se a vida, como observou novamente Drummond, quis torcer Pedro Nava para o rumo da medicina, esta não o despojou da faculdade, "meio demoníaca meio angélica", de recriar pelas palavras o mundo feito de acontecimentos; mas "antes o enriqueceu com dolorida e desenganada, mas, ainda assim, generosa experiência do humano", conferindo ao médico "o dom estético de, pela escrita, ressuscitar os mortos"(Andrade, 2012, p. 22).

Também Davi Arrigucci Jr. (2001, p. 91) já assinalou que a ciência médica parece ter aguçado no memorialista Pedro Nava um "senso material da realidade, que ele procura vasculhar com uma visada minuciosa, detalhista e muitas vezes implacável, em busca de um saber real das coisas e dos homens". Na mesma direção, Joaquim Alves de Aguiar notou que, em seus escritos sobre medicina, Nava,

> ao iluminar o trabalho e a vida dos grandes mestres do passado, procedia como se fosse buscar as próprias origens, os agentes da sua formação, os fundadores da 'família' profissional a que pertencia, com a mesma paixão com que pintaria, anos depois, nas Memórias, os retratos dos integrantes da sua genealogia. (Aguiar, 1999, p. 154)

Neste texto, buscamos contribuir para a discussão sugerindo que medicina e modernismo, ao contrário de se constituírem como duas experiências distintas ou mesmo paralelas na trajetória de Pedro Nava, entrecruzam-se muitas vezes, numa série de encontros significativos determinantes tanto para o médico quanto para o escritor. Nesse sentido, talvez fosse apropriado dizer inclusive que a medicina aparece, para o nosso autor, por dentro do modernismo, entendido este como um movimento cultural abrangente, que envolve e entrelaça diferentes esferas sociais e também diferentes gerações e cujo principal objetivo é tornar o Brasil familiar aos brasileiros.

De modo a trabalhar os nexos modernismo-medicina, destacaremos uma das questões mais consideradas pela fortuna crítica das *Memórias*, as relações entre popular e erudito, que, como sabemos, foi também elemento crucial no modernismo, para o qual a valorização do folclore e das mais diferentes práticas culturais populares tornou-se o vezo de abrasileiramento e de contraponto às visões que opunham (e opõem) o erudito ao popular como figurações antitéticas e excludentes (Botelho, 2012b). Nosso foco, no entanto, recairá principalmente nos textos de Nava escritos entre os anos 1930 e 1940 sobre a história da medicina brasileira, indicando, assim, como a preocupação (nem sempre livre de impasses e ambiguidades) em articular aquelas duas dimensões foi ao mesmo tempo constitutiva de sua forma de encarar a prática médica como também modelou, por meio da própria medicina, toda uma cosmologia que mais tarde seria incorporada nas *Memórias*, cuja redação se inicia justamente em 1968, quando, aos 64 anos de idade, o médico Pedro Nava ia se aposentando.

I

Quando pensamos no papel desempenhado pela medicina na estruturação da narrativa das *Memórias* de Pedro Nava, ao lado da crítica literária especializada que tem feito notar a presença nelas de artifícios e recursos estéticos identificados ao modernismo (Botelho, 2012a), não temos em vista, porém, nem a trajetória profissional do autor como médico nem a medicina como tema ou assunto da narrativa. Pensamos antes noutros recursos tomados à medicina, os quais desempenham um papel igualmente interno na estruturação das *Memórias*, como aqueles identificados ao modernismo.[3] Trata-se de uma determinada matriz de concepção da medicina que repercute de modo significativo no texto de suas memórias. E não apenas em relação à presença de termos médicos, situações, instituições e personagens da medicina. Na verdade, essa matriz parece remeter a uma determinada tradição que poderíamos associar ao chamado "paradigma indiciário"

....
3. Quanto aos processos formais modernistas de criação, vale destacar que a própria enumeração apontada pioneiramente por Antonio Candido (2006b) como recurso estético que permite a ampliação do campo de significação das memórias individuais e familiares de Nava está imemorialmente presente na cultura popular brasileira, como nas louvações e nos cantadores nordestinos, e se conserva ainda muito viva na memória coletiva. Registro a partir do qual já havia sido transposta e transfigurada para o plano narrativo de uma das realizações capitais da cultura brasileira, embora igualmente de difícil classificação, com efeitos estéticos semelhantes aos alcançados pelas *Memórias* de Pedro Nava. Referimo-nos a *Macunaíma*, de Mário de Andrade, publicado em 1928, em que a enumeração, como mostrou Gilda de Mello e Souza (2003), constitui recurso crucial para relativizar a pretensão enfática do temário europeu, retirar ao temário localista a inocência da marginalidade e dar sentido calculado e cômico aos desníveis narrativos que assinalam o desencontro dos postulados reunidos no livro.

(Ginzburg, 1989), pela escolha de pequenos detalhes como ponto de partida que pode levar a conclusões de maior alcance; ou a uma tradição na história da medicina ocidental que, na modernidade, veio progressivamente ocupar uma posição liminar – a chamada "medicina popular", as práticas e crenças mágicas voltadas para formas de diagnóstico e cura.

Nossa leitura das *Memórias* passa, embora não se possa demonstrá-lo aqui passo a passo, para além do reconhecimento da sua presença como tema, pelo entendimento do papel que algumas categorias tomadas à medicina desempenham na estruturação formal da sua narrativa. Assim, tem interesse especial o modo como as categorias relativas às práticas da chamada medicina popular, a exemplo das "classificações primitivas" estudadas num texto clássico por Émile Durkheim e Marcel Mauss (1979), articulam simultaneamente o indivíduo e a sociedade, os mortos e os vivos, o corpo e a alma, o passado e o presente, o macrocosmo e o microcosmo (Botelho; Gonçalves, 2010). E como a valorização do popular, em suas mais diferentes figurações, constitui ponto crucial da agenda cultural e política aberta pelo modernismo, o interesse de Pedro Nava pelas práticas medicinais populares do passado brasileiro antes aproxima do que separa o médico e o memorialista que nele conviviam.

Nos seus textos sobre medicina, embora já fosse um profissional de prestígio amplamente reconhecido, Nava tece elogios significativos a personagens, práticas e formas de conduta médica que tendem a ser condenados e excluídos da chamada "medicina oficial". As práticas e categorias da medicina popular expressam um pressuposto que será fundamental na articulação de sua narrativa ao longo das *Memórias*, qual seja, o vínculo sensível e incontornável entre o microcosmo e o macrocosmo, entre o corpo humano e o universo. Esse pressuposto desempenha talvez um papel central na cosmologia que se configura ao longo das páginas das *Memórias* e implica igualmente uma visão humanista integradora da prática médica perdida ou marginalizada pelo desenvolvimento científico da medicina e sua fragmentação em diferentes e, às vezes, incomunicáveis especialidades (tema, aliás, recorrente na entrevista com que abrimos este texto).

Foram dois os livros de história da medicina publicados em vida por Pedro Nava. *Território de Epidauro* (1947), cujo título alude à histórica cidade grega, famosa pelo santuário de Esculápio – que, segundo a própria epígrafe, atraía multidões desejosas por saúde e cura –, tem como subtítulo "Crônicas e histórias da história da medicina". A ideia de multiplicidade também se faz notar em *Capítulos da história da medicina no Brasil* (1949), publicado originalmente como separata da revista *Brasil Médico Cirúrgico* ao longo de 1948 e início de 1949. Os títulos são precisos: não tenciona, nenhuma das duas obras, fazer história exaustiva e sistemática da medicina no país percorrendo suas etapas, ou seus grandes clínicos, ou ainda as principais instituições de tratamento e de pesquisa, ainda que nenhuma dessas dimensões esteja totalmente ausente delas. Antes, o que vemos são fragmentos, alguns mais panorâmicos, como em capítulos sobre as influências francesas e portuguesas no país, outros extremamente circunscritos, como na análise de algumas receitas caseiras do século XVIII.

Todos esses fragmentos são dedicados a contar aspectos diferentes, propositalmente parciais, como se cada um impusesse uma perspectiva distinta de perceber a formação da medicina no Brasil. Ao mesmo tempo que podemos ler artigos sobre as instituições médicas na cidade do Rio de Janeiro, ou sobre o histórico dos diversos tratamentos das doenças epidêmicas no país, também encontramos textos preocupados em analisar especificamente medicinas menos convencionais, que passam ao largo dos principais laboratórios ou casas de saúde. Assim, por exemplo, quando lemos um texto sobre o eminente doutor Carlos Chagas, logo em seguida descobrimos a existência de certo doutor Titara, médico suburbano que não consta nos tratados científicos; da mesma forma que, após um artigo de fôlego que oferece um erudito estudo técnico da especialização e suas consequências no interior das modernas pesquisas médicas, temos uma crônica sobre a importância (e a delícia) dos livros velhos de medicina, encontráveis apenas por iniciados na arte meio obscura do alfarrabismo.

Poder-se-ia argumentar que a diversidade dos temas, abordagens e mesmo formas narrativas é resultado de os livros reunirem artigos compilados, escritos, portanto, em contextos distintos e para publicações variadas, e indicaria antes falta de organicidade do que propriamente um método. Tentaremos, no entanto, propor uma hipótese alternativa, sugerindo que essa maneira de contar as histórias da medicina no Brasil é imprescindível para o tipo de abordagem evocada por Nava, que por sua vez faz parte de uma compreensão específica da própria medicina e de sua prática, questão que desenvolveremos mais adiante.

Nava propôs, mesmo que brevemente, algumas reflexões de cunho metodológico sobre o estudo da história da medicina, e nos parece importante começar por elas, mais especificamente por dois pontos particulares.

Chama especial atenção a renúncia declarada a uma história pautada em datas ou em cronologias, vista por ele como inútil ou, no melhor dos casos, pitoresca. Uma boa história da medicina, ao contrário, deveria ser uma história das ideias médicas, que, por sua vez, "não pertencem a este ou àquele século, não são sucessivas e sim coexistentes" (Nava, 2003a, p. 10). Um pouco mais à frente, Nava compara esse modelo não factual e não cronológico de fazer história à memória, mas de um tipo específico:

> Memória – não como lembrança imobilizada e contemplação paleontológica das idades mortas, mas como representação dos caminhos que foram trilhados em vão e que não podem ser retomados; como a crítica dos erros pretéritos que é um aviso aos obstinados; como a análise do acerto antigo que é orientação atual da procura congênere. (ibid., p. 12)

Esse é o mesmo sentido utilizado para justificar a importância de se fazer biografias dos médicos, que não devem ter "interesse de data ou de anedota. O que nelas [nas biografias] interessa é o exemplo dado pelos que reúnem ciência e consciência, porque sua separação, como dizia Rabelais, significa apenas ruína da alma" (ibid., p. 11). É assim, aliás, que Nava justifica seu estudo mais elaborado nesse campo, embora jamais concluído, sobre o médico do Império João Vicente Torres Homem. Interessante perceber como parece estar em jogo uma noção de história (e de memória) enquanto *exemplo*, ou mais precisamente enquanto coleção de exemplos diversos, variedade de histórias dos mais diferentes matizes em detrimento de uma história única. O relevante é a capacidade que cada uma dessas histórias, casos e personagens tem para interpelar e, no limite, ensinar o leitor – médico ou não.

Convém notar, no entanto, que, se é verdade que essas histórias são permeadas de exemplos, estes não são reduto nem exclusividade dos médicos celebrados pelos grandes livros e pelos compêndios oficiais. Entramos, assim, no segundo aspecto fundamental de sua concepção de (história da) medicina: ela incorpora de maneira central as práticas populares, trazendo, sem complexos para o interior de sua narrativa, figuras e conhecimentos que passam ao largo dos círculos formais. Curandeiros, bruxos, curiosos, toda uma série de personagens obscuros e anônimos são vistos como atores importantes e imprescindíveis para que se possa compreender os rumos e as feições da medicina conforme praticada no país, seja em suas virtudes, seja em seus fracassos. Sublinhemos ainda que aqueles personagens marginalizados pelo processo de institucionalização da medicina não estão, nas histórias da medicina de Nava, propriamente à margem. Pelo contrário, não apenas o plural dos títulos flexiona as "histórias" ou os "capítulos" – e não a "medicina" (que esta é uma só) –, mas a medicina popular é estabelecida, na forma narrativa dos livros (principalmente em *Território de Epidauro*), lado a lado da erudita, sem hierarquias, sem apartes.

É principalmente nesse sentido que podemos falar de uma história da medicina modernista, na medida em que lança mão de um dos principais ganhos do movimento, qual seja, a percepção de que a valorização das práticas cotidianas implica uma aproximação ao povo, uma tentativa de conferir voz própria ao homem brasileiro. Mário de Andrade parece, aliás, ter papel direto e precípuo para a constituição dessa perspectiva de estudos na área médica, tendo em vista o pioneirismo de seu *Namoros com a medicina*, publicado em 1939, sobretudo quando recupera e analisa o que chama de "medicina dos excretos" em um sem-número de tradições populares. É o próprio Nava quem chama atenção para esse fato em *Território de Epidauro*, descrevendo Mário como "o admirável polígrafo paulista que no seu livro *Namoros com a medicina* inaugurou, no Brasil, um verdadeiro sistema de investigação das informações que o folclore pode fornecer ao estudo das concepções empíricas do povo, sobre a doença e os remédios" (Nava, 2003b, p. 50).

II

Precisamos agora qualificar melhor como se estabelecem as relações entre medicina erudita e medicina popular para Pedro Nava. A tarefa não é fácil, sobretudo porque, no autor, essas duas matrizes, que, em tese, estariam separadas e mesmo se oporiam, comportam uma série de aproximações, vínculos, interações. Em sua busca de historiar e analisar a formação da medicina no Brasil, Nava desenvolve uma espécie de hipótese sobre a circulação das ideias e dos paradigmas médicos que leva fortemente em consideração a existência de variadas manifestações, vestígios muitas vezes fantasmáticos (a assombrar a medicina oficial) de elementos que em tese haveriam se perdido em outros tempos – o que nos coloca diretamente na questão do anacronismo e da heterocronia. Não se trata, no entanto, de apontar para determinadas expressões fossilizadas da cultura popular, mas antes captar suas pulsações, como um arcaísmo que não é inatual. No caso de Nava, essas permanências, algo desorientadoras por colocarem em tensão contínua a linearidade temporal, são percebidas em pelo menos duas direções.

De um lado, temos o uso pela sabedoria popular de práticas eruditas tidas como desaparecidas, como no caso do estudo de um curandeiro português de finais do século XIX que mobilizava manuais científicos do século XVII (ibid., p. 182), ou de importantes breviários brasileiros em que se podem ver, lado a lado, enunciados de magia negra ou de cartomancia e ensinamentos popularizados pela medicina erudita há muito proscritos (ibid., p. 183). Assim, em uma série de casos, Nava vai mostrando como a cultura popular tende a se apropriar de formas muito particulares de práticas da alta medicina, de manuais que outrora foram fonte sofisticada do saber médico. O contrário, no entanto, não é menos verdadeiro: o autor também reconhece na medicina erudita uma série de dívidas para com as práticas populares de tradições imemoriais, o que compreenderemos melhor se nos detivermos brevemente em um caso específico por ele estudado: a medicina portuguesa.

Segundo Nava, até pelo menos a Reforma Pombalina e a criação das Escolas do Porto e de Lisboa, seria praticamente impossível separar, dentro da medicina lusitana, o elemento culto do vulgar. O caráter, sempre segundo o autor, extremamente vivaz, imaginativo e supersticioso do povo português leva-o a buscar no misticismo (cristão, judeu e árabe) a condição que está na "origem de um dos mais surpreendentes e copiosos arsenais da medicina popular, jamais observados entre as raças integradas no nosso ciclo de civilização" (ibid., p. 39). Paradigmático desse traço da medicina portuguesa seria a sua literatura médica do século XVIII, em que se percebe mais claramente como se entronca na sabedoria clássica (hipocrática, galênica, aristotélica) uma série de mitos fabulosos, crendices medievais envolvendo gnomos, serpentes e bruxas em pleno século de Voltaire e D'Alembert.

O estudo do caso português justifica-se porque é precisamente essa medicina que se transporta para o Brasil:

> Esta arte confusa e conturbada transladou-se para o Brasil com o navegador, o degradado e o imigrante, aqui se fixou e continua viva na nossa Medicina Popular, que é um prodigioso exemplo da revivescência das velhas práticas peninsulares, tão nitidamente gravadas pela tradição que não é difícil descobrir nos breviários dos nossos curandeiros, sob a crosta das modificações resultantes de cópias sucessivas, o cerne das sentenças da 'Atalaya', ou mesmo de

textos mais remotos, de onde deriva também o conteúdo curviano. As mais vigorosas raízes dos nossos processos vulgares de conhecer e tratar as doenças são essencialmente ibéricas, genuinamente portuguesas, e têm, provavelmente, muito mais importância que a contribuição congênere fornecida pelo africano e pelo índio. (ibid., p. 41)

É notável nessa leitura que Nava propõe da história da medicina a ênfase na "circularidade cultural", isto é, para falarmos como Ginzburg (2006, p. 15) – que publicaria seu hoje clássico livro *O queijo e os vermes* três décadas depois –, um "influxo recíproco entre cultura subalterna e cultura hegemônica". O estudo da medicina popular parece ganhar, assim, um novo sentido: o popular deixa de ser mera curiosidade ou resíduo (Belmont, 1986) para adquirir dignidade própria, uma vez que se encontra mesmo no cerne da medicina brasileira. Mais do que andarem lado a lado, talvez fosse mais preciso dizer que popular e erudito, como as *matryoshkas* russas, saem continuamente um de dentro do outro.

Um dos textos em que fica mais explícita a importância da dívida da medicina erudita com a popular -- e nesse caso em um escopo maior do que os casos brasileiro e português – tem o sugestivo título de "Entre bruxos e doutores". Chamando a atenção para as poucas pesquisas sobre o tema, Nava levanta a tese de que teria sido a medicina de feiticeiros e alquimistas a responsável pela sobrevivência da terapêutica na "noite escura" compreendida entre a morte de Galeno e o Renascimento, período no qual as doutrinas médicas se encontrariam em crise, empobrecidas pela decadência do pensamento medieval. Mesmo contra todas as expectativas – e a eminência das fogueiras –, "bruxos e sagas procuram nos ermos e nas humildades sua farmácia maldita" (Nava, 2003b, p. 110). Foi nesse ambiente hostil e limitado que os feiticeiros empreenderam suas pesquisas, sobretudo em plantas, folhas e flores, e a partir delas construíram um manancial riquíssimo de conhecimentos que puderam ser legados à disciplina erudita. Nas palavras do autor, "a invenção de sua dosagem e, mais, das propriedades de benefício e malefício das graciólas e anêmonas, dos narcíseos e acônitos, dos heléboros e cólquicos, e da posologia mortal dos cogumelos e das cinco cicutas, foram mérito e prestígio dos bruxos" (ibid., p. 111). Prestígio, inclusive, "que fez Paracelso declarar em Basileia, ao queimar seus livros de medicina, 'não saber senão o que aprendera das feiticeiras'" (ibid.).

Apesar da importância fundamental dessas figuras anônimas que agem sempre à margem, e por isso mesmo estão sempre à espreita, Nava constata que, "acastelados em sua ciência", os modernos médicos as ignoram por completo. Aliás, não tão completamente assim. Consideram que herboristas e curadores devem receber toda a atenção... da polícia. O motivo? "Por exercerem por vocação a Arte que tantos têm apenas como profissão" (ibid.). Voltaremos adiante a essa oposição entre vocação e profissão, mas, já adiantando um pouco o argumento, trata-se de um dos elementos cruciais para que possamos compreender a posição de Nava tanto em relação à medicina popular quanto à oficial ou erudita de seu tempo. É precisamente o sentido dessa oposição que parece em parte mover o nosso autor através daquelas duas matrizes da medicina ocidental.

Podemos agora tirar algumas implicações relativas à complexa relação entre o popular e o erudito nos textos de Nava. Afinal, a recuperação da medicina e das práticas populares enquanto fonte de estudo e de conhecimento se estabelece de maneira tensa para o autor, uma vez que não se faz sem impasses e expectativas. Já dissemos que Nava era um médico ativo e bastante cioso de seu trabalho como clínico e acadêmico, além de entusiasta e pesquisador das novas técnicas da medicina, como indicam seus vários textos focados exclusivamente nas origens eruditas e institucionais da medicina brasileira. São também prova disso sua posição na Academia Nacional de Medicina,[4] os inúmeros artigos científicos publicados,[5] a incessante atividade de catedrático e divulgador de sua especialidade médica, a reumatologia, bem como as várias viagens feitas ao exterior, sempre com o objetivo de se manter a par do que havia de mais avançado em sua época.[6] O interesse pelas

....

4. Nava foi empossado como membro titular na Academia Nacional de Medicina em 18 de julho de 1957, após apresentar uma tese intitulada "Contribuição ao estudo clínico da osteoartrite do joelho", e teve atuação bastante ativa na instituição.

5. A quantidade de artigos especializados publicados por Nava é enorme, e passariam dos trezentos ou quatrocentos (Vasconcelos, 2001). O número é difícil de ser confirmado, pois ainda está por ser feito o levantamento exaustivo de todo esse material. No entanto, o *curriculum vitae* de Nava disponível nos arquivos da Academia Nacional de Medicina indica o impressionante número de 322 trabalhos, entre conferências publicadas, livros e artigos, somente até o ano de 1956.

6. Segundo o já referido *curriculum vitae* disponível na Academia Nacional de Medicina, Nava fez estágios na França em 1948, 1952 e 1955, além de participar de congressos internacionais em 1948, 1950 e 1955. No mesmo documento, lemos que, em 1951, foi designado pelo Ministério de Educação e Saúde para estudar na França, Inglaterra, Holanda e Suíça a organização das clínicas reumatológicas. Monique Le Moing (1996) ainda faz referência a viagens de estágio e trabalho para a França em 1961 e em 1963.

práticas populares precisa, portanto, ser também visto à luz dessa posição. Seria praticamente impensável que o autor não impusesse restrições (e não seriam poucas) a diagnósticos e tratamentos que contrariassem os mais modernos cânones, sejam eles franceses, alemães ou americanos. Os casos mais flagrantes são suas duras críticas ao "baixo espiritismo" e à "macumba", cujas práticas terapêuticas calcadas em necessidades rituais de sacrifício e purificação contribuiriam para a resistência a medidas de higiene pública e de terapêutica oficial, que, somadas ao gosto por tratamentos sobrenaturais, seriam responsáveis pela "agravação de nossos problemas nosológicos e de um sem-número de mortes" (ibid., p. 24).

Por outro lado (e Nava parece um prodígio em ter muitos outros lados), reconhecer as consequências muitas vezes nefastas dessas condutas não faz com que o autor se furte a procurar entender as razões ou motivações desse tipo de orientação, e muito menos aceite a modalidade de solução mais comum para frear as medicinas populares: a criminalização, isto é, torná-las caso de polícia. Tratando particularmente do que chama de "macumba" e de "baixo espiritismo", Nava chega mesmo a justificá-los enxergando nos rituais das religiões afro-brasileiras uma enorme força de revolta e resistência:

> Essa insurreição surda e latente introduzida profundamente pelas desigualdades sociais na essência de início apenas religiosa das macumbas e que agora é uma componente entranhada e inseparável delas (a brutalidade com que a ordem estabelecida combate policialmente as manifestações da religião negra e do baixo espiritismo serve de contraprova à hipótese que estamos aventando) – esse estado psicológico de insubordinação contra o que está em cima concorre provavelmente na resistência oferecida à medicina oficial e, mutatis mutandis, na manutenção e na preferência pelas formas de curar incorporadas à cultura do povo. Harmônica com essa cultura, a medicina dos candomblés é a mais conservadora possível e nela se podem encontrar todas as crenças e superstições amalgamadas pelas raças que se misturam no Brasil. (ibid., p. 210)

A citação é importante porque expressa não apenas a defesa firme de práticas das quais discorda, nas quais inclusive vê sérios malefícios, como nos dá também o que parece ser uma chave interessante para sua compreensão mais geral da medicina, e que diz respeito às conexões íntimas entre medicina e cultura, que, no entanto, tenderiam a se romper. Essa parece ser a mais profunda e penetrante crítica de Nava à medicina de seu tempo, sobretudo ao movimento, aparentemente inexorável, de especialização.

De acordo com Nava, o século XIX observaria – em parte como consequência da invenção do microscópio, da criação da anatomia patológica e dos avanços da cirurgia – a ruína de qualquer filosofia médica de caráter abrangente,[7] e com ela o surgimento de um novo princípio, o critério localista. Em um movimento de autonomização da disciplina, em que a história natural, a química e a física são relegadas a um segundo plano, o corpo humano também é fragmentado. Ao invés dos grandes temperamentos herdados da medicina antiga, o foco nas lesões específicas: "À noção do organismo como um todo sinérgico e único substitui-se a interpretação fragmentária que o considerava apenas como a expressão de um conglomerado de elementos capazes de adoecer ou entrar em cura isolados uns dos outros" (ibid., p. 185). De um só golpe o corpo perde sua conexão com o universo (fundamento básico das teorias humorais) e se decompõe internamente.[8] Mesmo admitindo os avanços e descobertas muitas vezes espantosos que devem ser atribuídos à medicina localista do século XIX, Nava demonstra-se bastante cético em relação ao conjunto da disciplina, em risco precisamente pela

....

7. Os séculos XVIII e XIX trouxeram, segundo Nava, uma espécie de guinada radical na compreensão da medicina que poderia ser resumida na perda de um fundo comum, de uma estrutura única que fizesse convergir as diversas doutrinas médicas. Mesmo que muitas vezes conflitantes, essas doutrinas obedeceriam sempre a certos princípios, dos quais Nava (2003b, p. 182) ressalta a subordinação da investigação médica à filosofia geral e, corolário desta, a orientação, de sentido especulativo, sobre a vida, a saúde, a doença e a morte em uma direção "centrípeta", isto é, e citando o autor, "caminhando da generalização para o particular, da interpretação universal para a explicação no indivíduo".

8. Na origem das teorias humorais clássicas encontra-se a tese de que os quatro humores ou temperamentos (bile amarela, bile negra, fleuma e sangue) corresponderiam aos elementos cósmicos e coordenariam, por um princípio de combinações, o comportamento e o caráter dos indivíduos. Trata-se de uma tentativa de explicação do comportamento humano profundamente fundamentada em um princípio de harmonia entre esses humores, que deveriam, na saúde plena, encontrar-se em equilíbrio. A doença, pelo contrário, é justamente resultante do desequilíbrio humoral (Klibansky; Panofsky; Saxl, 1989). Como resume Jackie Pigeaud (2009, p. 66): "Eles [os humores] fazem do homem um ser do contínuo, um todo orgânico. Mas, igualmente, esses quatro humores, cada um dos quais está ligado a uma estação, inscrevem o homem no mundo, ideia profundamente hipocrática. O homem vive no ritmo do universo; mas, sobretudo, adoece no ritmo do universo".

ausência de uma perspectiva capaz de unificar as inúmeras descobertas e conferir sentido conjunto ao organismo normal ou patológico.⁹

A despeito dos dilemas possíveis, há uma enorme força política e social por trás da valorização de formas não institucionalizadas do saber, além de uma percepção profunda das relações entre o macrocosmo e o microcosmo que a medicina oficial, a galope de um movimento mais amplo da modernidade, tenderia a romper. As práticas populares em sua complexidade corresponderiam, no limite, não só a fontes de conhecimento para a medicina dita oficial (esse parece ser inclusive um aspecto secundário), mas a uma espécie de resistência dos "de baixo" contra o elitismo autoritário da medicina erudita, além de terem a capacidade de humanizar e falar muito mais fundo aos anseios das populações marginalizadas, para quem a medicina oficial é pouco acessível.

Uma das consequências da especialização seria a perda de qualquer legado humanista da medicina. Humanismo, para Nava, é praticamente sinônimo de medicina francesa e é definido como o ensino da "informação desinteressada das artes e das letras, da investigação do Homem e do Mundo", cujos objetivos seriam, antes de tudo, "conferir os conhecimentos que adestram no uso da razão e no exercício do pensamento – tomados como termo e finalidade na realização íntima do indivíduo" (ibid., p. 133-134). Não poderia haver contraste maior, segundo nosso autor, com o modelo que então grassava, objetivista, prático e utilitário, que consequentemente rejeita "a elevação do pensamento pelo pensamento, traço essencial do mediterrâneo nas Artes, nas Letras e na Especulação Filosófica" (ibid., p. 134).¹⁰

A ausência de uma formação que fosse ao mesmo tempo abrangente e especulativa redundaria em uma mentalidade imediatista por parte do

....
9. Com algum auspício, para o autor, estava o fato de que novas tendências, ainda tímidas, pareciam se desenhar no momento em que Nava escrevia (o autor assinala que o artigo foi escrito em 1937), como o ressurgimento das investigações bioquímicas e biofísicas e, principalmente, das teses do moderno humoralismo. Beneficiada pelos avanços da bioquímica, a nova teoria dos humores restauraria a importância de pensar o organismo não a partir do arbítrio ou da desordem, mas da integração dos aspectos morfológicos e funcionais em um conjunto harmônico.

10. É interessante notar o contraste implícito que Nava estabelece entre dois modelos de ensino (que encobrem concepções de mundo diversas), um mediterrâneo/latino e outro anglo-saxão. O tema, como sabemos, é um clássico do pensamento social brasileiro. Gilberto Freyre (2009, p. 98) censura particularmente essa inclinação de Nava em valorizar a tradição médica francesa, que Freyre julga excessiva, ainda que faça questão de ressaltar que "[Nava] não seja de modo algum um simplista".

profissional. Aliás, faria florescer justamente o "profissionalismo desbragado" (ibid., p. 44). A ciência fica, assim, subjugada, reduzida a mero meio: "Para os que esquecem seu destino, para só pensarem na sua carreira, é forçoso que a ciência se rebaixe e passe a representar o papel de um meio acessório de ganhar a vida, perdendo o aspecto superlativo de finalidade para a existência" (ibid.).[11] Uma ciência estruturada em bases utilitaristas seria capaz de criar apenas "táticos exemplares" e "executores hábeis" (ibid., p. 137), o que constitui, como notou Joaquim Alves de Aguiar (1999), um enorme "problema ético" para a medicina. Interessante notar como é precisamente a medicina popular que reservaria uma forma de exercício da Arte (como Nava gosta de chamar) muito mais orientada por um sentido de vocação, e não de profissão, o que carrega uma série de implicações.[12] Sobre os curandeiros, Nava (2003a, p. 207) fala, por exemplo, que exercem a medicina "por uma espécie de gosto inato, de tendência e de vocação". Sobre os "manejadores de ervas" e as "tradições órficas", já vimos que são desprezados pelos "modernos pontífices da medicina" "por exercerem por vocação a Arte que tantos têm apenas como profissão" (Nava, 2003b, p. 111).

É no artigo "Médicos suburbanos de ontem e de hoje" que a questão aparece com mais clareza. Nesse texto, dividido em duas partes, Nava contrapõe aos médicos do Centro, "engrenados no carreirismo elegante" (ibid., p. 113), a figura do médico do subúrbio, que sofre preconceito por parte dos colegas situados numa posição profissional socialmente privilegiada. Se é verdade que aqui se trata de um médico profissional, no sentido em que se formou ou pelo menos estudou numa faculdade de medicina, e não de autodidatas ou curiosos, é notável o contraste estabelecido com os padrões e as tendências da medicina erudita que vimos acima e a aproximação com as práticas de caráter popular. Pedro Nava nota, por exemplo, como as circunstâncias que muito bem poderiam ser esterilizantes, como a defasagem tecnológica e mesmo a falta de aparelhos simples, como o de raios X, ganham feição positiva na medida em que enriquecem o médico do subúrbio da "força generalizadora que a facilidade dos exames complementares atrofia

....
11. Esse parece ter sido o sentido de um dos conselhos mais penetrantes que Nava teria dado ao sobrinho de sua esposa, também médico, Paulo Penido (2003, p. 18), que, num momento de desilusão com a profissão, ouviu de Nava as seguintes palavras: "Não desanime; se você tem vocação, o próprio exercício da profissão será sua melhor remuneração; aproveite a enorme e maravilhosa oportunidade de tratar as pessoas e às vezes curá-las".

12. Para uma discussão recente sobre a crise da medicina entendida enquanto Arte, cf. Kleinman (2008).

e que a especialização limita e mutila" (p. 115). Assim, o que seria uma deficiência tecnológica torna-se vantagem ao justamente proteger o médico de uma especialização excessiva e do avanço da técnica. Da mesma forma, o médico suburbano tenderia a se relacionar com o doente "num plano mais humano e menos comercial", sendo ao mesmo tempo conselheiro, orientador e amigo de seus pacientes, recuperando a tradição, cada vez mais rara, do "médico da casa" (p. 115-16).[13] Em outras palavras, a virtude desses personagens ainda não feridos de morte pelo avanço das modernas tecnologias e pela rotação (ou implosão) dos paradigmas médicos estaria na capacidade de reconectar o mundo da cultura ao indivíduo doente.

Paradigmático desse tipo de médico suburbano é o doutor Santos Titara, recuperado apenas através de conversas e de um ou outro fragmento, a partir dos quais Nava reconstrói a figura daquele "papa e rei de todos os pobres do bairro de Todos os Santos" (p. 116). O doutor Titara é exatamente o paradigma do médico que entende sua prática como "finalidade para a existência", portador do que Nava chama de "heroísmo de clínico", uma vez que vivia exclusivamente para a medicina, superando toda e qualquer adversidade:

> Clinicava incansavelmente, continuamente. Clinicava como um monstro, como uma máquina de clinicar. Amanhecia clinicando. Varava o dia clinicando. Almoçava prescrevendo. Jantava receitando. Entrava de noite adentro sarjando, escarificando, sangrando, colando cataplasmas, passando o 'sedenho', salpicando as 'Moscas de Milão', aderindo sinapismos. Infatigável, rápido, múltiplo e ubíquo – a pé e a cavalo, na casa do pobre e na casa do rico, nos morros, nas ruas, ao sol e à chuva do subúrbio. Clinicando até o fim, na cadeira de rodas onde o chumbou uma paralisia das pernas que comportava um tratamento feito com frio e calor, pela aplicação alternada de barras de gelo e de pontas de fogo nas extremidades paraplégicas. (ibid., p. 120)

A eloquência com que a força da linguagem de Nava – que já deixa entrever no trabalho do historiador a poderosa prosa literária do memorialista – explica e ilustra o caráter quase sacrificial que a prática médica deveria assumir em tempos de "táticos exemplares" e de técnicos indiferentes e mecânicos. O doutor Titara, o herói popular de Nava equivalente ao erudito Torres Homem, na contramão da frieza do profissionalismo e

....
13. Sobre o tema da medicina familiar e seus impasses entre especialização e totalidade nos contextos brasileiro e argentino, ver Bonet (2014).

da especialização, é dotado da "força de sedução pessoal" e da "tolerância, da inteligência e da participação sincera no sofrimento alheio" capaz de "atrair o cliente e de fanatizá-lo, como outros tantos taumaturgos, arrastando multidões" (ibid.).

III

De modo a deixar mais claro esse conjunto de tensões que estamos tratando, será interessante, por fim, recuperar o trabalho ainda inédito de Nava sobre Torres Homem, escrito entre 1945 e 1964, no qual muitos dos elementos que vimos acima reaparecem. A obra e a atuação médica de Torres Homem são, não há dúvida, o que havia de mais erudito na medicina brasileira do século XIX, todo o oposto, portanto, de uma medicina "popular", no sentido em que nos referíamos nas páginas acima. Formado pela Faculdade de Medicina do Rio de Janeiro, João Vicente Torres Homem foi lente da cadeira de Clínica Interna na mesma faculdade e filho de outro professor ilustre, Joaquim Vicente Torres Homem, além de fundador de uma das primeiras revistas especializadas da área, a *Gazeta Médica do Rio de Janeiro* (Santos Filho, 1991). Soma-se a isso o fato, não menos relevante, de ter sido durante muito tempo o médico pessoal de d. Pedro II.

Pedro Nava, no entanto, percebe e valoriza na prática de Torres Homem muitas daquelas características que vimos no doutor Titara: a dedicação irrestrita, o grande sentido de compaixão, a noção de sacrifício. Até mesmo o primado da ciência é algumas vezes colocado de lado por um médico que considera que sua prática é antes "trabalho do coração e mister da consciência" do que "tarefa da razão e empreitada da ciência". Clinicar implica, antes de qualquer outra coisa, a abdicação de todo tipo de interesse que não o doente e seu sofrimento. O "seu", aliás, refere-se tanto ao médico quanto ao paciente, afinal, lembrando uma citação do médico Miguel Couto, "sofre cada um as suas dores, sofre o médico as de todos". O médico, portanto, é colocado numa espécie de comunhão indissolúvel com aquele que precisa ser curado, e mil livros de medicina não substituirão essa sensibilidade, essa disposição para o outro:

> Um indivíduo frio e insensível – mesmo quando altamente dotado de inteligência – nunca será um clínico completo: falta-lhe o empenho que vem da participação, o esforço que nasce do altruísmo, a diligência que é filha da

comiseração e do amor. Pode resolver perfeitamente um diagnóstico – como quem deslinda uma charada ou como quem põe em equação um problema algébrico – mas ficará sempre impotente diante da humanidade trágica do doente: não o compreenderá, porque não teve dó, não o alcançará no indissolúvel complexo físico e moral da dor, porque não é dotado de acuidade para captá-la.

Há, portanto, algo de intangível, talvez mesmo de inapreensível, nas virtudes de um bom médico, sempre apresentadas e identificadas a partir de casos específicos, episódios clínicos narrados pelo próprio Torres Homem e que Nava reconstitui e aos quais confere sentido de conjunto. A obra inacabada, no entanto, está longe de se deixar resumir a uma série de exemplos que demonstrem a *virtuose*, digamos assim, de um médico excepcional, e por isso é importante que nos debrucemos um pouco mais sobre ela.

Os manuscritos e datiloscritos originais do estudo sobre Torres Homem ficaram conhecidos pelos pesquisadores da obra de Nava como uma biografia do médico do Império.[14] O leitor desavisado que se dirija a esses originais depositados na Casa de Rui Barbosa, no Rio de Janeiro, esperando encontrar elementos da trajetória de vida do médico, seus dados profissionais ou mesmo um balanço de sua produção bibliográfica, no entanto, logo ficará surpreso ao perceber que se trata, na realidade, de outra coisa. O texto possui um objetivo muito claro, antecipado por Nava na introdução do trabalho: "a sistematização conjunta dos preceitos que caracterizavam seu [de Torres Homem] processo diagnóstico", que, segundo Nava, apesar de fundamental, espécie de pedra angular para a história da medicina no Brasil, jamais fora recolhida ou exposta em uma suma, nem mesmo pelo próprio médico oitocentista. A apreciação dos datiloscritos pode levar então a perceber o texto muito mais como um estudo acadêmico metodológico, interessado em questões técnicas específicas, do que como uma biografia. O enquadramento do trabalho no gênero das biografias não é, contudo, um engano. Antes implica levar a sério o próprio conceito naviano de biografia que já indicamos, ou

....
14. É o próprio Nava (2014, p. 67) quem chama o texto de biografia, em trecho de *Galo-das-trevas* que relata inclusive os motivos que o teriam levado a abandonar seu projeto. Apesar de longa, a citação vale ser transcrita: "Essa biografia era, de minha parte, um trabalho de admiração pelo prodigioso mestre. Se derramava em ternura pela terra em que ele nascera. Com a punição dos assinantes do 'Manifesto dos Mineiros' – o coice que tomei daqueles dois, colocou-me em estado de náusea pelo governo. Esse nojo confundiu-se com o trabalho em que eu estava empenhado. É curioso: jamais pude juntar uma linha aos dois capítulos que tenho prontos na gaveta. São independentes um do outro e fazem dois ensaios que nas suas quase trezentas páginas podem dar um livro de tamanho apresentável".

seja, menos preocupada em datas ou anedotas e sim em apresentar exemplos, e a bem-sucedida carreira de Torres Homem parecia ideal para esse objetivo.[15]

Inspirado, sobretudo, pelo médico francês León Rostan, o "processo de Torres Homem" para o exame e diagnóstico do doente compreenderia quatro etapas fundamentais e sucessivas. As duas primeiras, as únicas legadas pelo nosso autor (em conjunto com a introdução já referida), seriam a inspeção e o interrogatório, isto é, primeiro a observação bastante ampla e minuciosa do paciente,[16] e, em seguida, o momento da troca de informações, em que o médico se dispõe a escutar o que o doente tem a dizer. Os dois capítulos, portanto, se dedicam a apresentar uma série de métodos, estratégias, teorias e revisões históricas do tratamento de doenças, de modo a compor um padrão procedimental do médico em face do paciente. Em resumo, Nava está interessado em compreender, organizar e sugerir um método de trabalho, segundo ele exemplar, e que por isso mesmo valeria a pena ser recuperado mesmo meio século após o desaparecimento de Torres Homem.

Ao mesmo tempo que evoca um arsenal técnico vastíssimo, e, portanto, pertencente à dimensão que aqui estamos tratando como a face erudita da medicina, Nava aprecia em Torres Homem seu incansável humanismo, que, apesar de remeter também a uma tradição acadêmica – a medicina francesa –, surpreende numa série de características por ele indissociáveis às grandes qualidades da medicina popular: a comunhão com o doente, a valorização de elementos que transcendem o indivíduo isolado (o meio, o trabalho, as diversas formas de alimentação, a cultura, enfim) e essa atitude quase "devocional" do médico, em que o tratamento do paciente se torna uma exigência,

....
15. Cabe frisar que a biografia de Torres Homem começou a ser escrita aproximadamente na mesma época em que Nava escreveu o texto anteriormente referido em que explicita sua compreensão do que é importante em uma biografia médica ("Introdução ao estudo da história da medicina no Brasil" é publicado como separata da revista *Brasil Médico Cirúrgico* em 1948 e compilado em *Capítulos da história da medicina no Brasil* em 1949).

16. A título de exemplo, somente a inspeção da face, a primeira e mais importante, deveria ser dividida em cinco grandes categorias: 1) a fisionomia (que por sua vez poderia ser indiferente, aterrorizada, retraída, animada etc.) e a facies (hipocrática, estúpida, amarílica etc.); 2) as alterações quantitativas (emagrecida, encovada, vultuosa, entumescida, túrgida); 3) as alterações de cor (empalidecida, amarelada, ictérica, esverdinhada, lívida etc.); 4) as condições dos músculos e tendões (contraturas, saliências, assimetrias, paralisia etc.); e 5) a inspeção das regiões e cavidades, que por sua vez são seis, cada uma com uma série de especificidades: frontal, temporal, bochechas, ocular e palpebral, nasal e bucal. Seguindo à face, a inspeção geral do paciente deveria ainda ater-se sobre o crânio, o pescoço, o tórax, o abdômen, os órgãos genitais, os membros e, finalmente, a pele.

um valor em si mesmo. Talvez pudéssemos mesmo dizer que é nessa noção de "humanismo", tão cara ao nosso autor, que se encontram mais claramente o popular e o erudito em sua perspectiva sobre o saber médico. Saber que, não obstante, foi produzido sempre na prática, na sua e na de seus colegas – Rostan e Titara, Juca Rosa e Torres Homem, feiticeiros e especialistas –, e a partir da qual Nava percebeu que há muito mais em comum entre médicos do subúrbio e catedráticos da Sorbonne do que supunha uma vã história da medicina.

Na biografia de Torres Homem, Nava compara sua profissão a um "sacerdócio", o "sacerdócio da medicina":

> Expressão ['sacerdócio da medicina'] que para o vulgar levita transformou-se num lugar comum esvaziado e gasto, conserva quando usada por Torres Homem a plenitude de seu incomparável sentido, uma vez que corresponde literalmente a sua vida de homem raro para quem a Arte foi profissão sem deixar de ser também o instrumento de sua comunicação com o próximo e do exercício de sua solidariedade com os padecimentos que o afligem durante a doença e em face da morte.

A ideia de sacerdócio torna-se especialmente interessante se recuperarmos a discussão weberiana sobre o assunto, o que faremos à guisa de conclusão. Em *Economia e sociedade*, Max Weber situa as origens do sacerdócio num movimento de oposição à magia, isto é, ambos se apresentam como princípios concorrentes de se relacionar com o poder suprassensível. Em que consiste essa diferença? Os sacerdotes são definidos, sobretudo, como "funcionários profissionais" a serviço de Deus, que pertencem normalmente a uma empresa permanente e regular, estando assim sempre ligados a uma associação. Exatamente ao contrário dos magos, que, ao invés de Deus, "forçam os demônios" através da magia e agem quase sempre de modo individual e ocasional, refratários a se organizarem em associações (Weber, 1999, p. 294). Há, no entanto, ainda outra distinção oferecida por Weber que nos parece particularmente decisiva. Os sacerdotes distinguem-se "como capacitados por seu saber específico, sua doutrina fixamente regulada e sua qualificação profissional, daqueles que atuam em virtude de dons pessoais (carisma) e da prova destes por milagre e revelação pessoal, isto é, de um lado, os magos e, de outro, os profetas" (ibid.). O sacerdócio implica, portanto, uma forma de saber sistematizada, ensinada a partir de uma doutrina específica e bem estabelecida, e não um dom, necessariamente inexplicável.

Já foi sugerido que o sacerdote aparece na sociologia da religião de Weber como um tipo ideal de profissional, justamente por oposição ao mago, desprovido de treinamento racional e sistemático (Ritzer, 1975). Essa distinção não parece se distanciar muito daquela que estamos acompanhando em Nava, que percebe a existência de duas exigências distintas na cultura médica, isto é, o dom pessoal e um conjunto de técnicas e procedimentos estabelecidos. Não podemos deixar que escape, no entanto, um dos elementos cruciais não apenas da distinção weberiana entre magos e sacerdotes, mas de toda a sua sociologia: "Na realidade, a oposição [entre magos e sacerdotes] é inteiramente fluida, como ocorre em quase todos os fenômenos religiosos" (Weber, 1999, p. 294). Assim, não é estranho encontrar, por exemplo, magos que controlem saberes específicos, ou então sacerdotes cuja função esteja ligada a um carisma pessoal.

É justamente naquela fluidez de que fala Max Weber que parece se mover o nosso médico-autor Pedro Nava. A biografia nos coloca diretamente no interior da tensão entre o que parecem ser duas formas a princípio distintas de perceber a medicina. Sem abrir mão de um debate acadêmico sobre a profissionalização, com seu primado da técnica, do treinamento, da sistematização dos saberes e a disputa pelo monopólio dos serviços,[17] Nava identifica qualidades que deveriam ser inerentes a qualquer bom médico e que, não obstante, tenderiam a desaparecer como consequência da própria profissionalização excessiva que a medicina vinha experimentando naquela primeira metade do século XX. Não sem uma pitada de ironia, o progresso da medicina fazia agonizar algumas de suas próprias virtudes, mas que teimavam em resistir, ainda que sempre à margem daquele mesmo progresso, justamente (e de modo surpreendente) nas práticas populares.

....
17. Na biografia de Torres Homem, Nava ressalta, por exemplo, que "um dos suplícios da vida do médico, um dos nossos calvários é aguentar com paciência os pegajosos, os prolixos, os repisadores de fatos, os interpretadores, os remoedores de informações". Logo em seguida cita um longo trecho escrito por Torres Homem que exemplifica bem a ideia de disputa pelo monopólio da profissão: "Sendo a medicina de todas as ciências a menos acessível a quem não é profissional, é no entanto a única sobre a qual o vulgo se julga com direitos de emitir juízos; nada é mais comum de que ouvir homens e mulheres dotados da mais antiga supina ignorância [...] fazerem diagnósticos [...]. Admitem teorias extravagantes e absurdas, procuram para cada moléstia explicações que estejam ao alcance de sua inteligência, concedem virtudes especiais e misteriosas a certas plantas; explicam tudo pela acrimônia e podridão dos humores transportados à cabeça e ao peito [...]".

Talvez possamos agora ao menos começar a recolocar de outro modo aquela indagação de Carlos Drummond de Andrade sobre como teria podido Pedro Nava desenvolver seu estilo contundente e lépido em meio às obrigações de uma vida profissional extenuante. Como esperamos ter indicado, longe de ter sido prisão, a prática e o estudo da medicina foram mais propriamente um campo aberto de descobertas e experiências, encarado antes enquanto entrega vocacional do que encerrado no – para falarmos como o poeta – brejo das almas do ramerrão. E, como nunca é demais citar Drummond, a medicina parece ter justamente enriquecido sobremaneira aquele "mundo feito de acontecimentos", dado o caráter sempre tenso e sinuoso com que foi vivida pelo médico-autor. Vistas as coisas por esse ângulo, possivelmente não exageraremos ao sugerir que foi inclusive pela, e não a despeito da, dedicação aos afazeres profissionais e ao exercício de imersão e abertura implicados que em parte podemos compreender melhor certos aspectos das *Memórias*, sem, no entanto, cair na tentação simplista de explicá-las unicamente pela trajetória profissional de Nava.

Uma descoberta modernista a seu modo, com a qual temos muito ainda a aprender não apenas sobre medicina e suas histórias, mas, com seus desdobramentos, sobre a sociedade em que a visão mais plural de civilização de Pedro Nava que fundamenta seu empenho acabou por se tornar utópica, senão francamente ultrapassada, a exemplo, aliás, do que ocorreu também, em grande medida, com as ideias de seu amigo, correspondente e paciente Mário de Andrade. Ao resistir à tentação teleológica de buscar no passado apenas e simplesmente as origens de um presente inevitável, uma sociologia histórica das ideias abre-se à possibilidade de prospecção e reconhecimento de muitos outros projetos, de visões e vozes concorrentes que acabaram abafadas pelo triunfo de sentido em certos processos da vida social.

A visão empática que Pedro Nava manifesta em seus textos em relação à medicina popular, assim como, por outro lado, sua visão crítica sobre a crescente especialização técnica no exercício da profissão, embora nenhuma das duas esteja livre de ambiguidades como discutimos, codificam uma interpretação mais ampla do Brasil e nos ajudam a compreender o sentido homogeneizante, unilateral e pouco criativo que também os processos, relações e ações constitutivas da medicina parecem ter assumido em nossa sociedade. Daí que o interesse sociológico contemporâneo pelo modernismo não esteja tanto naquilo que os modernistas valorizaram, circunscrito ao seu contexto histórico, mas nos deslocamentos de significados mais amplos e duradouros que com suas interpretações do Brasil provocaram, e que nos chegam hoje, ao menos, como vozes dissonantes a nos alertar sobre os processos e as escolhas feitas no passado. E os escritos sobre medicina de Pedro Nava têm ainda muito a nos dizer, sociologicamente, tanto sobre suas *Memórias*, que persistem se recusando a uma ordenação simplista de gêneros e temporalidades, quanto sobre o "desencantamento", para falar ainda uma vez como Max Weber, das práticas médicas que, cedo ou tarde, nos atinge a todos.

Dois estudos para retrato inacabado de Silviano Santiago

André Botelho

Puxando conversa[1]

Pensar a contribuição intelectual de Silviano Santiago não é tarefa fácil. Pode-se dizer dele o que Mário de Andrade costumava dizer de Bach: "é todo um mundo". Trazê-lo para conversar sobre a minha área de pesquisa, denominada "pensamento social brasileiro" então... nem se fala. Sugerir Silviano Santiago entre intérpretes do Brasil poderá parecer demasiado paroquial. Afinal, ninguém duvidaria, Silviano é, antes de tudo, um intelectual cosmopolita. Basta lembrar, de saída, que ao iniciar sua exitosa carreira universitária no Brasil, em fins de 1970, havia deixado outra consistente em universidades norte-americanas desenvolvida em departamentos de francês! – área de seu doutoramento na Sorbonne com tese pioneira sobre André Gide.

Minha reivindicação, porém, não pretende ser exatamente uma homenagem a Silviano, talvez uma provocação, mas certamente uma homenagem ao trabalho de gerações de intelectuais dedicados incessantemente a interpretar a sociedade brasileira como parte de seu lugar no mundo. Silvano Santiago honra essa tradição pelo que já realizou artística e intelectualmente até o momento, ainda que sua produção não possa ser "domesticada" por ela. Mas, sobretudo, ele a desafia criticamente – daí, justamente, o possível interesse no comentário que proponho. O que vou procurar fazer, então, é me aproximar de Silviano, puxando uma conversa sobre cosmopolitismos e interpretações do Brasil que inclua também Mário de Andrade – autor

....
1. Publicado originalmente como "Cosmopolitismos e interpretações do Brasil. Puxando conversa com Silviano Santiago e Mário de Andrade", no *Suplemento Literário Especial Silviano Santiago*, organizado por Wander Melo Miranda, Belo Horizonte, maio de 2017.

tão importante para ele e também para mim. Valho-me do "temperamento socrático" de Mário e Silviano, ademais, tão bem explorado por este crítico da cultura, como no livro *Ora (direis) puxar conversa!*, de 2006.

Mais do que tema recorrente, mesmo obsessivo, o cosmopolitismo é antes um campo problemático crucial na trajetória, obra e reflexão estética e crítica de Silviano Santiago. Talvez tudo comece com o fato de que, mesmo sendo ele um especialista rigoroso nas chamadas letras e no pensamento estético, de que sua formação, atuação, vasta produção e orientações acadêmicas são exemplares, Silviano também é um reconhecido ficcionista, de que são prova seus amados romances entre leitores e críticos. Sabemos que essa estranha combinação entre as atividades do romancista e as do crítico literário não é trivial, sobretudo, quando ela é reflexiva e bem-sucedida. No fio da navalha, Silviano estende e perscruta os códigos de uma em relação à outra, explorando as comunicações entre o ficcional, o histórico e o crítico. Mas isso não é tudo. Sendo realizações rigorosas em seus respectivos campos, o interesse que elas despertam ultrapassa-os. A relevância e o sentido das realizações de Silviano não se fecham neles, não se extinguem neles. Pensando agora apenas na sua crítica, o papel que ele confere aos seus objetos de estudo, as abordagens inovadoras forjadas e as análises desenvolvidas têm interesse muito mais amplo. Suas realizações de crítica literária são simultaneamente realizações de crítica estética (da ordem da concepção e fatura das obras), de crítica da cultura (do lugar dessas obras num sistema cognitivo ou simbólico mais amplo) e também política (pois lhe interessa o sentido assumido pelas obras na tradição literária, para os seus leitores e noutros contextos) e alcançam em cheio o debate público na sociedade contemporânea (mesmo quando escreve sobre o passado).

Dentre as contribuições de Silviano Santiago nessa direção pode-se destacar, entre outros, o seu conceito de "entre-lugar" formulado no ensaio "O entre-lugar da literatura latino-americana", de 1971, e, sete anos depois, recolhido no clássico *Uma literatura nos trópicos*.[2] Conceito hoje célebre e amplamente empregado – nem sempre, talvez, de modos suficientemente consequentes – no vasto campo dos chamados estudos culturais em escala internacional. Não se trata aqui de fazer uma história desse conceito, ou mesmo de persegui-lo ao longo da obra de Silviano, mas, além de destacar o seu pioneirismo em relação a outros usos posteriores, como em *The location*

....
2. Para um desenvolvimento sobre o conceito de entre-lugar, ver Botelho (2019d) e o capítulo 10 deste livro.

of culture, de 1994, de Homi Bhabha, registro também a interlocução tão importante com Montaigne (*Ensaios*), Derrida (*Escritura e diferença*, por exemplo) e Foucault (*Arqueologia do Saber*), pensadores da intimidade intelectual de Silviano. Interessa-me, aqui, assinalar o sentido mais heurístico que o conceito de "entre-lugar" de Silviano Santiago possui para compreendermos as interpretações do Brasil como parte de desafios e possibilidades inerentes à reflexão desde o Sul.

Falar em um "entre-lugar" implica, é preciso deixar claro, pensar um lugar concreto e específico, e não um mero lugar de passagem, ou um "não-lugar" à la Marc Augé. O que confere densidade histórica e geográfica a ele é o empreendimento colonial, construído sob o signo da homogeneidade e pelo apagamento sistemático da diferença, afinal, "na álgebra do conquistador a unidade é a única medida que conta", como diz Silviano. Todavia, se o colonialismo procurava a todo custo apagar as diferenças, sua própria dinâmica fez com que novas relações, imagens e sons aparecessem – pouco identificáveis aos olhos e ouvidos talvez insensíveis do colonizador. Assim, o "entre-lugar" é também um lugar *a partir* do qual se fala, e não apenas *sobre* o qual se pode dizer algo. Caberia ao intelectual latino-americano, antes de tudo, compreender esse lugar e saber usá-lo, transformar o "entre-lugar" em um espaço eminentemente analítico para ver o mundo desde uma perspectiva própria.

Tem sido dessa perspectiva própria que Silviano Santiago, ao se debruçar sobre uma parcela da tradição dos estudos literários e ensaísticos no Brasil, tem questionado a tendência recorrente de pesquisa das "fontes" ou das "influências", que, segundo ele, apenas reproduziriam o discurso neocolonialista e policialesco das origens, e, portanto, da pureza capaz de iluminar o resto. Ao contrário, o que lhe interessa são os deslocamentos, os tensionamentos das visões estáveis e polarizadas de identidade, as múltiplas variações de significado a partir de um mesmo e aparente cristalizado significante. Espantoso como a pesquisa sobre as interpretações do Brasil nas ciências sociais, para falar da minha própria área, poderá ainda se complexificar e desenvolver quando, enfim, considerar mais seriamente essa perspectiva para o debate sobre o lugar das ideias.

O próprio Silviano Santiago, aliás, lançou as bases desse programa intelectual no estudo introdutório à obra *Intérpretes do Brasil* que reuniu, em três volumes, alguns dos estudos clássicos da formação da sociedade, do Estado e da cultura brasileiros, no contexto das comemorações dos 500 anos do dito descobrimento do Brasil, em 2000. Alguns dos livros que, provoca Silviano já de saída, "temos e que envolvem, de maneira descritiva, ensaística ou ficcional, o território chamado Brasil e o povo chamado brasileiro, sempre serviram a nós de farol (e não de *espelho*, como quer uma teoria mimética apegada à relação estreita entre realidade e discurso)". Mostra o autor como em diferentes interpretações recolocam-se em questão "identidade", "hierarquia" e "liderança" na sociedade que se veio formando no contexto do império colonial português na América, e como a palavra escrita sempre constituiu um mecanismo de abordagem dos problemas e de estabelecimento dos valores sociais, políticos, econômicos e estéticos da nova terra e da sua gente. Assim, se forma uma tradição intelectual entre a metrópole e a colônia, não raro, porém, respondendo "às próprias perguntas que colocam, umas atrás das outras, em termos de violentas afirmações europeocêntricas".

Na mesma direção, valeria pensar também no seu livro *As raízes e o labirinto da América Latina*, de 2006, cuja análise comparada de dois exemplares centrais da tradição ensaística latino-americana – *Raízes do Brasil*, que (como Silviano) comemora 80 anos este ano, de Sérgio Buarque de Holanda, e *O labirinto da solidão*, de 1950, do mexicano Octavio Paz – permite ao autor desestabilizar, em grande medida, as visões mais assentadas, ao menos sobre o primeiro ensaio. Incluindo aí as reiteradas interpretações essencialistas centradas ou no tema da identidade nacional ou na busca de uma verdade original sobre a posição política de *Raízes*, para não falar da interpretação provocativa da ideia de "cordialidade" como uma espécie de máscara acionada nas interações sociais que Silviano oferece.

Embora não tenha espaço aqui para desenvolvê-la, lanço a hipótese de que o modernismo pode constituir uma mediação reflexiva importante para a interpretação original e cosmopolita que Silviano Santiago vem desenvolvendo sobre o Brasil e também a partir dele. Brutalizando meu argumento ao limite, arrisco-me então a sugerir que Silviano seja mais próximo do modernismo de Mário de Andrade do que do de Oswald de Andrade, como algumas vezes se tem dito ao se aproximar Silviano do pensamento pós-colonial e este da antropofagia – ainda que eu saiba bem que o crítico/romancista não aprecia simplificações tão rudimentares e tenha ele mesmo grande interesse por Oswald. Mas não vejo no conceito de "entre-lugar", e nas análises que vem permitindo, aquela busca de sínteses da qual, afinal de contas, a antropofagia não consegue escapar em seu movimento de deglutição do legado europeu desde uma realidade local.

Nesta acepção oswaldiana, o modernismo corrobora, talvez, a tese segundo a qual a vida cultural brasileira oscilaria recorrentemente entre tendências de localismo e de cosmopolitismo, brilhantemente formulada por Antonio Candido. O caso de Silviano Santiago me parece outro. O "entre-lugar" não é, por assim dizer, nem da ordem da dualidade nem da síntese. É antes da (des)ordem do contingente, do inacabado e do aberto tão cara a Mário de Andrade, tanto em suas realizações quanto em seu pensamento estético. Mário não gostava de sínteses. Manifestou explicitamente sua incompatibilidade pessoal com a lógica sintética, chegando a criticá-la explicitamente – como em conhecida consideração, ai de mim, à então nascente sociologia como "a arte de salvar rapidamente o Brasil"! Penso que os significados heurísticos mais importantes de Mário de Andrade estão ligados à sua perspectiva aberta e não sintética, na qual também se pode encontrar aquele pendor para o diálogo valorizado no "pensamento como *percurso* e não como *ponto de chegada*", como observou sua prima Gilda de Mello e Souza. Significados heurísticos perdidos na crítica historicista e triunfalista do modernismo.

Na acepção de Mário/Silviano desfaz-se, portanto, a ideia de um movimento pendular simples que ora separa e ora aproxima localismo e cosmopolitismo, quase sempre em busca vã por uma síntese. O decisivo em Mário de Andrade e também em Silviano Santiago, ainda que não se trate aqui de emulação, mas, fundamentalmente, do compartilhamento daquela postura socrática comum aberta ao outro, é antes o movimento de desconstrução da "dualidade", ou do "sentimento dos contrários" como já foi influentemente interpretada, que vem estruturando, em grande medida, a compreensão da vida cultural brasileira. Aqui se encontra, talvez, a afinidade eletiva mais significativa entre o pensamento estético de Silviano Santiago e o de Mário de Andrade, cujo inacabamento e movimento em aberto lhe exigiu nada menos do que a invenção de um verbo, engraçado, por certo, mas nada ingênuo: "pensamentear". Formas de se colocar na diferença, tanto o conceito de "entre-lugar" nos ajuda a pensar a partir da diferença quanto o "pensamentear" junto com o diferente. Não é fortuito, então, que Mário de Andrade valorize tanto o andamento e o processo inventivo de improvisação, que frequentemente ocorre em diálogos e duelos cantados conhecidos como "desafios", como faz na série de artigos sobre a vida de Chico Antônio, o cantador de cocos nordestino que se encantou e tanto encantou o modernista paulista – o músico deu a

Mário o seu ganzá, e para a sua grande obra planejada e jamais realizada, claro, Mário escolheu o título de *Na pancada do ganzá*! O "desafio" parece encerrar esse sentido de abertura e inacabamento também de um pensamento que se move ambiguamente na contingência e que exige, para se completar, a participação ativa e constante do outro – no caso de Silviano Santiago, claramente, do público.

Não será por outro motivo, então, que Silviano tenha retomado a crítica de Mário de Andrade ao que, numa carta a Carlos Drummond de Andrade, batizou de "moléstia de Nabuco", expressão máxima daquela dualidade, de pretensa (e limitada) matriz cosmopolita, ao afirmar que "o sentimento em nós é brasileiro, mas a imaginação europeia", como aparece em *Minha formação*, de Joaquim Nabuco. No lugar da alternativa dualidade ou síntese, mais uma vez o que interessa a Silviano são os deslocamentos, os tensionamentos, desestabilizações das visões polarizadas e estáveis de literatura, de identidade, de sociedade. E assim o é porque o escritor e o intelectual em contextos pós-coloniais – tema candente na obra de Silviano – situam-se nesse espaço complexo, entre a assimilação a um modelo original e a necessidade constante e incansável (e talvez inalcançável) de reescritura. A posição quase marginal leva a uma percepção *desde* as fronteiras – entre popular e erudito, local e universal, etc. – e, por isso mesmo, conscientemente contingente e refratária a essencialismos. E foi justamente estudando a correspondência de Mário e Drummond que Silviano notou certas "precariedade" e "incompletude" implicadas no diálogo epistolar para pensar a modelagem das subjetividades dos missivistas, o que lhe permitiu ampliar a ideia de "escrita de si" de Foucault. E, nesta operação, de lambuja, Silviano ampliou o espectro material e simbólico para o estudo das interpretações do Brasil, propondo o próprio gênero correspondência como, em si mesmo, uma forma relevante de interpretação do Brasil, codificada em relações múltiplas entre o público e o privado.

Vou ter que ir parando por aqui e deixar em aberto a conversa sobre aquilo que Silviano Santiago vem chamando de "cosmopolitismo do pobre", mas desconfio que seu diálogo com Mário de Andrade jogue algum papel aí também, como sugerem os ensaios de *O cosmopolitismo do pobre*, de 2008. Diálogo que certamente não se limita ao aspecto que estou assinalando aqui e que, ademais, não é restrito ao campo da crítica, mas tem alimentado também a imaginação ficcional de Silviano, como nos contos simultaneamente autobiográficos e dissimuladores de *Histórias mal contadas*, de 2005.

Mais uma expressão do seu cosmopolitismo que talvez consista, fundamentalmente, enfim, como disse Mário sobre si a Drummond, e que talvez se possa dizer também sobre Silviano: "Tudo está em gostar da vida e saber vivê-la. Só há um jeito feliz de viver a vida: é ter espírito religioso. Explico melhor: não se trata de ter espírito católico ou budista, trata-se de ter espírito religioso pra com a vida, isto é, viver com religião a vida. Eu sempre gostei muito de viver, de maneira que nenhuma manifestação da vida me é indiferente. Eu tanto aprecio uma boa caminhada a pé até o alto da Lapa como uma tocata de Bach".

A imaginação prodigiosa de Silviano Santiago, sua erudição ímpar e seu incansável, consistente e inovador trabalho com a palavra escrita podem nos ajudar a remodelar também nossa compreensão sobre as interpretações do Brasil. Particularmente em seu diálogo com Mário de Andrade, como procurei sugerir, encontra-se uma chave potente para desafiar os modos convencionais de pensar a sociedade brasileira, aqueles que foram se sedimentando e se petrificando pela rotina intelectual e pela ação do tempo. Abrir as caixas-pretas do passado legadas por nossos antepassados ao contemporâneo é desafio permanente da pesquisa do pensamento social brasileiro, e passa, a meu ver, necessariamente também por Silviano Santiago. Sua obra polifônica incita-nos a vasculhar nossos repertórios intelectuais e sentimentais não para confirmarmos o conhecido, mas antes para nos aventurarmos e quem sabe nos surpreendermos, *religiosamente*. Como, afinal, entre uma tocata de Bach e uma caminhada, o conhecimento e a vida valem a pena ser vividos, *a partir* e *com* o outro.

Penetrável esquecimento[3]

O homem de boa memória nunca se lembra de nada, porque nunca esquece de nada.
Sua memória é uniforme, uma criatura de rotina.
Samuel Beckett, *Proust*

Minha solidão alegra-se com essa elegante esperança.
J. L. Borges, "A Biblioteca de Babel"

....
3. Publicado originalmente como "Penetrável esquecimento. Estudo para retrato inacabado de Silviano Santiago", no Blog da Biblioteca Virtual do Pensamento Social – BVPS (https://blogbvps.wordpress.com), em 29 de abril de 2021.

A economia interna – política, conceitual, estética – de uma das obras mais originais do nosso tempo acaba de ganhar dois aportes fundamentais: *Fisiologia da composição* e *Menino sem passado* de Silviano Santiago. O primeiro publicado pela CEPE Editora em 2020, o segundo pela Companhia das Letras nesse início de 2021. Faço questão de referir-me à "economia interna" não para sugerir uma desconexão entre texto e contexto, como se fosse possível interpretar a obra de Silviano sem levar em conta o mundo sobre e contra o qual ela pensa. Antes, quero enfatizar que, mais do que dois novos livros, eles são realizações conceituais e estéticas que acrescentam, adensam e, mais ainda, afetam uma à outra e o conjunto de que fazem parte. Ao menos tal como até aqui realizado. Sua obra está em permanente movimento.

O primeiro livro foi resenhado com muita competência por Diana Klinger (2021) no Blog da BVPS. Naturalmente, só agora temos os dois livros disponíveis no mercado. Então, imagino que, como eu, outros estarão pensando-os *em relação*. Embora *Menino sem passado* seja o tema dos comentários que compartilho, é muito difícil para mim, neste momento, qualquer apreciação que dissocie os dois livros. Eles formam uma espécie de matéria-prima privilegiada do estudo para um retrato de Silviano Santiago nos dias nada fáceis que correm. Embora ambos tenham sido publicados durante a pandemia em que estamos vivendo e morrendo, *Fisiologia da composição*, salvo engano, foi inteiramente "pensado" dentro da situação de isolamento e confinamento por ela imposta – na qual "pensar", seguindo Agamben (2018), "significa lembrar-se da página em branco enquanto se escreve ou se lê". Talvez por isso o autor mesmo tenha feito questão de apresentar a *sua* leitura do *seu* livro, afirmando: "Gosto de pensar que *Fisiologia da composição* pode alimentar a discussão sobre o isolamento e o confinamento pandêmicos, como também a reflexão sobre o retorno do autoritarismo sob sua forma mais nefasta e insidiosa, a da supremacia branca". *Menino sem passado* foi escrito antes da pandemia, embora tenha vindo a público depois de *Fisiologia da composição*. Daí certa sensação de "fechamento" que, confesso, *Fisiologia da composição* me causa *quando* lido em relação a *Menino sem passado*.

Fisiologia da composição é uma reflexão densa sobre a importância do corpo na relação homológica entre "grafia-de-vida" e "composição literária". Sigo Diana Klinger. O verbo *hospedar*, tomado por Silviano de textos variados – da ficção machadiana de *Esaú e Jacó* a *Da hospitalidade*, de Jacques Derrida, ou de João Cabral de Mello Neto ao ensaio homônimo de Edgar Allan Poe –, por certo ganha sentido urgente no contexto de escrita e de nossa leitura (ainda vivemos na Tebas da peste e da tirania). Seu alcance, porém, não resta dúvida, é amplíssimo, vai muito além do contexto imediato. Hospedando-se naqueles e noutros textos, Silviano acaba por realizar uma espécie de autopoiese em relação ao percurso da sua obra realizada até o momento, projetando-a contra novos limites e ampliando o seu campo próprio. Afinal, é pela perspectiva do corpo que vai rever o processo de composição das *Memórias do Cárcere*, de Graciliano Ramos, mas também do seu próprio romance *Em liberdade* – textos "gêmeos não univitelinos"; das *Memórias póstumas de Brás Cubas* e de *Esaú e Jacó*, mas também do seu próprio romance *Machado*. Compreendo, assim, que *Fisiologia da composição* acrescenta uma peça conceitual à obra de Silviano Santiago como um todo que, portanto, é importante também para o entendimento do livro de memórias mais recente: a ideia de "hospedagem".

Dou-me conta de que pareço estar falando de um livro de memórias, afinal. Coincidências? Mas ainda estou comentando o primeiro livro, *Fisiologia da composição*. Valho-me da metáfora do próprio Silviano sobre o "parentesco" do seu trabalho com o de Graciliano, e insisto na tópica dos "gêmeos não univitelinos", que é tão importante na economia interna geral de sua obra. A contemporaneidade entre *Fisiologia da composição* e *Menino sem passado* não é da ordem cronológica, simplesmente. A meu ver, são livros gêmeos. Guardam em comum a urgência da comunicação, a necessidade da reescrita e o trabalho de automonitoramento reflexivo sobre a questão central da repetição com diferença – à qual voltarei adiante. Mais do que "gêmeos não univitelinos", porém, seria possível pensá-los como gêmeos inimigos? Os Esaús e Jacós de Silviano Santiago? Gosto da ideia, sobretudo, para marcar uma relação que me parece distinta no movimento "autopoiético" em ambos os livros e em seu *sentido*.

Recusando pensar a diferença entre os dois livros em termos de "gênero literário", apostaria antes numa diferença que é de ordem interna à reescritura, relativa aos princípios narrativos. Colocando o problema de modo direto, e algo brutal, diria que, em *Fisiologia da composição*, a reescritura parece agregar os diferentes textos escritos ao longo do tempo conforme um critério de inclusão ou exclusão voltado para "dentro" – um acerto de contas. O movimento autopoiético do livro como que se fecha para o exterior. Em contraste com isso, *Menino sem passado* se apresenta como se estivesse e se oferecesse em campo aberto, abre-se para "fora" num registro que pode até assumir um sentido conflituoso, ao incluir e fomentar improváveis comunicações com o leitor.

Voltemos ainda por um momento a *Fisiologia da composição*. Nele, homologias são traçadas impondo deslocamentos sucessivos entre "grafia--de-vida" (e não mais "autobiografia") do autor e "composição do texto" (e não mais o texto como "objeto"). E essa hospedagem, nos sugere Klinger, é da ordem da "generosidade". De uma espécie algo paradoxal de generosidade, eu ponderaria lembrando que é ainda dos regimes de si que se trata, pois, como na ficção de Silviano, também neste ensaio a construção do "eu" está sempre implicada na "outridade". Diz a crítica: "O eu que narra está sempre a ser desafiado pela outridade que ao mesmo tempo acolhe e é acolhida por ele (...) Acolhendo o outro-estrangeiro em sua narrativa, o autor Silviano Santiago abre mão da sua 'propriedade' (de seu estilo, por exemplo) se engajando numa relação de generosidade mútua com o texto que o hospeda".

A obra de Silviano Santiago está inteira na questão da repetição com diferença. Nela, teoria e ação só existem em referência a uma ontologia da diferença e da relação, que se contrapõe a outras de caráter sintético e substancialista. "Hospedagem" vem modificar esse espaço complexo, entre a assimilação a um modelo original e a necessidade constante e incansável (e quem sabe inalcançável) de reescritura. Acrescenta, adensa e afeta o que sabíamos até aqui da obra de Silviano a partir das categorias "entre-lugar" (como contraposição às diferentes sínteses entre "original" e "cópia"), "inserção" (em contraposição à "formação") e "cosmopolitismo" (em contraposição ao autocentramento eurocêntrico). Repetição com diferença ela mesma, "hospedagem" permitirá a irritação mútua entre essas categorias ao mesmo tempo que exigirá repensar a autodiferenciação da obra de Silviano em relação ao seu "ambiente" (a estética – ação/reflexão) e a modificação que acarreta aos ambientes como um todo, uma vez que poderá gerar ressonâncias (em particular sobre a questão da diferença cultural na sociedade brasileira). Mas também poderá alterar nossa compreensão da sua ficção, e mais especificamente da sua autoficção. O que poderemos apreender de *Menino sem passado* situando-o na relação homológica entre grafia-de-vida e composição do texto?

Nesse ponto, as diferenças finas entre os dois livros recém-publicados talvez se deixem entrever melhor. Para isso, penso, é preciso apenas insistir um pouco mais no que chamei noutro texto de "temperamento socrático" de Silviano Santiago. Já não importa se "temperamento" aqui tem ou não a ver com "personalidade", no sentido biográfico convencional. Já sabemos que o "autor" está morto. Trata-se antes, talvez, de um método. A escrita de si é trabalho árduo. Em mais de um aspecto no sentido de "chamado"/"vocação", segundo a acepção calvinista de trabalho universalizada na modernidade tal como destrinchada por Max Weber. Trabalho metódico, cotidiano, repetitivo, portanto. No caso de Silviano, trabalho estético consciente da contingência e refratário a essencialismos, já se disse. Assim, o ponto é antes relacionar as mediações – sociais – que todo trabalho de arte também pressupõe, sem as quais, na verdade, a abertura da obra para o outro – da literatura para o leitor – não constituiria uma ampliação significativa do campo da experiência.

Assumo minha condição ativa de leitor exigida na dialética socrática aberta e inacabada de Silviano Santiago, e insisto em (me) *hospedar* também o leitor na relação de homologias – isto é, de deslocamentos – entre "grafia-de-vida" do autor e "composição do texto". Uma espécie de dobra na fisiologia da composição que substitui a estética da "recepção" por uma "estética da hospedagem". Elemento intrinsecamente desestabilizador, é ela que garante a "abertura" mais contundente da economia interna da obra de Silviano Santiago, pois envolve a desorganização e a reorganização dos elementos constituintes da prática narrativa e das relações entre eles. A escrita de si é política. Implica a direção do conjunto sob novas formas e de acordo com novos interesses que devem ser repactuados com o leitor.

Onde se hospeda *Menino sem passado (1936-1948)*? Em muitos textos. Em muitas imagens. Em muitas experiências. Em toda a memória do mundo, como na Biblioteca borgeana da qual Silviano é íntimo conhecedor. A começar pela poesia de Murilo Mendes que dá título ao livro. Mas por que não no vitral da catedral de Chartes, cuja reprodução abre o volume? Em *Le livre blanc* de Jean Cocteau? Certo. No diálogo deste com Marcel Proust? Ou deste, por sua vez, com Flaubert? Sem dúvida, também. No cinema, nos gibis e noutros produtos da então nascente e já potente indústria cultural a ponto de alcançar e afetar o menino em seu cotidiano nos confins de Minas Gerais? Sim, claro. No memorialismo mineiro, de Pedro Nava, especialmente *Baú de ossos* (1972) e *Balão cativo* (1973); em *Boitempo* (1968) e *Menino Antigo* (1973), de Carlos Drummond de Andrade; e novamente de Murilo Mendes, agora de *A idade do serrote* (1968)? Sem dúvida. E na obra do próprio Silviano como um todo? Em *O falso mentiroso: Memórias*, de 2004; *Uma história de família*, de 1992?

O que podemos esperar, afinal, de um artista-pensador também da memória e das memórias, dos modos de subjetivação e das práticas de si que, paradoxalmente "pós-moderno", vem se dedicando, poder-se-ia dizer, de modo sistemático e vocacional (aqui o aparente paradoxo) a cruzar, experimentar, problematizar e também a diluir fronteiras da literatura, recusando a ideia de gêneros, ampliando a prática e o alcance estético e político da autoficção etc. e que retoma a escritura de suas memórias? Que dá a essas memórias um sentido de "projeto": estamos diante apenas de um primeiro volume? É isso, ao menos, que parece sugerir a delimitação temporal da narrativa indicada no título – "(1936-1948)". Isso apesar de todo o fluxo da memória que, obviamente, não se deixa domesticar inteiramente pela cronologia; e também apesar de o narrador de *Menino sem passado* ser um homem idoso e muito, muito experiente no presente – como são, no livro, a dupla de anciãos de outros tempos Vovô Amarante e Nhô Campeiro que tanto fascinam o menino Vaninho.

E quantas memórias *Menino sem passado* "hospeda"? Toda a memória do mundo, borgeanamente falando, novamente. Qual o projeto possível de memórias para um pensador tão crítico dos, segundo ele, algo "ingênuos" narradores contemporâneos, que insistem em "começar sempre pelo começo"? Que escrita de si é possível após seu romance *Machado*, de 2016, no qual a contraposição a esse tipo de narrador já ganhara um preciso sentido estético de distância do histórico e do biográfico para "penetrar" junto com o leitor no acontecimento rememorado do qual participa? Como satisfaz ou contraria o horizonte de expectativas do leitor? Como, afinal, formaliza a tópica fundamental do memorialismo (em especial, mas não apenas, no memorialismo modernista mineiro), que permite ler a infância transversalmente na figuração de subjetividades em constante processo de descobrimento e aprendizado – de si, do outro, do tempo, do espaço, do mundo? Como afeta o repertório de formas de subjetivação figuradas no memorialismo brasileiro em geral?

São muitas as perguntas, e tantas outras ficaram de fora. *Menino sem passado* nos convida a novos pactos de leitura. Com a reescrita do esquecido e do lembrado repete a diferença em tensão, submissão e subversão de práticas associadas à narração de si. Estamos num campo aberto e vertiginoso. Mas tudo isso é de uma alegria sem fim. Um campo de possibilidades à nossa espera. Todas as pistas são importantes. Numa próxima oportunidade eu mesmo gostaria de percorrer essas questões com mais vagar, seguindo a pista de que *Menino sem passado hospeda-se* de modo muito especial em *Crescendo durante a guerra numa província ultramarina*, livro de poesias de 1978 do próprio Silviano. Gostaria de estudar a codificação do conflito entre indivíduo e sociedade e a afirmação da liberdade em cada um dos textos e nos usos que neles se fazem dos dispositivos para essas escritas de si em seus diferentes gêneros – o poema, a prosa.

Dentre tantas outras possibilidades, elejo *Crescendo durante a guerra* por três motivos principais, além do plano meramente temático, por certo. Primeiro por ser o livro de Silviano em que mais (e melhor?) vejo o trabalho sobre a questão do aprimoramento da subjetividade individual nos quadros da discussão da crise do ideal de *Bildung*, que justamente a Segunda Guerra Mundial terminou por evidenciar tragicamente. Segundo, porque, e justamente por isso, a precariedade e a incompletude que restam ganham nos poemas do livro um *sentido* dialógico muito próprio com o leitor. Ambos os aspectos passarão por incessante reescritura na obra de Silviano desde *Crescendo durante a guerra*, e até antes dele. É essa fratura no ideal de *Bildung* que ressignifica o próprio horizonte do cuidado de si que como que se "desencanta" (no sentido weberiano), tornando-se cada vez mais e *apenas* uma "prática". *Last but not least*, numa das peças textuais finais do livro intitulada "Como ler os poemas. Reflexão sobre o que foi lido" já se enuncia a dinâmica de diferenciação autorreferencial na obra de Silviano Santiago e abertura para incluir e fomentar improváveis comunicações com o leitor que estou perseguindo em *Menino sem passado*. Diz:

> O texto primeiro existe
> só, como ponto.
> Se transforma depois em linha
> com sua própria força
> de deslocação, sua velocidade própria.
>
> Depois
> o leitor institui
> outra linha, lendo.
> O leitor constitui
> um feixe de linhas cruzadas
> organizando os textos.
>
> No percurso do texto
> e no trânsito da leitura
> as linhas se chocam,

se repudiam, se perdem,
correm paralelas
e podem se amar.
Depois, saber fazer
Retorná-las a ponto.

Estamos convidados a (con-)viver a arte dos esquecimentos e lembranças de Silviano Santiago por muito tempo ainda. Ela abre possibilidades de um envolvimento inesgotável. Valho-me da metáfora do "penetrável" – espaço-instalação em forma de labirinto no qual espectador/leitor deve entrar para passar por experiências sensoriais para além da experiência visual. É exatamente isso, parece-me, que a narrativa de *Menino sem passado* exige do e permite ao leitor: disposições não apenas intelectuais, mas sensoriais. Memórias sensoriais – olhos, ouvidos, olfato, tato – percorrendo por dentro as histórias que o narrador quer nos dar a conhecer e a esquecer. *Menino sem passado* é uma espécie de "penetrável", é isso, para lembrar Hélio Oiticica, amigo de Silviano a quem, a propósito, é dedicado *Crescendo durante a guerra numa província ultramarina,* o livro hospedeiro de *Menino sem passado*. Livro-penetrável, num frequente e fascinante jogo de estranhamentos e reconhecimentos, o narrador pode então nos surpreender em pleno ato de leitura recuperando involuntariamente nossas próprias lembranças, pasmos diante dos esquecimentos que já não sabíamos nossos. Remeto à proposição sobre "texto-instalação" de Wander Melo Miranda, interlocutor privilegiado de Silviano Santiago. Aliás, recomendo a leitura de todos os ensaios de *Os olhos de Diadorim*, publicado em 2019 pela CEPE Editora, pois também são relatos reflexivos de uma amizade entre o crítico e o artista-pensador, cujo esboço de um retrato atual traço.

No livro-penetrável, temporalidades se baralham. O que desconcerta a história é a memória que sobrevive a e ultrapassa o seu/nosso tempo, sempre possibilitando combinações variadas. Lendo *Menino sem passado* (a versão impressa) na Tebas da peste e da tirania em que se converteu o Brasil de hoje (quero repetir), pude *hospedar* minha infância, inteiramente transcorrida durante a Ditadura Civil-Militar (1964-1985), na do narrador, vivida por sua vez sob a ditadura anterior, a do Estado Novo (1937-1945). Na tragédia autoritária e autocrática de um país, a memória como *solidariedade,* reconhecimento e integridade do "eu". Uma aliança no tempo. As cenas da ponte em Formiga (MG), com a incrível coreografia dos meninos, mostrando que o tipo de curiosidade de cada um deles encontra unidade com seus corpos em seus movimentos ao mesmo tempo próprios e relacionais, e as do campo de futebol trazem a força da passagem, no fundo, tão dramaticamente difícil para o Menino Sonâmbulo: da descoberta da cidade que existe para além da família, da parentela, da vizinhança. Descoberta do outro e do eu que encontra duplo paradoxal – e estruturante do livro – no fascínio exercido pelos "viajados" e especialmente pelo primo Donaldo, feito combatente na Segunda Guerra Mundial. Um self *entre-lugar, cosmopolita* e *hóspede* está se forjando.

Hospedado em *Crescendo durante a guerra numa província ultramarina*, *Menino sem passado* é um dispositivo penetrável de lembranças e, sobretudo, de esquecimentos. Diz o seu narrador: "Desde o desaparecimento prematuro da mãe, camuflamos em cores e com mentiras o nosso desastre. Generalizo por mim. Sempre faltou aos meus sensores informação concreta sobre a morte de dona Noêmia Farnese". *Menino sem passado* como vestígio da mãe perdida. Toda memória performatiza de alguma forma o *regressus ad uterum*, para me valer das palavras de um crítico sobre Murilo Mendes – não por acaso, aqui também uma hermenêutica do sujeito pela ausência da mãe (Furtado, 2003). Não sei, porém, se o trabalho árduo da memória permite mesmo curar-se do tempo. Com o Michel Foucault de *A hermenêutica do sujeito*, desconfio que na reminiscência, que é uma prática de si, não se encontra uma verdade escondida. Não estamos mais, portanto, no horizonte utópico em que se permitiria equacionar reminiscência do passado e busca da felicidade. Niestzscheanamente, o narrador deve assumir os riscos envolvidos no confronto direto do seu infortúnio, deve se convencer de que os desafios e a alteridade aí implicados é que permitirão o seu autoaperfeiçoamento subjetivo.

O sujeito da memória está sempre no fluxo, lançado ao jogo entre lembranças e esquecimentos como forças contrapostas. O que me lembra da visão do social de Georg Simmel (1988) e, mais ainda, do grande tema da sua sociologia. Na modernidade, o descompasso entre tudo aquilo que os indivíduos produzem fora de sua subjetividade, a "cultura objetiva", e o cultivo pessoal, interior, da individualidade, acaba por alcançar um nível extremamente assimétrico, gerando uma separação radical entre o indivíduo e seu potencial criativo, a "cultura subjetiva", por conta da própria intensificação da divisão social do trabalho. E essa cisão adquire sentido trágico justamente porque, em Simmel, a ação humana está sempre relacionada à ideia de criatividade originada da subjetividade.

O tema amplo do cultivo individual de uma autoconsciência social e existencial é notavelmente enriquecido em *Menino sem passado* pelos muitos recursos estéticos e amplos repertórios intelectuais manejados finamente tanto pelo autor quanto pelo narrador. *Menino sem passado* é desses livros raros entre memórias, autobiografias ou mesmo autoficções, pois nele "grafia-de-vida" e "composição literária" – para voltar às ideias de *Fisiologia da composição* – e também a "estética da hospedagem" não reificam categorias, relações, processos. Ao contrário, a narrativa explora com maestria e nos convida com clareza às possibilidades de ressubjetivação, apontando também os limites e os riscos impostos a cada um de nós pelo domínio da "cultura objetiva" no mundo em que o ideal de *Bildung* já desapareceu.

A memória é uma apropriação, processo em permanente transformação. Por isso, paradoxalmente, talvez, não seja pequena a sensação de liberdade que a percepção do esquecimento experimentada na leitura de *Menino sem passado* acaba por nos trazer. *Menino sem passado* é um livro de grande e rara beleza melancólica, sem dúvida. Mas é uma afirmação potente da liberdade. E por isso também uma elegante esperança.

Cosmopolítica do entre-lugar[1]

Maurício Hoelz

Deprovincialing Latin America

Em texto introdutório a uma coletânea de trabalhos sobre "as controvérsias do estruturalismo", intitulado "The Space Between" (1971), Eugenio Donato e Richard Macksey (os organizadores do simpósio de 1966 que deu origem ao livro) sugerem que uma fórmula de Deleuze sobre Foucault permite contornar a dificuldade de encontrar um denominador comum para as diversas perspectivas em debate: "uma fria e concertada destruição do sujeito, uma vívida aversão a noções de origem, de origem perdida, de origem recuperada (...)" (Deleuze *apud* Donato; Macksey, 1972, p. X).[2] Esse prefácio é especialmente interessante porque Donato é não só um dos disseminadores nos Estados Unidos do que posteriormente viria a ser conhecido como "pós-estruturalismo" (que, naquele contexto sincrônico, era visto como uma variante do próprio estruturalismo), mas também um interlocutor direto de Silviano Santiago, que não só lhe dedica o ensaio "O entre-lugar do discurso latino-americano" como o escreve a seu convite para uma palestra na Université de Montréal.

Escrito originalmente em francês com o título de "L'entre-lieu du discours latino-américain", como esclarece Silviano em nota de *Uma literatura nos trópicos* (1978), Donato teria achado o título enigmático e sugerido outro: "Naissance du sauvage, Anthropophagie Culturelle et la Littérature du Nouveau Monde". A palestra foi lida no dia 18 de março de 1971 e, posteriormente, republicada em inglês, com o título original "The Latin-American

....
1. Publicado originalmente em *Cultura e sociedade na América Latina: ensaios de história intelectual*, organizado por Alice Ewbank, Pedro Demenech e Cairo de Souza Barbosa. Porto Alegre: Class, 2022.

2. "A cold and concerted destruction of the subject, a lively distaste for notions of origin, of lost origin, of recovered origin [...]".

Literature: the Space in-between", pela State University of New York at Buffalo (1973), onde Silviano lecionou. Aí, nesse entre-lugar cosmopolita, se realiza o ritual antropófago que paradoxalmente dá origem e originalidade ao conceito homônimo – para repetir com diferença o autor, nascido em uma província ultramarina no interior (Formiga, MG) de uma ex-colônia tropical portuguesa (Brasil) localizada na periferia do Ocidente (América Latina ou do Sul) e, à época da escritura, doutor pela prestigiosa Sorbonne (Paris) e professor de literatura francesa no epicentro cultural dos Estados Unidos, a principal potência na geopolítica acadêmica global. É a historicidade desse conceito e seu sentido contemporâneo que nos interessam aqui.

O ensaio "O entre-lugar do discurso latino-americano" será recolhido em *Uma literatura nos trópicos*, publicado no Brasil em 1978; livro intempestivo e feroz, de combate – que fala contra, escreve contra, e que não por acaso se inicia com uma cena bélica. Feroz porque não se deixa domesticar por rótulos como pós-colonial, decolonial e afins, embora os antecipe. É, portanto, também livro seminal porque abre pioneiramente (muito antes de se tornar "modismo" ou grife, note-se) uma agenda intelectual sobre a dependência das culturas subalternas e de crítica ao eurocentrismo que, não fosse a violência simbólica desse próprio discurso e a geopolítica do conhecimento a que ele dá lastro, seria cultuado nos principais centros acadêmicos internacionais. Além do mais, o livro rompe precocemente com o espectro do nacionalismo metodológico que passaria a rondar as ciências sociais e as humanidades em geral[3] – gesto esse radicalizado com a temática mais recente do cosmopolitismo do pobre (Santiago, 2004) – e afirma a especificidade da periferia – apesar de dependente, universal – enquanto lugar de enunciação, ponto de vista e modo de ler o mundo em que o conflito e a diferença, que o centro apaga no outro e em si mesmo, se tornam *visíveis*.

A questão das origens – e por extensão da originalidade – é fundamental no livro, que evoca o debate quase obsessivo para a intelectualidade do Novo Mundo sobre a dependência cultural da colônia em relação à metrópole – como, aliás, indica seu subtítulo, "Ensaios sobre dependência cultural". Como observa Eneida Cunha (2018), já as epígrafes do primeiro ensaio – "O entre-lugar do discurso latino-americano" – delineiam a articulação que será central no seu argumento. Uma delas é uma citação de *Quarup*, de Antonio Callado, e faz menção à argúcia do frágil jabuti que se deixa abocanhar pela

....
3. Sobre o debate recente a respeito desse tema nas ciências sociais, ver a proposta de Beck (2006) de uma "sociologia cosmopolita" e a crítica de Bhambra (2014).

onça, dois animais característicos do folclore nativo: "Do crânio da onça o jabuti fez seu escudo"; a outra é uma recomendação de Michel Foucault (*apud* Santiago, 2000, p. 9) para as "tarefas negativas" de desconstrução do saber baseado na semelhança: "É preciso se libertar de todo um jogo de noções que estão ligadas ao postulado de continuidade". Notemos como Silviano já pensa e operacionaliza a contribuição da teoria francesa "pós-estruturalista" contemporânea filtrada pela tradição intelectual latino-americana. Um *mito das origens* do Alto Xingu e o tempo cíclico do ritual que o performatiza, fazendo de escudo e arma as palavras de Foucault, contra-atacam a ideologia de um tempo homogêneo e vazio, subordinado à sucessão linear. "A maior contribuição da América Latina para a cultura ocidental vem da destruição sistemática dos conceitos de *unidade* e *pureza*" (Santiago, 2000, p. 16, *grifos do autor*). Eis aí sintetizado o sentido cosmopolítico do entre-lugar. O ensaio é uma espécie de "protótipo do gesto pós-colonial" (Cunha, 2018) e se insurge contra o silenciamento etnocêntrico da alteridade e da diferença das culturas que se defrontaram com a violência do processo colonial e expansionista europeu no repertório das ciências sociais e humanas e nas histórias literárias e culturais do Brasil.

> Silviano expõe o incessante retorno dessa violência recalcada nas hierarquias entre civilização e barbárie, Europa e Novo Mundo, que se desdobram em outras infindáveis e assimétricas oposições, entre centro e periferia, tradição erudita e cultura popular ou massiva, estética e política. O alvo é a polarização entre vontade de pureza e vivência da mestiçagem, entre colonização (a imposição do modelo às cópias) e descolonização (a agressividade desviante dos simulacros). Com a contundência própria daqueles tempos de opressão política e agitação cultural, a análise de Silviano descarta a (esperada) síntese dialética e propõe a reversão das classificações, o valor do híbrido, dos paradoxos e contradições. (Cunha, 2018, p. 16)

Em "O entre-lugar do discurso latino-americano", é necessário – e é disso que se trata, afinal: de uma necessidade – que tenhamos clareza dos desafios e possibilidades inerentes à reflexão nos trópicos, ou desde o Sul, como alguns prefeririam dizer hoje. Escrito em um contexto não apenas de ditadura militar, mas também de apreensão pelas novas formas de colonialismo, o ensaio sobre dependência cultural de Silviano abre com a famosa imagem bélica do capítulo de Montaigne sobre os canibais, em que o rei

Pirro se surpreende com a organização do exército romano, que lhe parecia bem menos bárbaro do que deveria, ao menos segundo o (pre)conceito geral de superioridade dos povos civilizados daquele tempo. O campo de batalha retratado por Montaigne, que coloca frente a frente e em equilíbrio bárbaros e civilizados, e a admiração do líder grego capturam um deslocamento sutil, mas potencialmente decisivo. Bem ajustada, a metáfora pode ser pensada para outros quadrantes e outras dinâmicas coloniais.

Falar em um "entre-lugar" implica, é preciso deixar claro, pensar um lugar concreto e específico, e não um mero lugar de passagem, ou um "não lugar" à la Marc Augé (1994). O que confere densidade histórica e geográfica a ele é o empreendimento colonial, construído sob o signo da homogeneidade e pelo apagamento sistemático da diferença, afinal, "na álgebra do conquistador a unidade é a única medida que conta" (Santiago, 2000, p. 16). Se o extermínio físico é a regra, há outro mais tênue, ainda que não menos eficaz, implicado no controle sobre a língua e sobre os sistemas do sagrado, que ordena que se evite a todo custo práticas como o bilinguismo e o pluralismo religioso, ao mesmo tempo que impõe ao "bárbaro" os "altos padrões" da civilização ocidental. Adestrado qualquer laivo de singularidade, só resta à América "transformar-se em cópia, simulacro que se quer mais e mais semelhante ao original" (Santiago, 2000, p. 16). A dominação colonial, no entanto, engendra um segundo processo, paralelo ao primeiro, só que mais silencioso e em caminho oposto: o "novo mundo nos trópicos" é também o da miscigenação racial, o da contaminação da pureza, o da corrupção dos códigos linguísticos e religiosos. Tais códigos, mostra Silviano (2000, p. 18), "perdem seu estatuto de pureza e pouco a pouco se deixam enriquecer por novas aquisições, por miúdas metamorfoses, por estranhas corrupções, que transformam a integridade do Livro Santo e do Dicionário e da Gramática europeus. O elemento híbrido reina". Se o colonialismo procurava a todo custo erradicar as diferenças, sua própria dinâmica fez com que aparecessem novas relações, imagens e sons, pouco identificáveis aos ouvidos insensíveis do colonizador.

Mas se o entre-lugar está referido a um processo histórico específico, ele também deve ser entendido como um lugar *a partir* do qual se fala e se escuta, e não apenas *sobre* o qual se pode dizer algo. Caberia ao intelectual latino-americano, antes de tudo, compreender esse lugar e saber usá-lo, transformar o entre-lugar em uma perspectiva própria de se relacionar, estar, sentir e pensar o mundo. Assim como, posteriormente, Homi K. Bhabha qualificaria o Terceiro Espaço, o "entre-lugar" se constitui precisamente como aquele local onde as "condições discursivas da enunciação" permitem que se perceba com mais nitidez como pretensões de "unidade" e "autenticidade" são falsas em *qualquer* dinâmica cultural. As culturas (e as identidades) não são unidades expressivas e homogêneas, campo do consenso e da reconciliação, e sim, sempre, abstrações da história das misturas em que se formaram e dos conflitos e das negociações que as construíram. No entanto, Silviano também está atento ao fato de que os permanentes fluxos e trocas que as constituem não acarretam integração ou fusão harmoniosa, mas contradições e, sobretudo, assimetrias. Economia política e cultura articulam-se – não é como se as desigualdades socioeconômicas fossem não simbólicas ou as diferenças culturais fossem imateriais ou apolíticas.[4] No processo histórico, as diferenças culturais sempre assumem significado dentro de contextos de aguda desigualdade social e econômica e podem, na prática, ser tão hierarquizadas quanto renda, riqueza e prestígio. Isso implica reconhecer que a aspiração à cópia dos padrões universais imaginados pode representar não simplesmente colonização mental ou capitulação diante do imperialismo cultural, mas também um anseio de igualdade, uma reivindicação por condições de vida melhores, um desejo de superação da subordinação explícita.

O conceito de entre-lugar está carregado de historicidade. Assim, a própria cultura latino-americana é vista como parte articulada do mundo contemporâneo:

> [...] o renascimento colonialista – produto reprimido de uma outra Renascença, que se realizava concomitantemente na Europa – à medida que avança apropria o espaço sócio-cultural do Novo Mundo e o inscreve, pela conversão, no contexto da civilização ocidental, atribuindo-lhe ainda o estatuto familiar e social do primogênito. (Santiago, 2000, p. 14)

Se a importação cultural, portanto, produz distorções significativas para as sociedades dependentes, a cópia é inevitável, e é justamente no deslocamento provocado por ela, na *repetição com diferença* – e na reelaboração suscitada pelas contradições locais do processo histórico –, em suma, em sua *tradução*, que se deixa ver o entre-lugar das culturas periféricas e subalternas: uma "geografia de assimilação e agressividade, de aprendizagem e de reação,

---

4. Ver, a propósito, Hoelz (2018) sobre a proximidade dessa abordagem com a de Mário de Andrade.

de falsa obediência" (Santiago, 2000, p. 16). "O leão é feito de carneiro assimilado", diz a citação de Paul Valéry pinçada por Silviano.

Silviano (2000, p. 22) convoca o personagem principal de *62 Modelo para armar* de Cortázar para ilustrar o problema da diferença e a diferença do problema traídos na tradução cultural. Juan, um argentino em Paris, vai jantar no restaurante Polidor, bistrô mais antigo da cidade, fundado em 1845, e é acomodado pelo *maître* numa mesa ao fundo, de costas para os demais fregueses e de frente a um espelho. Enquanto aguarda, Juan vê pelo espelho e ouve às suas costas um comensal fazendo o pedido: "Je voudrais un château saignant". E traduz mentalmente para o espanhol: "Quisiera un castillo sangrento". Tradutor por profissão, Juan sabia que o cliente gordo desejava um bife malpassado, assim como tinha consciência de que era o único ali para quem o pedido carregava um duplo sentido. No jogo de discursos espelhados, porém, *château* desloca-se do contexto gastronômico para o feudal, colonialista, a morada do senhor, *el castillo*. E o adjetivo, *saignant*, de preferência de ponto da carne, passa a significar, ao gosto do freguês latino-americano que o digere, o desejo desrecalcado de revidar a violência simbólica colonial e ver, no espelho do Sul, o *château*, signo francês da opressão, traduzido/traído e sangrado. Silviano (2000, p. 22) nos lembra: "as leituras do escritor latino-americano não são nunca inocentes. (...) se o significante é o mesmo, o significado circula uma outra mensagem, uma mensagem invertida". Essa simples ocorrência faz Juan refletir como uma mesma frase pode ter um sentido diverso conforme o lugar em que é pronunciada, ouvida ou interpretada. Pergunta-se: por que escolheu o restaurante Polidor para jantar em dia tão significativo? Por que pedira automaticamente o prato coquille Saint-Jacques? Ainda, o vinho alsaciano Sylvaner? Ora, essas escolhas traduzem um conjunto de tradições francesas, que ele cumpre quase como rotina, como que reconhecendo silenciosamente sua superioridade e força coerciva, mas não sem se questionar por que atribui valor àquilo que nada significa para ele? (cf. Bastos, 2019).

Nessa "meditação silenciosa e traiçoeira", é preciso primeiro aprender a falar a língua para melhor combatê-la em seguida, como na vingança de Caliban sobre Próspero, abolindo o privilégio epistemológico do discurso eurocêntrico sobre o discurso periférico. Tradutor, traidor, como se diz. Mas é preciso também trair a própria língua para, em vez de neutralizar, internalizar a disparidade dos discursos e reivindicar uma equivalência conceitual de direito que não existe de fato entre eles. Não simplesmente para fulminar o discurso europeu por colonialista e exorcizar seu exotismo, mas para fazê-lo também dizer outra coisa. Pois, se o discurso eurocêntrico supõe que cada cultura ou sociedade dependente encarne um desvio específico de um padrão genérico ou de uma forma universal, o discurso periférico, ao contrário, suspeita que os problemas eles mesmos podem ser radicalmente diferentes, apesar de universais.

No ensaio "Apesar de dependente, universal", que abre seu livro *Vale quanto pesa* (1982) e, a meu ver, pode ser lido quase como um díptico de "O entre-lugar do discurso latino-americano", Silviano (1982, p. 22) seleciona como epígrafe uma citação de Paulo Emílio Salles Gomes sobre uma "dialética rarefeita", nas palavras deste, que guardaria correspondência com seu próprio conceito de entre-lugar: "Não somos europeus nem americanos do norte, mas destituídos de cultura original, nada nos é estrangeiro, pois tudo o é. A penosa construção de nós mesmos se desenvolve na dialética entre o não ser e o ser outro". Nesse ensaio, Silviano argumenta que a invasão e a ocupação do desconhecido Novo Mundo servirão de palco para onde deslocar e encenar os conhecidos conflitos e impasses político-sociais e econômicos das sociedades metropolitanas. A luta pelo poder e a partilha das terras americanas irá reverberar a quebra da unidade da Igreja e as guerras santas entre facções religiosas europeias. A conversão se incumbirá de fazer dos nativos atores e recitadores dos grandes conflitos do Ocidente, ao desalojá-los, primeiro, de sua própria cultura e, em seguida, de qualquer outra ocupação mental que não a católica, fazendo com que se revoltem contra os "hereges" franceses ou ingleses.

> Duplamente desalojado: a História europeia é a história indígena. Resta-lhe memorizar e viver com entusiasmo uma 'ficção' europeia (portuguesa, em particular) que se transcorre num grande palco que é a sua própria terra. E já no século XX nem mais a terra é sua. Terceira, última e definitiva ação de despejo operada pelos colonizadores. (Santiago, 1982, p. 15)

O etnocentrismo é narcísico e faz do indígena, primeiro, e do negro africano, depois, o Outro europeu: sua condição de ser outro e diferente – sua alteridade – é recalcada, hierarquicamente, e assimilada à imagem refletida do invasor, à identidade do mesmo. Ele prolonga fora o que ocorre dentro de casa e só não vê quem não quer, como exemplifica a ambiguidade moral que manifesta o Velho de Restelo em *Os Lusíadas* de Camões, destacada por

Silviano: à beira do cais, resolve não embarcar, pois considera supérfluas a busca do desconhecido, quando este já existe dentro da própria sociedade, e a tarefa de civilizar o outro, enquanto existam "outros" – isto é, minorias subalternas – que são oprimidas pela classe dominante que se arroga arauta da civilização. A ocupação dos trópicos permitiu tanto alargar as fronteiras visuais e econômicas da Europa quanto transformar a história europeia em História universal – história única e total, que detém o monopólio legítimo do exercício da verdade e das hierarquias de valores dentro do globo –, instaurando um processo de uniformização/ocidentalização das diferentes civilizações existentes. Diz Silviano: "No Brasil, o problema do índio e do negro, antes de ser a questão do silêncio, é a da hierarquização dos valores".

A compreensão dessas e outras minorias pelo intelectual latino-americano não pode se furtar a encarar a "configuração ambivalente do seu ser cultural", isto é, considerar sua integração ao processo histórico de ocidentalização do mundo encetado pela máquina do colonialismo ontem e do neocolonialismo capitalista hoje e simultaneamente questioná-la, subvertendo a hierarquização pelos critérios de "atraso" e "originalidade", para que esses grupos desprivilegiados não continuem a viver uma "ficção" que explica seu passado e seu desaparecimento futuro. "Difícil é o pacto entre o homem latino-americano e a História ocidental" (Santiago, 1982, p. 22). Ora, pondera Silviano, não passaria de devaneio ufanista acreditar que possamos ter um pensamento autóctone autossuficiente, desprovido de contatos "alienígenas", pois não podemos fazer de conta que a dependência não existe, dada a dívida coercitiva com as culturas dominantes que a relação colonial nos impinge, tampouco podemos nos contentar com a glorificação do nativo e do negro, em vez de buscar a sua "inserção diferencial na totalização universal". O conceito tático e desconstrutor de entre-lugar, que retira sua força justamente do paradoxo, permite assim escapar das "célebres artimanhas do pensamento ocupante: a racionalidade analítica ou dialética como forma inevitável de integração ao todo do indígena e do negro; a complementaridade como processo de uniformização e totalização da diferença" (ibid., p. 22). E, ao deslocar a ênfase para a diferença em lugar da repetição, a despeito da inevitável sujeição à sociedade dominante, permite escapar também de um solo histórico e cultural homogêneo. Mais do que isso, fazendo a cultura dominada retroagir sobre a dominante, o entre-lugar coloca em xeque a real universalidade dos valores metropolitanos: "a universalidade só existe, para dizer a verdade, nesse processo de expansão em que respostas não-etnocêntricas são dadas aos valores da metrópole" (ibid., p. 23). Isso não implica que a mera inversão de discursos admita relativizar a história em sua lógica desigual, mas combinada. Entendida, nesse sentido, como jogo diferencial, a universalidade se desprovincianiza e se abre em uma nova visão de mundo cosmopolita, agora descentrada e desterritorializada, abdicando de seus pressupostos autoritários e totalitários de pureza e unidade, de origem e fim – desenraizando-se, a universalidade torna-se rizoma. Não existe mais a coisa em si, a referência privilegiada, o significado transcendental fora das relações de poder nessa cosmopolítica das multiplicidades. E toda "posição" é contingente e passível de des-locação (ou de de-posição). A contribuição de Silviano à desconstrução da universalidade eurocêntrica não pode ser inteiramente aquilatada sem se levar em conta sua leitura de Derrida,[5] este judeu-franco-magrebino nascido na Argélia ocupada pela França, que por sua vez seria ocupada pelo exército nazista alemão durante a Segunda Guerra – nascido sob o signo da violência colonial e imperial, portanto.

Daí, então, Silviano Santiago, ao se debruçar sobre uma parcela da tradição dos estudos literários no Brasil, questionar a tendência recorrente de pesquisa das "fontes" ou das "influências", que, segundo ele, apenas reproduziriam o discurso neocolonialista e policialesco das origens, e, portanto, da pureza capaz de *iluminar* todo o *resto do mundo*. Ao contrário, o que lhe interessa são os deslocamentos, os tensionamentos das visões estáveis e polarizadas de identidade, as múltiplas variações de significado a partir de um mesmo e aparente cristalizado significante. E assim o é porque o escritor e o intelectual, em contextos pós-coloniais, situam-se nesse espaço-tempo suplementar e complexo, entre a assimilação a um suposto modelo original e a necessidade constante e incansável (e talvez inalcançável) de reescritura. Assim, a posição quase marginal, "clandestina", leva a uma perspectiva *desde* as fronteiras e, por isso, contingente e refratária a ontologias e essencialismos. A propósito, como observa Botelho (2019d), o conceito de entre--lugar implica uma ideia potente de "movimento" e de relação – carregada de conflito e de poder, mas também potencialmente de solidariedade – que aproxima e separa diferenças. Além de usar o termo algumas vezes, há várias outras expressões no texto que ressoam esse devir: "infiltração progressiva" do pensamento selvagem no elemento europeu; movimento de "sabotagem

....
5. Como sabemos, Silviano foi o responsável por supervisionar a produção do precursor *Glossário de Derrida*, editado originalmente em 1976, figurando como o sexto livro publicado em todo o mundo sobre a obra de Derrida.

dos valores culturais e sociais impostos pelos conquistadores"; "miúdas metamorfoses" que enriquecem pouco a pouco os códigos linguístico e religioso; "transfiguração" que institui o lugar da América Latina no mapa da civilização ocidental; "meditação traiçoeira", "tradução" e "aprendizagem" envolvidas na *repetição diferida* da língua e do texto primeiro da metrópole (Santiago, 2000).

Isso posto, se, anteriormente, o conceito de originalidade havia servido para dar prioridade à Europa sobre a cópia degradada que dela sempre seria a América Latina, o seu questionamento permite a Silviano avançar na direção de uma noção na qual a repetição instaura uma diferença que repercute inclusive sobre o contexto original, corrompendo a sua presumida originalidade. Eis o pulo do gato – ou a astúcia do jabuti, para invocar novamente a epígrafe. Não se trata simplesmente de realizar uma operação de inversão, em que se passa a valorizar a cópia. Não. A cópia, como reflexo de um original determinado, evidencia elementos que não apareciam nele, fazendo dessa primeira instância algo dependente, para sua atualização, da própria cópia. É tão somente na cópia que o original se torna evidente como tal, o que significa dizer que o original não existe na ausência da cópia.

O conceito de suplemento, emprestado de Derrida, joga um papel central aí. Em seu ensaio "Eça, autor de *Madame Bovary*" (Santiago, 2000), Silviano mobiliza esse conceito para reler, a partir de "Pierre Menard, autor del Quijote" de Jorge Luis Borges, a familiaridade d'*O Primo Basílio* com o romance de Flaubert. Apesar de a geração de Eça em Portugal ser dependente da cultura francesa, o suplemento da leitura – isto é, o que se acresce ao original e o diferencia dele – torna a "cópia", paradoxalmente, mais original do que o "modelo", uma vez que ela contém em si, ao mesmo tempo, "uma representação do texto dominante e uma resposta a esta representação no próprio nível da fabulação" (Santiago, 1982, p. 23). O texto segundo repete e cita em si mesmo o texto primeiro como arquivo de leitura – ele incorpora o primeiro mais a sua leitura – e, assim, explicita nele a sua condição de texto escrito a partir de outros textos (do "já-escrito", como Silviano adapta o "*déjà-dit*" de Foucault), que é a de todos os textos, como nota Penna (2012). Eis aí a universalidade diferencial que transforma o cosmopolitismo, de tema culto de elites ilustradas, em abordagem teórico-política subalterna. Desse modo, a cópia diferida do modelo poderia engendrar um produto original. Mas originalidade, está claro, não equivale à pureza e/ou à autenticidade; ao contrário, envolve o relacionamento com e a expressão da diferença. Dessa perspectiva desprovincianizante e não triunfalista que recusa a dualidade sem, porém, buscar transcendê-la ou superá-la numa síntese – que conduziria à simples neutralização dessas oposições –, decorre uma ideia de que as identidades não seriam unidades inteiriças e fechadas em si mesmas, mas multiplicidades dinâmicas e abertas, sempre (re)significadas por relações de diferença.

Pode-se dizer que esse raciocínio – ao demonstrar o infundado de hierarquias como a de que a "cópia" é secundária em relação ao "original", depende dele, vale menos etc. – conduz à própria desconstrução do primado da origem que jaz como pressuposto de noções de cultura ou identidade autênticas. Não obstante o alívio que a solução pudesse proporcionar à autoestima da nossa sociedade dependente assolada por uma epidemia de "moléstia de Nabuco" – que fazia nossas elites sentirem saudades do cais do Sena em plena Quinta da Boa Vista, para repetir a fórmula de Mário de Andrade (Santiago, 2006, p. 24) –, Silviano não incorre no equívoco inverso de supor que a não reprodução da tendência europeia é uma questão de opção e poderia nos dar uma vida intelectual, artística, social etc. mais substantiva, com um fundo nacional genuíno, não adulterado. Não se trata assim de uma (re)versão ingênua e desconstruída, pós-moderna, das vantagens do atraso, segundo a qual processos reais passariam a ser vistos como uma sequência infinita de transformações, sem começo nem fim, sem primeiro ou segundo, pior ou melhor, redistribuindo conforto (mas não riqueza) ao mundo subdesenvolvido. De atrasados viraríamos adiantados, de desvio passaríamos a norma, a inferioridade seria miraculosamente transformada, por um ato performativo do discurso, em superioridade (a qual, aliás, esse mesmo discurso visava abolir), como se a vivência humilhante da cópia explícita e inevitável, o nosso lugar de fala e de invisibilidade, por assim dizer, nos tornasse mais aptos que a metrópole a abrir mão das ilusões da origem primeira ("ainda que a lebre tenha sido levantada lá e não aqui") (para lembrar, a propósito, Roberto Schwarz, [2006]). Sobretudo, o problema da cultura reflexa deixaria de ser particularmente nosso, e, de certo ângulo, em vez do sonho obsessivo de europeização ou americanização da América Latina, assistiríamos na primeira fila à latino-americanização das culturas centrais, do Norte, metropolitanas, ou como quer que se queira nomeá-las. Desconstruir o conceito de origem não basta para combater relações de desigualdade efetiva. Despi-las do prestígio da originalidade não é suficiente para que as inovações "centrais", apesar de inadequadas, se tornem dispensáveis, ou possam ser utilizadas e transformadas livremente de modo a que não sejam postiças – a quebra do "deslumbramento cultural" do subdesenvolvido não afeta o fundamento da situação, que é prático (Schwarz, 2006, p. 35).

A vacina contra o eurocentrismo, a "moléstia de Nabuco" de que nos advertia Mário de Andrade e será combatida em nova frente por Silviano – essa doença tropical transmitida aos jovens pelo bacilo das ninfas europeias – consistiria, assim, em rechaçar tanto a idealização quanto o recalque do passado nacional, para adotar como estratégia estética e economia política a subversão dos valores hierárquicos estabelecidos pelo cânone eurocêntrico. Essa estética política "grileira", como diz Silviano, necessariamente periférica, ambivalente e precária, compreende tanto o desrecalque localista da multiplicidade étnica e cultural das práticas populares abominadas pela elite quanto o nexo da nossa formação nacional com o pensamento universal não eurocêntrico – sua "inserção" diferencial. Atentando para o localismo do universal eurocêntrico e o alcance universalista da diferença local – isto é, sem reificar nem localismos em seu particularismo nem o universalismo em sua abstração –, Silviano vira do avesso a perspectiva colonial. Não se trata, portanto, de substituir um discurso eurocêntrico por outro igualmente etnocêntrico e totalizante, mas de desenvolver um modo descentrado de relação de convivência com o universal a partir das diferenças, que implica movimento e abertura potenciais em várias direções e, neste gesto transfigurador, uma visão cosmopolítica e solidária do mundo e seus outros. Diz Silviano:

> Não fui vítima da lucidez racional da Europa como um novo Joaquim Nabuco, nem me deixei seduzir pelo espocar dos fogos de artifício ou pelas cores do carnaval nos trópicos. Fiquei com os dois e com a condição de viver e pensar os dois. Paradoxalmente. Nem o lugar-comum dos nacionalismos brabos, nem o lugar-fetiche do aristocrata saber europeu. Lugar-comum e lugar-fetiche imaginei o entre-lugar e a solidariedade latino-americana. (Santiago, 2001, p. 434)

Fuga

O caráter pioneiro e seminal do conceito de "entre-lugar" ganha relevo quando se considera o alinhamento de sua economia teórica a uma constelação de ideias posteriormente desenvolvida pela chamada teoria pós-colonial.⁶ Embora não configure uma matriz analítica unificada, pode-se dizer que as diferentes vertentes pós-coloniais se caracterizaram por utilizar o método da desconstrução dos essencialismos para forjar uma perspectiva epistemológica crítica ao que denominam genericamente "modernidade ocidental" (Costa, 2006, p. 117). Partindo da premissa de que toda enunciação vem de algum lugar, questionam o processo de produção do conhecimento científico que, ao privilegiar modelos e conteúdos próprios àquilo que se definiu como a cultura nacional na Europa, reproduziria, em outros termos, a lógica da relação colonial. Assim, o "pós" do pós-colonial não representaria um "depois" no sentido cronológico linear, mas antes uma operação de reconfiguração de todo o "campo discursivo" no qual as relações hierárquicas são produzidas, a qual desloca o foco do conteúdo para o *local* das enunciações. Destacarei aqui dois dos mais notáveis estudiosos pós-coloniais que se estabeleceram e se consagraram como verdadeiras celebridades intelectuais no circuito acadêmico hegemônico graças a suas críticas aos padrões eurocêntricos de pensamento: Dipesh Chakrabarty e Homi K. Bhabha.

O que faz com que a "modernidade política" não possa ser pensada em nenhum lugar do mundo sem se invocar categorias e conceitos com profundas raízes na tradição intelectual e mesmo teológica europeia? Essas são as questões de que parte o livro significativamente intitulado *Provincializing Europe* (2000), do historiador bengalês da Universidade de Chicago, Dipesh Chakrabarty. Conceitos tais como cidadania, Estado, sociedade civil, esfera pública, direitos humanos, igualdade perante a lei, indivíduo, distinção entre público e privado, sujeito, democracia, soberania popular, justiça social, racionalidade científica, entre outros, todos carregam o fardo do pensamento e da história europeia e implicam uma inevitável – e em certo sentido indispensável – visão universal e secular do humano. O colonizador europeu do século XIX pregava esse humanismo ilustrado aos colonizados ao mesmo tempo que o negava na prática. Mas a visão surtiu efeitos poderosos ao fornecer uma base sólida para a formulação – tanto na Europa quanto alhures – de críticas a práticas socialmente injustas (pode-se dizer que criou no mínimo um horizonte de expectativas para os atores). Entre

....
6. Um investimento anterior na qualificação comparativa desse pioneirismo foi realizado por mim e Andre Bittencourt no artigo "Repetição, diferença, reescritura: das vantagens do 'entre'" (Hoelz & Bittencourt, 2020).

seus herdeiros estariam, de acordo com Chakrabarty, o pensamento liberal e o marxismo, por exemplo. Desse modo, as críticas sociais modernas formuladas na Índia ao regime de castas, à opressão da mulher, à falta de direito das classes trabalhadoras e subalternas – e até ao colonialismo – são impensáveis senão como absorção de parte do legado iluminista.

Segundo o autor, o próprio advento da modernidade política em países fora das democracias capitalistas do mundo ocidental produz uma ironia histórica, que nos insta a questionar o conceito, constitutivo da ideia eurocêntrica de modernidade, de *historicismo* – a ideia de que para se entender uma coisa ela precisa ser vista como uma unidade e em seu desenvolvimento histórico (Chakrabarty, 2000, p. 6). Ele se revela ao mesmo tempo indispensável e inadequado para entender as formas assumidas pela modernidade política na Índia. O historicismo possibilitou a dominação europeia do mundo no século XIX, consistindo numa das principais formas assumidas pela ideologia do progresso e do desenvolvimento. O historicismo, afirma, é "o que fez a modernidade ou o capitalismo parecer não apenas global, mas antes algo que se tornou global ao longo do tempo, ao se originar em um lugar (Europa) e então se espalhar para fora dele"[7] (ibid., p. 7). Essa estrutura narrativa "primeiro o Ocidente, e então alhures" do tempo histórico global seria replicada em versões locais por diferentes formas de nacionalismos não ocidentais, substituindo a "Europa" por algum centro localmente construído. Foi o historicismo, ainda, argumenta o autor bengalês, que permitiu a Marx dizer que o país industrialmente mais desenvolvido apenas mostra ao menos desenvolvido a imagem de seu próprio futuro. Assim, o historicismo incutiu o tempo histórico como uma medida da distância cultural (ao menos no desenvolvimento institucional) que se presumia existir entre o Ocidente e o não Ocidente. Nas colônias, ele concorreu para legitimar a ideia de civilização; na própria Europa, ele propiciou a produção de histórias completamente internalistas nas quais a Europa era descrita como o lugar de origem do capitalismo ou da modernidade, num movimento que o autor designa de "*denial of coevalness*". Nesse sentido, o historicismo era um meio de os europeus acomodarem os povos não europeus numa espécie de "sala de espera imaginária da história", "uma recomendação aos colonizados para esperar" (Chakrabarty, 2000, p. 8). Estaríamos todos rumando para o mesmo destino, mas alguns povos chegariam antes de outros.

....
7. "[...] is what made modernity or capitalism look not simply global but rather as something that became global *over time*, by originating in one place (Europe) and then spreading outside it."

O historicismo seria um modo de pensar que postula que cada fenômeno deve ser visto "como uma entidade historicamente em desenvolvimento, isto é, primeiro, como um todo individual e único – como um tipo de unidade ao menos potencial –, e, segundo, como algo que se desenvolve com o passar do tempo"[8] (Chakrabarty, 2000, p. 23). A ideia de uma unidade em desenvolvimento e a suposição de que uma determinada quantidade de tempo transcorre no processo são centrais nesse entendimento. Assim, o historicismo toma seu objeto de análise como internamente unificado e como se se desenvolvesse com a passagem do tempo.

No que diz respeito particularmente ao discurso acadêmico da história, a "Europa" permanece o sujeito soberano de todas as histórias, incluindo aquelas chamadas "indianas", "chinesas" etc. Segundo o historiador, todas essas outras histórias tendem a se tornar variantes subalternas de uma narrativa mestra – referente mais ou menos silencioso – que poderia ser chamada de "história da Europa" (ibid., p. 28). Haveria dois sintomas da subalternidade das histórias não ocidentais, de terceiro mundo. Em primeiro lugar, os historiadores do terceiro mundo sentem a necessidade de fazer referência a trabalhos de história europeia, ao passo que a recíproca não é verdadeira. "Eles" produzem seus trabalhos em relativa ignorância de histórias não ocidentais, e isso não parece afetar a qualidade de seus trabalhos. A "assimetria de ignorância", porém, é evidente: não nos é permitido retribuir tal negligência sob pena de parecermos "antiquados" ou "obsoletos". Não que esse problema seja apenas uma questão de adulação cultural da nossa parte ou de arrogância da deles, embora ela exista. O domínio da "Europa" como sujeito de todas as histórias faz parte de uma condição teórica muito mais profunda sob a qual o conhecimento histórico é produzido no Terceiro Mundo, condição que se expressa geralmente de maneira contraditória.

Para Chakrabarty (2000, p. 29), tal paradoxo é o segundo sintoma de nossa subalternidade e diz respeito à própria natureza das ciências sociais. Ele se refere ao fato de nós considerarmos as teorias europeias, a despeito da ignorância quase inata deles em relação a nós, eminentemente úteis no entendimento de nossas sociedades. Questiona: "O que permitiu aos sábios europeus desenvolver tal clarividência em relação a sociedades de que são empiricamente ignorantes? Por que não podemos, mais uma vez, retribuir

....
8. "[...] an historically developing entity, that is, first, as an individual and unique whole – as some kind of unity at least in potential – and, second, as something that develops over time."

o olhar?".⁹ Segundo o autor, uma resposta para a indagação pode ser encontrada nos escritos dos filósofos que viram na história europeia uma enteléquia da razão universal, se considerarmos tal filosofia como a autoconsciência da ciência social. Apenas a "Europa" é teoricamente cognoscível (isto é, no nível das categorias fundamentais que moldam o pensamento histórico); todas as outras histórias são tópicos de pesquisa empírica que dão corpo a um esqueleto teórico que é essencialmente a "Europa".

Essa proposição epistemológica está na base, por exemplo, do uso que Marx faz das categorias "burguês" e "pré-burguês", "capital" e "pré-capital". Nelas, argumenta Chakrabarty, o prefixo pré- indica uma relação que é tanto cronológica quanto teórica. Vale lembrar, a propósito, que Marx argumenta que o advento da sociedade capitalista ou burguesa origina uma história que pode ser apreendida por meio de uma categoria filosófica e universal, o "capital". Ou seja, para voltarmos ao ponto enfatizado, a história se torna teoricamente cognoscível pela primeira vez. Todas as histórias passadas devem agora ser conhecidas (teoricamente) a partir dessa categoria, ou seja, em termos de suas diferenças em relação a ela. As coisas revelam sua essência categórica apenas quando atingem seu desenvolvimento completo, ou como Marx o formula no célebre aforismo do *Grundrisse*: "A anatomia do homem contém a chave para a anatomia do macaco" (Chakrabarty, 2000, p. 30).

Já em *O local da cultura*, de 1992, Homi K. Bhabha critica um dos livros fundamentais do debate pós-colonial, *Orientalismo*, de Edward Said, publicado em 1978, por recair numa visão dualista e demasiado unilateral da relação colonial. Para Bhabha, o discurso colonial – e o orientalismo é uma de suas variantes – consistiria em um aparato de poder que produz o reconhecimento e a negação de diferenças por meio de conhecimentos que permitem exercer a vigilância dos "povos sujeitos". "Apesar do jogo de poder no interior do discurso colonial e das posicionalidades deslizantes de seus sujeitos (por exemplo, efeitos de classe, gênero, ideologia, formações sociais diferentes, sistemas diversos de colonização, e assim por diante)", argumenta Bhabha (2010, p. 111), trata-se de um "forma de governamentalidade que, ao delimitar uma 'nação sujeita', apropria, dirige e domina suas várias esferas de atividade" e que "produz o colonizado como uma realidade social que é ao mesmo tempo um 'outro' e ainda assim inteiramente apreensível e visível".

---

9. "What allowed the modern European sages to develop such clairvoyance with regard to societies of which they were empirically ignorant? Why cannot we, once again, return the gaze?".

A legitimação dessa estratégia envolve a criação de estereótipos do colonizador e do colonizado que corroborem a superioridade e a autoridade do primeiro – a hierarquia de valores.

Bhabha (2010, p. 112), porém, chama atenção para a polaridade que atravessa o orientalismo, notada apenas de passagem por Said: "este é, por um lado, um tópico de aprendizado, descoberta, prática; por outro lado, é território de sonhos, imagens, fantasias, mitos, obsessões e requisitos". O orientalismo é uma disciplina – um corpo de saber enciclopédico e poder imperial (que Said denomina orientalismo manifesto) – mas também "uma positividade inconsciente" de fantasia do Outro (orientalismo latente). Embora reconheça a originalidade e o pioneirismo da formulação de Said, Bhabha (2010, p. 112) pondera que ela permanece presa a um binarismo, deixando de fora a alteridade e a ambivalência do discurso orientalista.

À diferença de outros críticos, que acusam Said de ter pintado uma imagem demasiado hegemônica do discurso orientalista, Bhabha mostra como, para o próprio Said, esse discurso encerra ambivalências. O problema, no entanto, estaria no fato de que Said as "resolve" ao reduzi-las à "intenção" originária de possessão imperial europeia sobre o Oriente, como se o poder colonial fosse possuído inteiramente pelo colonizador e o colonizado destituído de agência, e a esse desígnio unidirecional correspondesse um discurso orientalista igualmente monolítico e unitário. Ao incorrer nessa oposição binária e simplificadora entre poder/falta de poder que acentua a dominação, sua perspectiva não abre espaço para a negociação e a resistência, e acaba perdendo de vista que o poder colonial está sujeito a conflitos. Assim, Bhabha procura aprofundar a ideia de que o orientalismo, enquanto representação, forma um discurso, e, portanto, implica lugares de enunciação, de modo que

> [...] um repertório de posições conflituosas constitui o sujeito no discurso colonial. A tomada de qualquer posição, dentro de uma forma discursiva específica, em uma conjuntura histórica particular, é portanto sempre problemática – lugar tanto da fixidez como da fantasia. Esta tomada de posição fornece uma 'identidade' colonial que é encenada – como todas as fantasias de originalidade e origem – diante de e no espaço da ruptura e da ameaça por parte da heterogeneidade de outras posições. (Bhabha, 2010, p. 120)

Nos seus primeiros trabalhos de crítica literária – debruçando-se sobre autores coloniais ingleses, como Edward Forster, Joseph Conrad e Rudyard

Kipling –, Bhabha estava interessado justamente no confronto de representações (metropolitanas e "nativas") do sujeito colonial. Adotando uma perspectiva desconstrutivista que valorizava o hibridismo constitutivo da linguagem e das identidades (e, portanto, também das representações), Bhabha descarta o esquema binarista que inseria o sujeito colonizado num gradiente de autenticidade, como se tudo se resumisse a meramente substituir imagens distorcidas (produzidas pelos colonizadores) sobre eles por outras corrigidas, porque reflexos mais fiéis de uma pressuposta "realidade" extratextual fixa – espécie de origem ou essência do referente, anterior à própria narração, à própria performatização da representação. Essa visão estaria enraizada no que ele chama de "conluio entre o historicismo e o realismo", de acordo com o qual o tempo é linear, evolutivo e progressivo, e a realidade, uma totalidade coerente e ordenada; bem como ambos são passíveis de apreensão direta. Numa representação desse tipo, o signo é considerado unitário e dado (posto que não construído) e não há, portanto, intervalo entre o significante e o significado. A linguagem perde assim sua dimensão social e histórica. Para Bhabha, porém, o discurso não é representação não mediada de uma realidade transcendental (mimese), mas um processo produtivo de significados construídos num jogo de diferenças, referências e conflitos (que não se resolvem), a partir de várias posições de sujeitos ideológica e historicamente situados.

O que ele chama de hibridismo se torna visível justamente no deslocamento entre o significante e o significado, cuja mediação é feita por intérpretes localizados em determinados contextos ideológicos, históricos e sociais, e atravessados de marcadores sociais de diferença (daí a importância da ideia de lugar de enunciação). É na interação de elementos linguísticos e culturais nesse espaço intersticial ou "Terceiro Espaço", como ele o denomina, que se constitui o hibridismo. Ele configura um problema não de genealogia ou identidade, mas de representação, capaz de reverter os efeitos discriminatórios do poder colonialista ao permitir a penetração dos saberes "negados" ou silenciados no discurso dominante e o seu estranhamento por dentro das regras de reconhecimento da alteridade que sustentam sua autoridade. Assim, as diferenças não são decorrências de uma identidade ontológica transcendente; trata-se de um problema de natureza performática:

> [...] a regulação e a negociação daqueles espaços que estão continuamente, *contingencialmente*, se abrindo, retraçando as fronteiras, expondo os limites de

qualquer alegação de um signo singular ou autônomo de diferença – seja ele classe, gênero ou raça. (Bhabha, 2010, p. 301, grifo do autor)

O hibridismo é o signo da produtividade do poder colonial, suas forças e fixações deslizantes; é o nome da reversão estratégica do processo de dominação pela recusa (ou seja, a produção de identidades discriminatórias que asseguram a identidade "pura" e original da autoridade). O hibridismo é a reavaliação do pressuposto da identidade colonial pela repetição de efeitos de identidade discriminatórios. Ele expõe a deformação e o deslocamento inerentes a todos os espaços de discriminação e dominação. Ele desestabiliza as demandas miméticas ou narcísicas do poder colonial, mas confere novas implicações a suas identificações em estratégias de subversão que fazem o olhar do discriminado voltar-se para o olho do poder. [...] Se os efeitos discriminatórios permitem às autoridades vigiá-los, sua diferença que prolifera escapa àquele olho, escapa àquela vigilância. Aqueles contra os quais se discrimina podem ser instantaneamente reconhecidos, mas eles também forçam um re-conhecimento da imediação e da articulação da autoridade – um efeito perturbador que é costumeiro na hesitação repetida que aflige o discurso colonialista quando ele contempla seus sujeitos discriminados: a *inescrutabilidade* dos chineses, os ritos *inenarráveis* dos indianos, os hábitos *indescritíveis* dos hotentotes. Não é que a voz da autoridade fique sem palavras. Na verdade, é o discurso colonial que chegou àquele ponto em que, face a face com o hibridismo de seus objetos, a *presença* do poder é revelada como algo diferente do que o que suas regras de reconhecimento afirmam. (Bhabha, 2010, p. 162-163, *grifos do autor*)

A própria ideia de cultura seria, assim, descentrada pelas experiências pós-coloniais de deslocamento compreendidas tanto pela escravização quanto pelas diásporas migratórias das metrópoles para as colônias e vice-versa. A partir da ideia de Terceiro Espaço, Bhabha se propõe a ressignificar o conceito substantivo de cultura – que considera uma totalidade estática, homogênea e essencializada – como "ato tradutório", estratégia performática de identificação diferencial: híbrida, produtiva e dinâmica. Nessa concepção, as culturas seriam transnacionais e desterritorializadas, uma vez que carregariam as marcas e memórias desses deslocamentos, e implicariam tradução, uma vez que os símbolos culturais tradicionais – que acentuariam os particularismos a partir das ideias unificantes de "povo" e "nação" – seriam ressignificados como signos passíveis de interpretações diferentes, dada a multiplicidade de contextos e sistemas de valores que se justapõem e entram em conflito na constituição híbrida das culturas pós-coloniais. A tradução revelaria o hibridismo das culturas, constituídas pela diferença e pelas alteridades, e, logo, a heterogeneidade das suas "origens". Esses "atos tradutórios" têm importância, pois, segundo Bhabha (2010), permitem que as histórias subalternas, frequentemente reprimidas, se escrevam nas "entrelinhas" das práticas culturais hegemônicas – que se arrogam supremacia, soberania, autonomia e hierarquia –, explicitando o hibridismo tanto da cultura dominante quanto das culturas "nativas".

Coda

Não se trata, obviamente, de proceder aqui a uma crítica das fontes e influências, cujo desmonte é justamente levado a cabo por Silviano, nem de lançar um protesto surdo contra a "assimetria de ignorância" – a desigualdade e a invisibilidade – que vinca a hierarquia de discursos na geopolítica internacional e, logo, a dependência cultural do Sul global. Esse exercício é antes parte de um esforço de testar o sentido contemporâneo do conceito de entre-lugar em sua capacidade de interpelação ao campo cognitivo das ciências sociais e à agenda de pesquisa do pensamento social. Ainda que venha sendo objeto de análises relevantes no âmbito das faculdades de Letras, os trabalhos de Silviano Santiago mal começaram a ser explorados pelas ciências sociais.[10] Por sua vez, publicações recentes vêm apontando um déficit – e, ao mesmo tempo, uma fronteira – na área de pensamento social no que diz respeito à necessidade de diálogo com os debates contemporâneos que propõem movimentos de descentramento teórico-críticos do eurocentrismo e a sua inserção em uma história transnacional ou global da modernidade em sociedades periféricas (por exemplo, Maia [2011]).

....
10. A esse propósito, André Botelho, Mariana Chaguri, Roberto Said e eu organizamos o seminário "Uma literatura nos Trópicos 40 anos: dependência cultural e cosmopolitismo do pobre" em setembro (na UFRJ, Unicamp e UFMG) e em outubro (na ANPOCS) de 2018, o qual contou com a participação de cerca de 30 especialistas veteranos e recém-chegados na obra de Silviano Santiago. Parte das contribuições apresentadas foram recolhidas no dossiê 40 Anos de *Uma Literatura nos Trópicos*: "Entre-Lugar", "Cosmopolitismo", "Inserção", publicado em *Aletria: Revista de Estudos Literários* (v. 30, n. 1), da UFMG, e organizado por Eneida Maria de Souza, André Botelho e Rafael Lovisi Prado.

Um dos ganhos teóricos obtidos pelo conceito de entre-lugar, para além da desconstrução das ideias de origem, unidade e pureza, é o de evitar narrativas historicistas que reponham a dualidade identificada por Stuart Hall (1992b) na fórmula *The West and the rest*, atentando para a complexidade e ambiguidade da relação colonial. Isso é especialmente rico no caso do "discurso latino-americano" porque uma série de perspectivas anteriores e posteriores apontaram para essas zonas de incerteza e impureza que desestabilizam as grandes linhagens teleológicas, apostando em instâncias históricas heterogêneas, capazes de desmontar a possibilidade de um discurso enunciador totalizante, homogêneo e arbitrariamente hierarquizador. Pensamos, por exemplo, em noções como antropofagia (Oswald de Andrade), transculturação (Fernando Ortiz, Ángel Rama), *brega* (Arcadio Díaz-Quiñones), pensamento de fronteira (Walter Mignolo), zonas de contato (Mary Louise Pratt), mestiçagem (Serge Gruzinski), entre outras.

Desconstruir o eurocentrismo também não implica em rejeitar ou descartar o pensamento europeu, posto que ele é a um só tempo indispensável e inadequado, como lembram Silviano e Chakrabarty, para nos ajudar a entender as experiências da modernidade em países não ocidentais e periféricos. Envolve explorar o modo pelo qual esse pensamento – que agora é herança comum e afeta todos nós – pode ser renovado a partir de e para as margens. É claro, as margens são tão plurais e diversas quanto os centros. Nesse sentido, a Europa aparece diferente quando vista a partir de experiências de colonização de distintas partes do mundo. O intelectual pós-colonial, a partir de suas diferentes geografias de colonialismo, de seus lugares de fala e escuta próprios, fala de, para e contra diferentes Europas. Porém, não importa quão múltiplos sejam os *loci* da Europa e quão variáveis os colonialismos, o problema de ir além das histórias eurocêntricas permanece, "entre a prisão e transgressão", "entre a obediência e a rebelião" (Santiago, 2000, p. 26), uma preocupação compartilhada que cruza as fronteiras geográficas e baralha as temporalidades históricas.

Referências

ABDALA JÚNIOR, Benjamin. "Sílvio Romero. História da literatura brasileira". In: MOTA, Lourenço Dantas (org.). *Introdução ao Brasil*: um banquete no trópico. São Paulo: Senac, v. 2, 2001. p. 191-218.

ABREU, Mirhiani Mendes de. Do ensaio à história literária: o percurso intelectual de Ronald de Carvalho. *Remate de Males*, v. 27, n. 2, p. 265-275, jul.-dez. 2007.

AGAMBEN, Giorgio. *O fogo e o relato*. Ensaios sobre criação, escrita, artes e livros. São Paulo: Boitempo, 2018.

AGUIAR, Joaquim Alves de. O médico historiador e o memorialista. *Novos Estudos*. São Paulo: Cebrap, n. 53, março de 1999.

ALBRECHT, Milton. The relationship of literature and society. *American Journal of Sociology*, v. 59, n. 5, p. 425-436, 1954.

ALMEIDA, Miguel de. *Trilha dos Trópicos*. Refazendo o Turista aprendiz. São Paulo: Marco Zero, 1982.

ALTAMIRANO, Carlos; SARLO, Beatriz. *Literatura/sociedad*. Buenos Aires: Edicial, 2001.

ALVES, Paulo Cesar; LEÃO, Andréa Borges; TEIXEIRA, Ana Lúcia. Sociologia da literatura: tradições e tendências contemporâneas. *Revista Brasileira de Sociologia*, v. 6, n. 12, p. 222-241, 2018.

AMARAL, Aracy. *Blaise Cendars no Brasil e os modernistas*. São Paulo: Martins, 1970.

ANDERSEN, Hans Christian. The Snow Queen, 1845. Disponível em: http://hca.gilead.org.il/snow_que.html.

ANDERSON, Benedict. *Imagined communities:* reflections on the origin and spread of nationalism. Londres: Verso, 1991.

ANDRADE, Carlos Drummond de. A Obra Inacabada. *Jornal do Brasil*, Rio de Janeiro, 27 set. 1984.

_____. "Baú de surpresas". In: NAVA, Pedro. *Baú de ossos*. São Paulo: Companhia das Letras, 2012.

_____. "Apresentação". In: ANDRADE, Mário de. *A lição do amigo* São Paulo: Companhia das Letras, 2015.

ANDRADE, Carlos Drummond de. & ANDRADE, Mário de. *Carlos e Mário:* correspondência entre Carlos Drummond de Andrade – inédita – e Mário de Andrade: 1924-1945. Organização de Lélia Coelho Frota. Rio de Janeiro: Bem-Te-Vi, 2002.

ANDRADE, Mário de. *O turista aprendiz.* Estabelecimento de texto, introdução e notas de Telê Porto Ancona Lopez. São Paulo: Duas Cidades; Secretaria da Cultura, Ciência e Tecnologia, 1976a.

_____. *Táxi e crônicas no* Diário Nacional. Estabelecimento de texto, introdução e notas de Telê Porto Ancona Lopez. São Paulo: Duas Cidades; Secretaria da Cultura, Ciência e Tecnologia, 1976b.

_____. *Entrevistas e depoimentos.* Organização Telê Porto Ancona Lopez. São Paulo: T. A. Queiroz, 1983.

_____. *Correspondente contumaz.* Cartas a Pedro Nava (1925-1944). Rio de Janeiro: Nova Fronteira, 1982.

_____. *Macunaíma, o herói sem nenhum caráter.* Paris: Association Archives de la Littérature latino-américaine, des Caraïbes et africaine du XXe. siècle; Brasília: CNPq, 1988.

_____. *Vida literária.* Pesquisa, estabelecimento de texto, introdução e notas de Sonia Sachs. São Paulo: Hucite/Edusp, 1993. p. 170-174.

_____. *Balança, Trombeta e Battleship ou o descobrimento da alma.* Edição genética e crítica de Telê Porto Ancona Lopez. São Paulo: Instituto Moreira Salles; IEB-USP, 1994.

_____. *Correspondência Mário de Andrade & Manuel Bandeira.* Org. Marco Antonio de Moraes. São Paulo: Edusp/ IEB-USP, 2000.

_____. *Ensaio sobre a música brasileira.* Belo Horizonte: Itatiaia, 2006.

ARANTES, Paulo. "Providências de um crítico literário na periferia do capitalismo". In: ARANTES, Otília. *Sentido da formação.* Rio de Janeiro: Paz e Terra, 1997. p. 7-66.

ARAÚJO, Ricardo Benzaquen de. Através do espelho: subjetividade em *Minha formação,* de Joaquim Nabuco. *Revista Brasileira de Ciências Sociais,* v. 19, n. 56, p. 5-13, out. 2004.

_____. Um grão de sal: autenticidade, felicidade e relações de amizade na correspondência de Mário de Andrade com Carlos Drummond. *História da Historiografia,* Ouro Preto, n. 16, p. 174-185, 2014.

ARMSTRONG, Nancy. "A moral burguesa e o paradoxo do individualismo". In: MORETTI, Franco (org.). *A cultura do romance.* São Paulo: Cosac Naify, 2009. p. 335-374.

ARRIGUCCI JR., Davi. *Humildade, paixão e morte*: a poesia de Manuel Bandeira. São Paulo, Companhia das Letras, 1990.

_____. "Móbile da memória". In: *Enigma e comentário*: ensaios sobre literatura e experiência. São Paulo: Companhia das Letras, 2001. p. 67-112.

ARRUDA, Maria Arminda do Nascimento. *Mitologia da mineiridade.* São Paulo: Brasiliense, 1989.

_____. Pensamento brasileiro e sociologia da cultura: questões de interpretação. *Tempo Social*, v. 16, n. 1, p. 107-119, 2004.

AUGÉ, Marc. *Não lugares*: introdução a uma antropologia da supermodernidade. Campinas: Editora Papirus, 1994.

BANDEIRA, Manuel. "Libertinagem". In: *Poesia completa e prosa.* Rio de Janeiro: José Aguilar Editora, 1974. p. 199-224.

BARBATO JR., Roberto. *Missionários de uma utopia nacional-popular.* Os intelectuais e o Departamento de Cultura de São Paulo. São Paulo: Annablume/ Fapesp, 2004.

BARBOSA, João Alexandre. "José Veríssimo. História da literatura brasileira". In: MOTA, Lourenço Dantas (org.). *Introdução ao Brasil*: um banquete no trópico. São Paulo: Senac, v. 2, 2001. p. 279-298.

BARRERE, Anne & MARTUCCELLI, Danilo. *Le roman comme laboratoire:* de la connaissance littéraire à l'imagination sociologique. Villeneuve-d'Ascq: Presses Universitaires du Septentrion, 2009.

BASSALO, Célia Coelho & COELHO, Joaquim Francisco. *Mário de Andrade no Pará*: os sucessos e documentos da viagem e algumas considerações sobre o modernismo. *Revista de Cultura do Pará*, Belém, ano 3, n. 12-13, jul.-dez. 1973.

BASTOS, Elide Rugai. *As criaturas de Prometeu:* Gilberto Freyre e a formação da sociedade brasileira. São Paulo: Global, 2006.

_____. A sociologia e o entre-lugar. *Aletria: Revista de Estudos de Literatura*, v. 30, n. 1, p. 31-43, 2020.

BASTOS, Elide Rugai & PINTO, Ernesto Renan M. F. (orgs.). *Vozes da Amazônia.* Investigação sobre o pensamento social brasileiro. Manaus: Editora da Universidade Federal da Amazônia, 2007.

BASTOS, Elide Rugai & BOTELHO, André. Para uma sociologia política dos intelectuais. In: *O retorno da sociedade*: política e interpretações do Brasil. Petrópolis: Vozes, 2019. p. 220-248.

BATISTA, Marta Rossetti (org.). *Coleção Mário de Andrade*: artes plásticas. São Paulo: IEB-USP, 1998.

_____ (org.). *Coleção Mário de Andrade*: Religião e magia, música e dança, cotidiano. São Paulo: Edusp/ Imprensa Oficial do Estado de São Paulo, 2004.

BATISTA, Marta Rossetti; LOPEZ, Telê P. A.; LIMA, Yone Soares de. *Brasil: 1º tempo modernista*: 1917-1929. Documentação. São Paulo: IEB-USP, 1972.

BEAUJOUR, Michael. *Miroirs d'encre*. Rhétorique de l'autoportrait. Paris: Seuil, 1980.

BECK, Ulrich. *Cosmopolitan Vision*. Cambridge: Polity Press, 2006.

_____. *Sociedade de risco*. Rumo a uma outra modernidade. São Paulo: Editora 34, 2011.

BECK, Ulrich; BECK-GERSHEIM, Elisabeth. *Individualization*: institutionalized individualism and its social and political consequences. London: Sabe, 2002.

BECKER, Howard. Art as collective action. *American Sociological Review*, v. 39, n. 6, p. 767-776, 1974.

BELMONT, Nicole. Le folklore refoulé, ou les séductions de l'archaïsme. *L'Homme*. Paris: Éditions de l'EHESS, v. 26, n. 1-2, 1986.

BENJAMIN, Walter. "O narrador". In: *Os pensadores*. São Paulo: Abril Cultural, v. XLVIII, 1975.

_____. "O surrealismo: o último instantâneo da inteligência europeia". In: *Magia e técnica, arte e política*: ensaios sobre literatura e história da cultura I. São Paulo: Brasiliense, 1987. p. 21-35.

BERRIEL, Carlos Eduardo O. (org.). Mário de Andrade hoje. São Paulo: Ensaio, 1990.

BHABHA, Homi K. *Nation and narration*. Londres: Routledge, 1990.

_____. *O local da cultura*. Belo Horizonte: Editora UFMG, 2010.

BHAMBRA, Gurminder K. *Connected Sociologies*. London: Bloomsbury, 2014.

BITTENCOURT, Andre Veiga. *A incisão e a lira*: medicina, literatura e modernismo em Pedro Nava. Tese de Doutorado. PPGSA/Universidade Federal do Rio de Janeiro, 2017.

BITTENCOURT, Andre & BOTELHO, André. Entre bruxos e doutores: medicina e modernismo em Pedro Nava. *Novos Estudos Cebrap*, n. 102, p. 171-189, 2015.

BOMENY, Helena. *Guardiães da razão*. Modernistas mineiros. Rio de Janeiro: Editora da UFRJ/Edições Tempo Brasileiro, 1994.

BONET, Octavio. *Os médicos da pessoa*: um olhar antropológico sobre a medicina de família no Brasil e na Argentina. Rio de Janeiro: 7 Letras, 2014.

BOTELHO, André. *Aprendizado do Brasil*: a nação em busca dos seus portadores sociais. Campinas: Editora da Unicamp, 2002.

_____. *O Brasil e os dias*: Estado-nação, modernismo e rotina intelectual. Bauru: Edusc, 2005.

_____. "Uma sociedade em movimento e sua *intelligentsia*: apresentação". In: BOTELHO, André. et al. *O moderno em questão*: a década de 1950 no Brasil. Rio de Janeiro: Topbooks, 2009. p. 15-23.

_____. Passado e futuro das interpretações do país. *Tempo Social*, v. 22, n. 1, p. 47-66, 2010.

_____. Filosofia da maleita: Mario de Andrade medita sobre uma civilização tropical. Trabalho apresentado no *XI Congresso Luso-afro-brasileiro de Ciências Sociais*. Salvador, UFBA, agosto de 2011a.

_____. Empatia e autenticidade em Mario de Andrade. Trabalho apresentado no *35º Encontro Anual da Anpocs*. Caxambu, outubro de 2011b.

_____. As memórias de Pedro Nava: autorretrato e interpretação do Brasil. In: NAVA, Pedro. *Baú de ossos*. São Paulo: Companhia das Letras, 2012a. p. 7-23.

_____. *De olho em Mário de Andrade*: uma descoberta sentimental e intelectual do Brasil. São Paulo: Claroenigma, 2012b.

_____. Pedro Nava: memorialista e intérprete do Brasil. *Ciência Hoje*, Rio de Janeiro: Instituto Ciência Hoje, v. 51, 2013a.

_____. "O modernismo barroco de Pedro Nava". In: NAVA, Pedro. *Beira-mar*. São Paulo: Companhia das Letras, 2013b.

_____. "Posfácio". In: ANDRADE, Mário de. *A lição do amigo*. Cartas de Mário de Andrade a Carlos Drummond de Andrade. São Paulo: Companhia das Letras, 2015.

_____. "Cosmopolitismos e interpretações do Brasil. Puxando conversa com Silviano Santiago e Mário de Andrade". In: MIRANDA, Wander Melo (Org). *Suplemento Literário Especial Silviano Santiago*. Belo Horizonte, maio de 2017.

_____. *O retorno da sociedade*: política e interpretações do Brasil. Petrópolis: Vozes, 2019a.

_____. "As memórias de Pedro Nava e a modelagem do modernismo mineiro". In: MICELI, Sergio & MYERS, Jorge. *Retratos latino-americanos*: a recordação letrada de intelectuais e artistas do século XX. São Paulo: Edições Sesc, 2019b. p. 257-268.

_____. "Heloísa Buarque de Hollanda: ponte e porta". In: HOLLANDA, Heloísa Buarque de. *Onde é que eu estou?* Heloísa Buarque de Hollanda 8.0. Rio de Janeiro, Bazar do Tempo, 2019c, p. 209-229.

_____. "Sinal dos tempos: anacronismo e atualidade de *Uma literatura nos trópicos*". In: SANTIAGO, Silviano. *Uma literatura nos trópicos*. Recife: Cepe, 2019d. p. 361-379.

BOTELHO, André & GONCALVES, José Reginaldo Santos. Memórias e sensibilidade social em Pedro Nava. *34º Encontro Anual da ANPOCS,* Caxambu, 2010.

BOTELHO, André & HOELZ, Maurício. Sociologias da literatura: do reflexo à reflexividade. *Tempo Social*, v. 28, n. 3, p. 263-287, 2016a.

_____. O mundo é um moinho: sacrifício e cotidiano em Mário de Andrade. *Lua Nova,* São Paulo, n. 97, p, 251-284, 2016b.

BOURDIEU, Pierre. *As regras da arte.* São Paulo: Companhia das Letras, 1996.

BRASIL JR., Antonio & BOTELHO, André. "Florestan Fernandes para dimensionar a força do presente". In: BOTELHO, André & STARLING, Heloísa. *República e democracia*: impasses do Brasil contemporâneo. Belo Horizonte: Editora UFMG, 2017. p. 205-221.

BRUBAKER, Roger. *The limits of rationality*: an essay on the social and moral thought of Max Weber. London/Boston: Allen & Unwin, 1984.

BUENO, Antonio Sérgio. *O modernismo em Belo Horizonte*: década de vinte. Belo Horizonte: Editora UFMG, 1982.

BUENO, Luís. *Uma história do romance de 30*. São Paulo/Campinas: Edusp/Editora da Unicamp, 2006.

CAMPOS, Haroldo de. *O sequestro do barroco na formação da literatura brasileira*. São Paulo: Iluminuras, 2011.

CANÇADO, José Maria. *Memórias videntes do Brasil*. A obra de Pedro Nava. Belo Horizonte: Editora UFMG, 2003.

CANDIDO, Antonio. *Formação da literatura brasileira.* 1ª edição 1959. São Paulo: Livraria Martins Editora, 1964.

_____. "As transfusões de Rimbaud". In: LIMA, Carlos (org.). *Rimbaud no Brasil*. Rio de Janeiro: EdUERJ, 1993. p. 113-116.

_____. *Ficção e confissão*. Ensaios sobre Graciliano Ramos. Rio de Janeiro: Ouro sobre Azul, 2006a.

_____. "Poesia e ficção na autobiografia". In: *A educação pela noite*. Rio de Janeiro: Ouro sobre Azul, 2006b. p. 61-86.

_____. *Introdução ao método crítico de Sílvio Romero*. Rio de Janeiro: Ouro sobre Azul, 2006c.

_____. "Oswald viajante". In: *O observador literário*. Rio de Janeiro: Ouro sobre Azul, 2008. p. 97-102.

CARLYLE, Thomas. *On Heroes, Hero-Worship and the Heroic in History*. New Haven: Yale University Press, 2013.

CARVALHO, Ronald de. *Pequena história da literatura brasileira* (cópia). Manuscrito integral. Acervo particular.

_____. "Caderneta de couro" contendo endereços e apontamentos diários (cópia). Acervo particular.

_____. *Pequena história da literatura brasileira*. 1ª edição 1919. Rio de Janeiro: F. Briguiet e Cia. Editores, 1922.

CHAKRABARTY, Dipesh. *Provincializing Europe*: postcolonial thought and historical difference. Princeton: Princeton University Press, 2000.

CHARTIER, Roger. *A ordem dos livros*: leitores, autores e bibliotecas na Europa entre os séculos XIV e XVIII. Brasília: Editora UnB, 1994.

_____. *Leituras e leitores na França do Antigo Regime*. São Paulo: Editora Unesp, 2003.

CHARTIER, Roger & CAVALLO, Guglielmo (orgs.). *História da leitura no mundo ocidental*, v. 1. São Paulo: Ática, 1998.

CLIFFORD, James. *Routes*: Travel and Translation in the Late Twentieth Century. Cambridge: Harvard University Press, 1997.

COHN, Gabriel. *Crítica e resignação*: fundamentos da sociologia de Max Weber. São Paulo: TAQ, 1979.

_____. "Prefácio: como um Hobby ajuda a Entender um Grande Tema". In: WEBER, Max. *Os Fundamentos Racionais e Sociológicos da Música*. São Paulo: Edusp, 1995.

CONNELL, Raewyn. *Southern theory*: the global dynamics of knowledge in social sciences. Cambridge: Polity, 2007.

CORTEZ, Luciano. Por ocasião da descoberta do Brasil: três modernistas paulistas e um poeta francês no país do ouro. *O eixo e a Roda: Revista de Literatura Brasileira*. Belo Horizonte, v. 19, n. 1, p. 15-38, 2010.

COUTINHO, Afrânio. *Introdução à literatura no Brasil*. Rio de Janeiro: Bertrand Brasil, 2001.

CUNHA, Eneida L. "Uma literatura nos trópicos" e a urgência de "escrever contra". *Pernambuco:* Suplemento Cultural do Diário Oficial do Estado de Pernambuco, Recife, 08 maio 2018. Disponível em: http://www.suplementopernambuco.com.br/artigos/2085-uma-literatura-nos-tr%C3%B3picos-e-a-urg%C3%A-Ancia-de-escrever-contra.html.

CUNHA, Euclides da. "Discurso do Sr. Euclides da Cunha". In: ACADEMIA BRASILEIRA DE LETRAS. *Discursos Acadêmicos*. Volume I (1897 – 1919). Rio de Janeiro, 1965. p. 211.

_____. À margem da história. São Paulo: Martins Fontes, 1999.

DARNTON, Robert. What is the history of books?. *Daedalus*, v. 111, n. 3, p. 65-83, 1982.

DIAS, Edneia Mascarenhas. *A ilusão do Fausto*: Manaus, 1890-1920. Manaus: Valer, 1999.

DIAS, Fernando Correia. *O movimento modernista em Minas, uma interpretação sociológica*. Brasília: Embrasa, 1971.

DIDI-HUBERMAN, Georges. *Sobrevivência dos vaga-lumes*. Belo Horizonte: Editora UFMG, 2014.

DIMAS, Antônio. "O turbulento e fecundo Sílvio Romero". In: BOTELHO, André & SCHWARCZ, Lilian. (orgs.). *Um enigma chamado Brasil*: 29 intérpretes e um país. São Paulo: Companhia das Letras, 2009. p. 74-89.

DONATO, Eugenio & MACKSEY, Richard. *The Structuralist Controversy*. Baltimore: The Johns Hopkins University Press, 1972.

DURKHEIM, Émile & MAUSS, Marcel. Algumas formas primitivas de classificação. In: MAUSS, Marcel. *Ensaios de sociologia*. São Paulo: Perspectiva, 1979.

EASTWOOD, Jonathan. Bourdieu, Flaubert, and the Sociology of Literature. *Sociological Theory*, v. 2, n. 25, p. 149-169, 2007.

ENGLISH, James F. Everywhere and nowhere: the sociology of literature after "the sociology of literature". *New Literary History*, v. 41, n. 2, p. V-XXIII, 2010.

EULÁLIO, Alexandre. *A aventura literária de Blaise Cendrars*. São Paulo: Edusp/Fapesp, 2001.

FARIA, Ana Maria R. de. *A viagem da fiandeira*. A narrativa de *O turista aprendiz* e a escrita memorialística de Mário de Andrade. Dissertação (Mestrado em História Social da Cultura) – Pontifícia Universidade Católica do Rio de Janeiro, 2003.

FARRIS, Sara. *Max Weber's theory of personality*: individuation, politics and orientalism in the sociology of religion. Leiden: Brill, 2013.

FERGUSON, Priscilla *et al*. Editors introduction: mirrors, frames, and demons: reflections on the sociology of literature. *Critical Inquiry*, v. 14, n. 3, p. 421-430, 1998.

FIGUEIREDO, Wilson. Galo das Trevas – Pedro Nava na Terceira Pessoa. *Jornal do Brasil – Caderno B,* Rio de Janeiro, 11 de julho de 1981, p. 9.

FOUCAULT, Michel. *História da sexualidade III*: o cuidado de si. Rio de Janeiro: Edições Graal, 1985.

_____. *A hermenêutica do sujeito*. Curso dado no Collège de France, 1981-1982. São Paulo: Martins Fontes, 2006.

_____. *Subjetividade e verdade*. São Paulo: Martins Fontes, 2016.

FORSTER, Peter & KENNEFORD, Celia. Sociological theory and the sociology of literature. *The British Journal of Sociology*, v. 24, n. 3, p. 355-364, 1973.

FRAGELLI, Pedro Coelho. *A paixão segundo Mário de Andrade*. Tese de doutorado. São Paulo: FFLCH/ Universidade de São Paulo, 2010.

_____. Engajamento e sacrifício: o pensamento estético de Mário de Andrade. *Revista do Instituto de Estudos Brasileiros*, n. 57, p. 83-110, 2013.

FREYRE, Gilberto. *Sobrados e mucambos*. Rio de Janeiro: José Olympio, 1981.

_____. *Sociologia da medicina*. São Paulo: É Realizações, 2009.

FROW, John. On midlevel concepts. *New Literary History*, v. 41, n. 2, p. 237-252, 2010.

FURTADO, Fernando. *Murilo na cidade*: os horizontes portáteis do mito. Blumenau: Edifurb, 2003.

GALVÃO, Walnice Nogueira. *Euclidiana*. Ensaios sobre Euclides da Cunha. São Paulo: Companhia das Letras, 2009.

GEERTZ, Clifford. *Obras e vidas*. O antropólogo como autor. Rio de Janeiro: Editora da UFRJ, 2005.

GIDDENS, Anthony. *O Estado-nação e a violência*: segundo volume de uma crítica contemporânea ao materialismo histórico. São Paulo: Edusp, 2001.

_____. *Modernidade e identidade*. Rio de Janeiro: Jorge Zahar, 2002.

_____. *A constituição da sociedade*. São Paulo: Martins Fontes, 2003.

GINZBURG, Carlo. *Mitos, emblemas e sinais*. São Paulo: Companhia das Letras, 1989.

_____. *O queijo e os vermes*: o cotidiano e as ideias de um moleiro perseguido pela Inquisição. São Paulo: Companhia das Letras, 2006.

GOLDMAN, Harvey. *Max Weber and Thomas Mann*: calling and the shaping of the self. Berkeley: University of California Press, 1988.

_____. *Politics, death, and the devil*: self and power in Max Weber and Thomas Mann. Berkeley: University of California Press, 1992.

GONÇALVES, José Reginaldo Santos. *Antropologia dos Objetos*: coleções, museus e patrimônios. Rio de Janeiro: IPHAN, 2007.

GOMES, Ângela de Castro. *Essa gente do Rio... Modernismo e nacionalismo*. Rio de Janeiro: FGV, 1999.

GREENFELD, Liah. Russian formalist sociology of literature: a sociologist's perspective. *Slavic Review*, v. 46, n. 1, p. 38-54, 1987.

GRISWOLD, Wendy. American character and the American novel: an expansion of reflection theory in the sociology of literature. *American Journal of Sociology*, v. 86, n. 4, p. 740-765, 1981.

_____. Recent moves in the sociology of literature. *Annual Review of Sociology*, v. 19, p. 455-467, 1993.

GULLAR, Ferreira. "Poema sujo". In: *Toda poesia (1950-1980)*. Rio de Janeiro: Civilização Brasileira, 1980. p. 297-389.

HALL, Stuart. "Cultural Studies and its theoretical legacies". In: GROSSBERG, Lawrence *et al.* (orgs.). *Cultural Studies*. New York: Routledge, 1992a. p. 277-294.

_____. "The West and the rest: discourse and power". In: GIEBEN, Bram & HALL, Stuart. *The formations of modernity*. Oxford: Polity Press; Open University, 1992b. p. 275-331

HALLEWLL, Laurence. *O livro no Brasil*. São Paulo, Edusp, 2005.

HANNE, Michael (org.). *Literature and Travel*. Amsterdam; Atlanta: Rodopi, 1993.

HARDMAN, Francisco Foot. "Algumas fantasias de Brasil: o modernismo paulista e a nova naturalidade da nação". In: DECCA, Edgar. de & LEMAIRE, Ria. (orgs.). *Pelas margens*: outros caminhos da história da literatura. Campinas/ Porto Alegre: Editora da Unicamp/Editora da UFRGS, 2000. p. 317-332.

_____. *A vingança da Hileia*. Euclides da Cunha, a Amazônia e a literatura moderna. São Paulo: Editora da Unesp, 2009.

HOELZ, Maurício. *Entre piano e ganzá*: música e interpretação do Brasil em Mário de Andrade. Tese de Doutorado. PPGSA/Universidade Federal do Rio de Janeiro, 2015.

_____. O espelho de Macunaíma: o Ensaio sobre música brasileira para além do nacionalismo. *Sociologia & Antropologia*, Rio de Janeiro, v. 8, n. 2, p. 599-627, 2018.

HOELZ, Maurício & BITTENCOURT, Andre. Repetição, diferença, reescritura: das vantagens do "entre". *Aletria: Revista de Estudos de Literatura*, v. 30, n. 1, p. 95-116, 2020. Disponível em: https://doi.org/10.17851/2317-2096.30.1.95-116

HOLANDA, Sérgio Buarque de. *Raízes do Brasil*. São Paulo: Companhia das Letras, 1995.

HOLANDA, Sérgio Buarque de. & MORAES NETO, Prudente de. Ronald de Carvalho – *Estudos brasileiros*. Annuario do Brasil – Rio, 1924. *Estética* (ed. facsimilar). Rio de Janeiro: Gernasa, 1974. p. 215-218.

INSTITUTO NACIONAL DO FOLCLORE, *Mário de Andrade e a Sociedade de Etnografia e Folclore no Departamento de Cultura da Prefeitura de São Paulo (1936 – 1939)*. Rio de Janeiro/ São Paulo: Funarte; INF/ Secretaria de Cultura, 1983.

ISER, Wolfgang. *O ato da leitura*: uma teoria do efeito estético. São Paulo: Editora 34, 1996.

JACKSON, Luiz Carlos. "Antonio Candido: crítica e sociologia da literatura". In: BOTELHO, André & SCHWARCZ, Lilia (orgs.). *Um enigma chamado Brasil*: 29 intérpretes e um país. São Paulo. Companhia das Letras, 2009. p. 268-281.

JARDIM, Eduardo. *Mario de Andrade*: a morte do poeta. Rio de Janeiro: Civilização Brasileira, 2005.

JAUSS, Hans Robert. *A história da literatura como provocação à teoria literária*. São Paulo: Ática, 1994.

KANT, Immanuel. *A metafísica dos costumes*. São Paulo: Edipro, 2003.

KAUFMANN, Vincent. *L'équivoque épistolaire*. Paris: Les Éditions de Minuit, 1990.

KLEINMAN, Arthur. Catastrophe and caregiving: the failure of medicine as an art. *The Lancet.* Londres: Elsevier, v. 371, n. 9.606, jan. 2008.

KLIBANSKY, Raymond & PANOFSKY, Erwin & SAXL, Fritz. *Saturne et la mélancolie:* études historiques et philosophiques – nature, religion, médecine et art. Paris: Gallimard, 1989.

KLINGER, Diana. Uma genealogia da generosidade. *Blog da BVPS*, 2021.

LAFETÁ, João Luiz. *Figuração da intimidade*: imagens na poesia de Mário de Andrade. São Paulo: Martins Fontes, 1986.

_____. *1930*: a crítica e o modernismo. São Paulo: Duas Cidades/Editora 34, 2000.

_____. *A dimensão da noite*. São Paulo: Duas Cidades/Editora 34, 2004.

LAHIRE, Bernard. *O homem plural*: os determinantes da ação. Petrópolis: Vozes, 2002.

_____. *Retratos sociológicos*: disposições e variações individuais. Porto Alegre: Artes Médicas. 2004.

LAJOLO, Marisa & ZILBERMAN, Regina. *A formação da leitura no Brasil.* São Paulo: Ática, 2009.

LEÃO, Andréa Borges. *Brasil em imaginação*: Livros, impressos e leituras infantis (1890-1915). Fortaleza: Topbooks/UFC/INESP, 2012.

LEÃO, Andréa Borges. As múltiplas faces do livro e da cultura escrita. *Política & Trabalho*, v. 1, p. 12-23, 2020.

LE MOING, Monique. *A solidão povoada*: uma biografia de Pedro Nava. Rio de Janeiro: Nova Fronteira, 1996.

LEJEUNE, Philippe. *O pacto autobiográfico*. Belo Horizonte: Editora UFMG, 2000.

LEPENIES, Wolf. *As três culturas*. São Paulo: Edusp, 1996.

LÉVI-STRAUSS, Claude. *Tristes trópicos*. São Paulo: Companhia das Letras, 2012.

LIMA, Alceu Amoroso. *Primeiros estudos*. Rio de Janeiro: Agir, 1948.

LIMA, Nísia Trindade. "Euclides da Cunha; o Brasil como sertão". In: BOTELHO, André & SCHWARCZ, Lilia (orgs.). *Um enigma chamado Brasil*: 29 intérpretes e um país. São Paulo: Companhia das Letras, 2009. p. 104-117.

LIMA, Nísia Trindade & BOTELHO, André. Malária e civilização tropical em Carlos Chagas e Mário de Andrade. *História, ciência e saúde – Manguinhos*. Rio de Janeiro, v. 20, n. 3, p. 745-763, 2013.

LIRA, José T. C. de. Naufrágio e galanteio: viagem, cultura e cidades em Mário de Andrade e Gilberto Freyre. *Revista Brasileira de Ciências Sociais*. São Paulo, v. 20, n. 57, p. 143-176, 2005.

LOPEZ, Telê P. A. *Mario de Andrade*: ramais e caminhos. São Paulo: Duas Cidades, 1972.

_____. "'Viagens etnográficas' de Mário de Andrade". In: ANDRADE, Mario de. *O turista aprendiz*. Estabelecimento de texto, introdução e notas de Telê Porto Ancona Lopez. São Paulo: Duas Cidades; Secretaria da Cultura, Ciência e Tecnologia, 1976. p. 15-23.

_____. *Mariodeandradiando*. São Paulo: Hucitec, 1996.

LOPEZ, Telê P. A. O Turista Aprendiz na Amazônia: a invenção no texto e na imagem. *Anais do Museu Paulista*. São Paulo, v. 13, n. 2, p. 135-164, jul.-dez. 2005.

LÖWY, Michael. A filosofia da história de Walter Benjamin. *Estudos avançados*, v. 16, n. 45, p. 199-206, 2002.

LUHMANN, Niklas. *O amor como paixão*: para a codificação da intimidade. Lisboa/Rio de Janeiro: Difel/Bertrand Brasil, 1991.

_____. *Social systems*. Stanford: Stanford University Press, 1995.

MAIA, João Marcelo. Ao sul da teoria: a atualidade teórica do pensamento social brasileiro. *Sociedade e Estado*, v. 26, n. 2, p. 71-94, 2011.

MALLARD, Letícia. (org.). *História da literatura*: ensaios. Campinas: Editora da Unicamp, 1994.

MARQUES, Ivan. *Cenas de um modernismo de província*: Drummond e outros rapazes de Belo Horizonte. São Paulo: Editora 34, 2011

MARTINS, Wilson. Em busca do tempo perdido. *Jornal do Brasil – Caderno B*, Rio de Janeiro, 20 de fevereiro de 1982, p. 11.

_____. *A crítica literária no Brasil*. Rio de Janeiro: Francisco Alves, 1983.

MARTUCCELLI, Danilo & SINGLY, François de. *Las sociologías del individuo*. Santiago: LOM Ediciones, 2012.

MAUSS, Marcel. "Ensaio sobre a dádiva". In: MAUSS, Marcel. *Sociologia e antropologia*. São Paulo: Cosac & Naify, 2003.

MCHOUL, Alec. Sociology and literature: the voice of fact and the writing of fiction. *Australian and New Zealand Journal of Sociology*, n. 2, v. 24, p. 208-225, 1988.

MCKENZIE, Donald F. *Bibliography and the sociology of texts*. London: British Library, 1986.

MELLO E SOUZA, Gilda de. *O tupi e o alaúde*: uma interpretação de Macunaíma. São Paulo: Duas Cidades; Editora 34, 2003.

_____. "O professor de música". In: *A ideia e o figurado*. São Paulo: Duas Cidades / Editora 34, 2005. p. 13-26.

_____. *Exercícios de leitura*. São Paulo: Duas Cidades / Editora 34, 2009.

MICELI, Sérgio. *Imagens negociadas*: retratos da elite brasileira (1920-40). São Paulo: Companhia das Letras, 1996.

MIGUEL-PEREIRA, Lúcia. Literatura e cultura. *Lanterna Verde*: Boletim da Sociedade Felippe d'Oliveira, n. 3, p. 53-57, fev. 1936.

MIRANDA, Wander Mello. *Corpos escritos*. São Paulo: Edusp, 2009.

_____. *Os olhos de Diadorim e outros ensaios*. Recife: CEPE Editora, 2019.

MOELLER, Hans-Georg. O paradoxo da teoria: interpretando Niklas Luhmann. *Tempo Social*, v. 27, n. 2, p. 167-179, 2015.

MONTEIRO, Pedro Meira. A impertinência da pertinência: reflexões em torno do pensamento sobre o Brasil nos Estados Unidos. *Lua Nova*, n. 82, p. 87-107, 2011.

_____. "'Coisas sutis, ergo profundas': O diálogo entre Mário de Andrade e Sérgio Buarque de Holanda". In: MONTEIRO, Pedro Meira (org.). *Mário de Andrade e Sérgio Buarque de Holanda*: correspondência. São Paulo: Companhia das Letras, 2012. p. 169-360.

MORAES, Joaquim Leite. *Apontamentos de viagem de São Paulo à capital de Goiás, desta à do Pará, pelos rios Araguaia e Tocantins e do Pará à Corte*: considerações administrativas e políticas. Organização de Antonio Candido. São Paulo: Companhia das Letras, 1999.

MORAES, Marco Antonio de (org.). *Tudo está tão bom, tão gostoso*. Postais a *Mário de Andrade*. São Paulo: Hucitec; Edusp, 1993.

_____. *Orgulho de jamais aconselhar*: a epistolografia de Mario de Andrade. São Paulo: Edusp, 2007.

MORAIS NETO, Prudente de. "A escrava que não é Isaura [Resenha]". In: KOIFMAN, Georgina. *Cartas de Mario de Andrade a Prudente de Moraes Neto (1924/36)*. Rio de Janeiro: Nova Fronteira, 1985.

MOREIRA, Maria Eunice (org.). *Histórias da literatura*: teorias, temas e autores. Porto Alegre: Mercado Aberto, 2003.

_____. *Atlas do romance europeu*: 1800-1900. São Paulo: Boitempo, 2003.

_____. *Signos e estilo da modernidade*: ensaios sobre a sociologia das formas literárias. Rio de Janeiro: Civilização Brasileira, 2007.

MORETTI, Franco (org.). *A cultura do romance*, v. 1. São Paulo: Cosac Naify, 2009.

NAGEL, Alexander & WOOD, Christopher S. *Anachronic Renaissance*. New York: Zone Books, 2010.

NAVA, Pedro. Torres Homem. Manuscritos e datiloscritos depositados no Acervo de Pedro Nava da Fundação Casa de Rui Barbosa, s/d.

_____. "Carta a Daniel Pereira", 23 de maio de 1978, Acervo Pedro Nava. Museu da Literatura Brasileira, FCRB, Rio de Janeiro.

_____. *Capítulos da história da medicina no Brasil*. São Paulo: Ateliê, 2003a.

_____. *Território de Epidauro*: crônicas e história da história da medicina. São Paulo: Ateliê, 2003b.

_____. *Chão de ferro*. São Paulo: Companhia das Letras, 2012.

_____. *Galo das trevas*. São Paulo: Companhia das Letras, 2014.

PAES, José Paulo. "Cinco livros do modernismo brasileiro". In: *A aventura literária*: ensaios sobre ficção e ficções. São Paulo: Companhia das Letras, 1990. p. 63-94.

PENIDO, Paulo. "Prefácio". In: NAVA, Pedro. *O anfiteatro*: textos sobre medicina. São Paulo: Ateliê, 2003.

PENNA, João Camillo. Formações do sujeito colonial: suplemento, dependência, cosmopolitismo. *Alea*, v. 14, n. 2, p. 295-306, 2012.

PERKINS, David. *Is literary history possible?*. Londres: The Johns Hopkins University Press, 1992.

PETERSON, Richard A. Revitalizing the culture concept. *Annual Review of Sociology*, n. 5, p. 137-166, 1979.

PIERUCCI, Antônio Flávio. *O desencantamento do mundo*: todos os passos do conceito em Max Weber. São Paulo: Editora 34, 2003.

PIGEAUD, Jackie. *Metáfora e melancolia*: ensaios médico-filosóficos. Rio de Janeiro: PUC Rio/Contraponto, 2009.

PRADO, Antonio Arnoni. *1922 – Itinerário de uma falsa vanguarda*: os dissidentes, a Semana e o Integralismo. São Paulo, Brasiliense, 1983.

PRADO, Paulo. *Retrato do Brasil*. São Paulo: Companhia das Letras, 1997.

RITZER, George. Professionalization, bureaucratization and rationalization: the views of Max Weber. *Social Forces.* Chapel Hill: Oxford University Press, v. 53, n. 4, junho de 1975.

ROMERO, Sílvio. *História da literatura brasileira*. 1 edição de 1888. Rio de Janeiro: José Olympio Editora, 1960.

ROSENBERG, Fernando. *The Avantgarde and Geopolitics in Latin America.* Pittsburgh: University of Pittsburgh Press, 2006.

ROSS, Peter. "Don't Trust the Locals. European Explorers in Amazonia". In: HANNE, Michael (org.). *Literature and Travel.* Amsterdam; Atlanta: Rodopi, 1993. p. 93-109.

SANDRONI, Carlos. *Mário contra Macunaíma.* São Paulo: Vértice, 1988.

SANTIAGO, Silviano. *Crescendo durante a guerra numa província ultramarina.* Rio de Janeiro: Francisco Alves, 1978.

_____. *Em liberdade*: uma ficção de Silviano Santiago. Rio de Janeiro: Paz e Terra, 1981.

_____. "Apesar de dependente, universal". In: *Vale quanto pesa.* Rio de Janeiro: Paz e Terra, 1982.

_____. *Nas malhas da letra.* São Paulo: Companhia das Letras, 1989.

_____. "O entre-lugar do discurso latino-americano". In: SANTIAGO, Silviano. *Uma literatura nos trópicos:* ensaios sobre dependência cultural. São Paulo: Perspectiva, 2000. p. 9-26.

_____. "Borges". In: SCHWARTZ, Jorge. *Borges no Brasil.* São Paulo: Editora UNESP, 2001.

_____. "Suas cartas, nossas cartas". In: ANDRADE, Carlos Drummond de & ANDRADE, Mário de. *Carlos & Mário.* Rio de Janeiro: Editora Bem-Te-Vi, 2002.

_____. *O cosmopolitismo do pobre*: crítica literária e crítica cultural. Belo Horizonte: Editora UFMG, 2004.

_____. Mário, Oswald e Carlos, intérpretes do Brasil. *Alceu,* v. 5, n. 10, p. 5-17, jan.-jun., 2005.

_____. *Ora (direis) puxar conversa!*: ensaios literários. Belo Horizonte: Editora UFMG, 2006.

_____. Toda a memória do mundo (Digressão sobre o narrador ficcional). *Ao Largo,* v. 7, p. 61-78, 2018.

_____. *Uma literatura nos trópicos.* Recife: Cepe, 2019.

_____. *Fisiologia da Composição.* Recife: CEPE Editora, 2020.

_____. *Menino sem passado (1936-1948).* São Paulo: Companhia das Letras, 2021.

SANTOS, Manuela Assunção. *Mário de Andrade*: um etnógrafo amador. Dissertação (Mestrado em Letras) – Pontifícia Universidade Católica do Rio de Janeiro, 2002.

SANTOS FILHO, Licurgo de C. *História geral da medicina brasileira.* São Paulo: Edusp/Hucitec, 1991.

SCHLUCHTER, Wolfgang et al. Max Weber e o projeto da modernidade. *Lua Nova*, n. 22, p. 229-257, 1990.

SCHWARTZ, Jorge. *Vanguardas latino-americanas*: polêmicas, manifestos e textos críticos. São Paulo: Iluminuras/Edusp, 1995.

SCHWARZ, Roberto. *Duas meninas*. São Paulo: Companhia das Letras, 1997.

_____. "Os sete fôlegos de um livro". In: *Sequências brasileiras:* ensaios. São Paulo: Companhia das Letras, p. 46-58, 1999.

SCHWEICKARDT, Júlio; LIMA, Nísia Trindade. Os cientistas brasileiros visitam a Amazônia: as viagens científicas de Oswaldo Cruz e Carlos Chagas (1910 – 1913). *História, Ciências, Saúde – Manguinhos*, v. 14 (suplemento), p. 15-50, 2007.

SENNA, Homero. *O Sabadoyle:* histórias de uma confraria literária. Rio de Janeiro: Casa da Palavra, 2000.

SIMMEL, Georg. *Sobre la aventura*: ensayos filosóficos. Barcelona: Península, 1988a.

_____. *La tragédie de la culture*. Paris: Petite Bibliothèque Rivages, 1988b.

_____. *Georg Simmel on Individuality and Social Forms*. Edited by Donald LEVINE. Chicago: University of Chicago Press, 2011.

STOCKING JR., George W. The Ethnographic Sensibility of the 1920s and the Dualism of the Anthropological Tradition. *Romantic Motives*. Essay on anthropological sensibility. Madison: The University of Wisconsin Press, p. 208-276, 1996.

SKINNER, Quentin. Meaning and understanding in the history of ideas. *History and Theory*, v. 8, n. 1, p. 3-53, 1969.

_____. *As fundações do pensamento político moderno*. São Paulo: Companhia das Letras, 1999a.

SKINNER, Quentin. *Razão e retórica na filosofia de Hobbes*. São Paulo: Editora da Unesp, 1999b.

SOUZA, Eneida Maria de. "Nava se desenha". In: SOUZA, Eneida Maria de & MIRANDA, Walter Mello (Orgs). *Arquivos literários*. São Paulo: Ateliê Editorial, 2003.

SOUZA, Eneida Maria de. *Pedro Nava, o risco da memória*. Juiz de Fora: Funalfa, 2004.

SÜSSEKIND, Flora. *O Brasil não é longe daqui*. São Paulo: Companhia das Letras, 1990.

SÜSSEKIND, Flora. 2019, ano regido sob o signo do "menos". *Pernambuco:* Suplemento Cultural do Diário Oficial do Estado de Pernambuco, Recife, n. 166, dez. 2019.

SÜSSEKIND, Flora. & DIAS, Tânia. (org.). *A historiografia literária e as técnicas de escrita*: do manuscrito ao hipertexto. Rio de Janeiro: Vieira & Lent, 2004.

TAVARES DOS SANTOS, José Vicente. *O romance da violência*: sociologia das metamorfoses do romance policial. Porto Alegre: Tomo, 2020.

TEIXEIRA, Ana Lúcia. Dossiê Literatura e sociologia: relações de mútua incitação. *Sociologias*, v. 20, 2018.

THOMPSON, Carl. *The Suffering Traveller and the Romantic Imagination*. Oxford: Oxford University Press, 2007.

THOMPSON, Carl. *Travel Writing (The New Critical Idiom)*. Nova Iorque: Routledge, 2011.

TONI, Flávia Camargo. *O pensamento musical de Mário de Andrade*. Tese (Doutorado em Artes) – Escola de Comunicações e Artes, Universidade de São Paulo, 1990.

TRAVASSOS, Elisabeth. *Os mandarins milagrosos*. Arte e etnografia em Mário de Andrade e Béla Bartók. Rio de Janeiro: Jorge Zahar; Funarte, 1997.

TURNER, Graeme. *What's become of Cultural Studies?* London: Sage, 2012.

VALLE NETO, Júlio de Souza. *O modernista no antiquário*: Pedro Nava, as memórias e o modernismo. Tese de Doutorado. Universidade Estadual de Campinas, 2011.

VASCONCELOS, Eliane. "De bissexto a contumaz: o arquivo pessoal de Pedro Nava". In: VASCONCELOS, Eliane (org.). *Inventário do Arquivo Pedro Nava*. Rio de Janeiro: Casa de Rui Barbosa, 2001.

VERDAASDONK, Hugo. Empirical sociology of literature as a non-textually oriented form of research. *Poetics*, v. 14, n. 1-2, p. 173-185, 1985.

VERÍSSIMO, José. *História da literatura brasileira*. Brasília: Editora da UnB, 1963.

VILHENA, Luís Rodolfo. *Projeto e missão*: o movimento folclórico brasileiro 1947 – 1964. Rio de Janeiro: Funarte; FGV, 1997.

VILLAÇA, Alcides. Gullar: a luz e seus avessos. *Cadernos de Literatura Brasileira (Ferreira Gullar)*, São Paulo: Instituto Moreira Salles, n. 6, set. 1998.

WAIZBORT, Leopoldo. *A passagem do três ao um*. São Paulo: Cosac Naify, 2007.

WAIZBORT, Leopoldo. "Roberto Schwarz: entre forma literária e processo social". In: BOTELHO, André & SCHWARCZ, Lilia (orgs.). *Um enigma chamado Brasil*: 29 intérpretes e um país. São Paulo: Companhia das Letras, 2009. p. 406-417.

WATT, Ian. *A ascensão do romance*: estudos sobre Defoe, Richardson e Fielding. São Paulo: Companhia das Letras, 2010.

WEBER, Max. *Ensaios de sociologia*. Rio de Janeiro: Editora Guanabara, 1982.

_____. *Economia e sociedade*: fundamentos da sociologia compreensiva, v. 2. Brasília/São Paulo: Editora da UnB/Imprensa Oficial, 1999.

_____. *A ética protestante e o "espírito" do capitalismo*. São Paulo: Companhia das Letras, 2004.

_____. "Roscher and Knies and the logical problems of historical economics". In: BRUUN, Hans & WHIMSTER, Sam. (ed.). *Max Weber collected methodological writings*. London/New York: Routledge, 2012.

_____. *Ciência e política*: duas vocações. São Paulo: Cultrix, 2018.

WERNECK, Humberto. *O desatino da rapaziada*: jornalistas e escritores em Minas Gerais. São Paulo: Companhia das Letras, 1992.

WILLIAMS, Raymond. *Marxismo e literatura*. Rio de Janeiro: Jorge Zahar, 1979.

YATES, Frances. *The art of memory*. Chicago: University of Chicago Press, 1996.

SOBRE OS AUTORES

André Botelho é professor do Departamento de Sociologia e do Programa de Pós-graduação em Sociologia e Antropologia da Universidade Federal do Rio de Janeiro (UFRJ). Pesquisador do CNPq (PQ 1B) e da Faperj (Cientista do Nosso Estado), publicou recentemente *O modernismo como movimento cultural* (2022) em coautoria com Maurício Hoelz.

Maurício Hoelz é professor do Departamento de Ciências Sociais e do Programa de Pós-graduação em Ciências Sociais da Universidade Federal Rural do Rio de Janeiro (UFRRJ). Autor de *A violência que nos une* (Editora UFMG, no prelo) e coautor, com André Botelho, de *O modernismo como movimento cultural* (Vozes, 2022). É um dos coordenadores da rede de pesquisa MinasMundo: o cosmopolitismo na cultura brasileira.

Andre Bittencourt é professor adjunto do Departamento de Sociologia da Universidade Federal do Rio de Janeiro (UFRJ). Editor do Blog da BVPS e Editor Assistente da revista Lua Nova (CEDEC). Publicou, entre outros, *O Brasil e suas diferenças – uma leitura genética de 'Populações meridionais do Brasil'* (Hucitec, 2013).

Esta obra foi composta em Crimson Text e Heroic Condensed
e impressa sobre papel Pólen Natural 80 g/m² para a Relicário Edições.